*365 motivos
para não ter medo*

Maurizio Mirilli

365 motivos para não ter medo

Paulinas

Dados Internacionais de Catalogação na Publicação (CIP)
(Câmara Brasileira do Livro, SP, Brasil)

Mirilli, Maurizio
   365 motivos para não ter medo / Maurizio Mirilli ; tradução Leonilda Menossi e Simone Rezende. -- São Paulo : Paulinas, 2015.

Título original: 365 motivi per non avere paura.
Bibliografia.
ISBN 978-85-356-4009-0

1. Ansiedade 2. Atitude - Mudança 3. Autoajuda 4. Conduta de vida 5. Medo 6. Vida espiritual I. Título.

15-10741   CDD-200.19

Índice para catálogo sistemático:
1. Medo : Superação : Psicologia religiosa   200.19

1ª edição –2016
2ª reimpressão –2024

Título original da obra: 365 motivi per non avere paura
© Edizioni San Paolo s.r.l. – Cinisello Balsamo (MI), 2012

DIREÇÃO-GERAL: Bernadette Boff
EDITORA RESPONSÁVEL: Andréia Schweitzer
TRADUÇÃO: Leonilda Menossi e Simone Rezende
COPIDESQUE: Mônica Elaine G. S. da Costa
COORDENAÇÃO DE REVISÃO: Marina Mendonça
REVISÃO: Ana Cecília Mari e Sandra Sinzato
GERENTE DE PRODUÇÃO: Felício Calegaro Neto
DIAGRAMAÇÃO: Jéssica Diniz Souza
IMAGEM DE CAPA: Fotolia – © TTstudio

Nenhuma parte desta obra poderá ser reproduzida ou transmitida por qualquer forma e/ou quaisquer meios (eletrônico ou mecânico, incluindo fotocópia e gravação) ou arquivada em qualquer sistema ou banco de dados sem permissão escrita da Editora. Direitos reservados.

Cadastre-se e receba nossas informações
paulinas.com.br
Telemarketing e SAC: 0800-7010081

Paulinas
Rua Dona Inácia Uchoa, 62
04110-020 – São Paulo – SP (Brasil)
📞 (11) 2125-3500
✉ editora@paulinas.com.br
© Pia Sociedade Filhas de São Paulo – São Paulo, 2016

PREFÁCIO

365 motivos para não ter medo. O número "365" fala da passagem anual do tempo, dia após dia. O "não ter medo" fala da compaixão de Deus, o Deus bíblico. É difícil encontrar uma literatura que nos diga: "Não tenha medo", "Não tenha receio". Porque, perante a dor do mundo e a irrevogabilidade da morte, a literatura ou é trágica ou somente narrativa.

Entretanto, o medo é um sentimento radical, associado às contingências de temporalidade e de expectativa da vivência humana. De temporalidade, pelo poder de revogar cada experiência de bondade e de beleza. De expectativa, pela incerteza e dúvida que minam a confiança e a responsabilidade. Então o medo nos agarra e nos angustia. Como fenômeno não somente emocional, mas profundamente espiritual. Porque não concerne apenas ao sentir, mas ainda mais ao conhecer e ao querer. Afeta, na verdade, o valor e o sentido da vida, por uma sensação difusa de desorientação e temor, percebida como um buraco negro, onde não se vê placas de sinalização ou luzes que conduzam à saída. Um ruído na escuridão não traz a luz. A única saída viável é o encontro com a Palavra da vida. Palavra-Luz que nos chega com Jesus, o Senhor da vida: "Eu sou a luz do mundo. Quem me segue não caminha nas trevas, mas terá a luz da vida".

"A quem iremos, Senhor? Tu tens palavras de vida eterna", confessa Pedro a Jesus, tendo experimentado o medo e encontrado nele "a Palavra da Vida" (1Jo 1,1). Como no lago durante a tempestade, símbolo das marés da vida: "Senhor, "salva-nos, estamos perecendo!". Jesus se dirige a Pedro e aos demais: "Por que tanto medo, homens de pouca fé? Então, levantando-se, repreendeu os ventos e o mar, e fez-se uma grande calmaria. As pessoas ficaram admiradas e diziam: "Quem é este, que até os ventos e o mar lhe obedecem?" (Mt 8,25-27). É o Senhor – o Ressuscitado – que venceu a morte e com a morte o mal que desmoraliza o ser humano. O único que pode dizer-nos: "Tende coragem! Eu venci o mundo!" (Jo 16,33). Decisiva aqui é a fé: ser homens e mulheres de fé. Porque somente na fé se percebe a proximidade do Senhor e se ouve a sua palavra: "Coragem... Não tenhais medo!" (Mt 14,27); "Eis que estou convosco *todos os dias*, até o fim dos tempos" (Mt 28,20).

O livro de Maurizio Mirilli é esta avaliação dos dias – de "todos os dias" – na companhia do Senhor. Companhia que nos abre à esperança: uma esperança de amor. Não o resultado de um otimismo ingênuo, nem de projeção e prognóstico, mas da consciência de ser amado por Deus, como filhos do Pai. De fato, "não recebemos espírito de escravos, para recair no medo, mas o Espírito que, por adoção, nos torna filhos, e no qual clamamos: 'Abbá, Pai!'" (Rm 8,15). Não somos átomos soltos no universo, oprimidos por um destino ameaçador e terrível. Somos os filhos do Amor: "Nós cremos e reconhecemos o amor que Deus tem para conosco" (1Jo 4,16): é a profissão de fé de João, que agrega: "No amor não há medo. Ao contrário, o perfeito amor lança fora o medo" (1Jo 4,18). O Batismo inscreveu nossa vida nesse grande amor: "vida escondida com Cristo em Deus" (Cl 3,3). Por isso, não há "tribulação, angústia, perseguição, fome, nudez, perigo, espada" que possa nos abater: "em tudo isso, somos mais que vencedores, graças àquele que nos amou" (cf. Rm 8,35-37). Entre as provas e as tentações da vida, o grande amor afugenta o medo e estimula a esperança: "Tenho certeza de que nem a morte, nem a vida, nem os anjos, nem os principados, nem o presente, nem o futuro, nem as potências, nem a altura, nem a profundeza, nem outra criatura qualquer será capaz de nos separar do amor de Deus, que está no Cristo Jesus, nosso Senhor" (Rm 8,38-39): é a profissão de esperança de Paulo.

Este livro quer marcar o ritmo cotidiano do Amor que gera a esperança e afugenta o medo. Eu o considero e gostaria de propô-lo como um "vade-mécum da esperança" – a grande esperança – de que temos necessidade para enfrentar todos os dias os desafios do caminho, para não perdermos a coragem e nos render. O livro traz a Palavra de Deus, refletida pela experiência vocacional ao ministério e à espiritualidade de um sacerdote – Pe. Maurizio – que, como o escriba do Evangelho, "tira do seu tesouro coisas novas e velhas" (Mt 13,52), para meditar e partilhar com os irmãos e irmãs, companheiros de jornada ao longo da vida.

Mauro Cozzoli
Professor de Teologia Moral
na Pontifícia Universidade Lateranense

INTRODUÇÃO

Encontrando tantas pessoas, percebi que os maiores obstáculos para uma vida tranquila são representados pelo medo. Conversando com uma moça sobre alguns de seus medos, sugeri que ela tentasse encontrar alguma solução para eles na Palavra de Deus. Com grande surpresa, ela notou que na Bíblia há inúmeros convites a não temer, relacionados a várias circunstâncias da vida. Disse-me que eram suficientes para ter uma palavra de consolo para cada dia do ano. Eu lhe respondi que seria interessante escrever um livro assim e ela levou a sério. No dia seguinte me enviou um e-mail com as primeiras cinquenta referências bíblicas, acompanhadas do convite de começar a trabalhar. Foi um verdadeiro desafio que ela me fez e que eu inicialmente acolhi em parte. "Comentarei algumas frases", dizia a mim mesmo, imaginando não ter nem tempo nem capacidade para escrever 365 reflexões. Iniciei no dia primeiro de janeiro. Imediatamente percebi que rezar, refletir e escrever a partir daquelas citações bíblicas me havia feito bem, por isso, depois de uma semana decidi que continuaria essa aventura até o fim. Compreendi que um ano de trabalho dedicado a esse objetivo seria um presente para mim, para aquela moça e para qualquer outra pessoa. Agora estou aqui escrevendo para você, caro leitor, para partilharmos essa aventura. Você não encontrará nestas páginas comentários de refinada exegese bíblica, mas reflexões simples que, espero, o levarão a perceber como a Palavra de Deus tem sempre algo a dizer a respeito do medo de qualquer pessoa, de qualquer época. Espero que você consiga descobrir, a cada dia, assim como aconteceu a mim, uma fagulha de esperança, um encorajamento e uma indicação concreta para a sua vida.

JANEIRO

1º de janeiro

> "O próprio Iahweh irá à tua frente. Ele estará contigo. Nunca te deixará, jamais te abandonará! Não tenhas medo nem te apavores!" (Dt 31,8).

Moisés dirigiu esta frase a Josué, a fim de encorajá-lo a conduzir o povo de Deus. Ela me faz lembrar a frase do anjo Gabriel a Maria, quando lhe comunica a sua missão, a de ser mãe de Deus. Essa missão lhe deu medo. Ela era apenas uma mocinha de Nazaré, mas confiou unicamente nas palavras do Anjo. E tornou-se a Mãe do Filho de Deus. Tornou-se também mãe de todos os homens e mulheres da terra, e prosseguiu uma missão que ainda hoje ela cumpre para conosco. E se você recebesse uma missão assim? Exatamente hoje, no primeiro dia do ano? Talvez esse seja um augúrio que lhe chega não através de uma mensagem eletrônica, mas de Deus, que o encoraja a realizar a sua missão durante este ano! Uma grande missão, muito importante para sua vida, para o mundo e para todos nós. Talvez seja uma missão maior do que suas forças, mas que o enche de entusiasmo e deve ser vivida no dia a dia. É sua vocação! É o caminho para a sua felicidade. E qual seria essa missão? Talvez, para descobri-la, fosse interessante conhecer alguém que já a realizou na própria vida. Para isso, aconselho ler a Bíblia ou a biografia de algum santo. Se você já tem clareza acerca de sua vocação, então tenha coragem, porque Deus o acompanha de perto e o ajuda a viver bem a sua vocação. Ele estará com você, não duvide!

2 de janeiro

> "Não temas, Abrão! Eu sou o teu escudo; tua recompensa será muito grande!" (Gn 15,1).

"Eu sou o teu escudo." Que afirmação belíssima! Substituindo o nome de Abrão pelo seu, você poderia dizer: "Deus me protege como um escudo e prometeu-me uma grande recompensa. Acabaram-se os meus problemas. Vou ganhar um milhão de reais na loteria!". Mas depois de algum tempo, você poderia ficar desiludido, pois certamente os problemas voltariam. E quanto ao prêmio da loteria, você não teria mais nada, depois de desperdiçar o dinheiro. Deus pode desiludi-lo muito, se você tiver ilusões sobre ele e sobre suas promessas. Quanta gente tem raiva de Deus! Em geral, as pessoas se desiludem porque têm uma ideia errada sobre Deus. E isso acontece porque não o conhecemos em profundidade, muito embora vivamos ao lado dele. Deus também está ao seu lado há muito tempo, mas talvez você não o conheça em profundidade. Deus é um escudo, mas um escudo pode cair no chão, se nós não o mantivermos firme nas mãos. Deus nos protege com seu amor. Torna-nos capazes de navegar em meio às tempestades da vida. A promessa que Deus nos faz e que já realizou em seu Filho Jesus é infinitamente maior do que aquela feita pelo mundo. Trata-se de um bem muito precioso, a salvação eterna. Não tenha medo, portanto. O paraíso espera por você.

3 de janeiro

"Não tenhais medo, pequenino rebanho, pois foi do agrado do vosso Pai dar-vos o Reino!" (Lc 12,32).

Não sei se você é cristão, se é praticante ou se é batizado. Entretanto, saiba que, em geral, todo aquele que acredita em Jesus faz parte de um pequeno rebanho. Sim, é verdade! Eles são em torno de mais de um milhão no mundo, mas quantos são de verdade discípulos de Jesus? E dentre os que se dizem batizados, quantos frequentam a missa dominical? Uma minoria. Entretanto, se eles confiam na proteção do Eterno Pai, podem tornar-se sal da terra e luz do mundo. Deus quis dar à Igreja seu Reino, que se manifesta não em termos de maioria ou segundo o exercício do poder de classes e da mentalidade tipicamente humana. O Reino de Deus manifestou-se em Cristo numa gruta de Belém, pelas estradas poeirentas da Palestina, e não nos palácios reais. O Filho de Deus morreu na solidão da cruz e ainda hoje vive ressuscitado pelas estradas, entre os últimos dos homens. Se você não é batizado e quer ser cristão de verdade, saiba que fará parte de um pequeno rebanho que vive do amor de Deus – ainda que por vezes alguém desse rebanho traia esse seguimento – e que tem como objetivo seguir mais de perto a Jesus, com toda possibilidade de encontrá-lo na vida. O Reino será então visível também através de você. Se você foi batizado, tenha coragem! Não tenha medo de ser você mesmo. Não tenha vergonha nem medo de fazer parte do pequeno rebanho de Cristo. Esse rebanho é o único capaz de transformar o mundo.

4 de janeiro

> "Acaso não te ordenei: sê forte e corajoso? Não tenhas medo nem te assustes, porque o Senhor teu Deus está contigo, onde quer que vás!" (Js 1,9).

"Seja forte e corajoso!" Essa frase é repetida várias vezes pelos pais às crianças, ou por algum amigo em momentos difíceis de nossa vida. Mas você já se perguntou o que significa mesmo ser forte? Quem é aquele que tem coragem? Certo tipo de educação e de mentalidade corrente, a do *self made man* (o homem que se faz sozinho) nos leva a pensar que a pessoa forte é aquela que faz tudo sozinha, sem ter necessidade de ninguém, que não se comove perante os problemas dos outros e, sobretudo, jamais demonstra sua fraqueza. Mas é exatamente aí que a gente se engana! Jesus, ao longo de sua vida, nos revela com seus ensinamentos e, principalmente, com sua vida que forte é exatamente quem, na sua fragilidade, humildemente demonstra a necessidade da ajuda dos outros e, sobretudo, de Deus. Tem coragem aquele que, com coração sensível, é capaz de dar a vida pelos outros; quem, como São Francisco, é capaz de abraçar um leproso; quem sabe pedir perdão, reconhece diante de Deus os próprios pecados e não aponta o dedo contra os que pecam; quem não permanece indiferente diante das necessidades dos mais pobres; quem sabe discutir, admitindo se tiver errado; enfim, quem busca a verdade. Não tenha medo e não se assuste, porque Deus está com você. E você enfrentará o futuro, os medos, as provas, os conflitos, o trabalho, o amor e a vida com Deus, ao lado dele, se assim o quiser.

5 de janeiro

> "Não temas quando um homem enriquece, quando cresce a glória de sua casa: ao morrer, nada poderá levar, sua glória não descerá com ele" (Sl 49,17).

Já lhe aconteceu de experimentar certo mal-estar ao constatar a riqueza de alguém? Se a resposta for afirmativa, pergunto-lhe ainda: esse mal-estar depende de quê? De sua refinada sensibilidade em relação aos pobres, ou simplesmente consequência de um mal-estar interior que poderíamos chamar de inveja? Tenha cuidado, pois esse mal-estar corrói a alma e leva à impossibilidade de viver relações serenas com os outros. Espero que não se deixe levar pelo desejo de riquezas exclusivamente materiais, que jamais saciam o coração e podem escravizar quem se apega a elas. Quando estiver diante de uma pessoa rica, pergunte-lhe como usa suas riquezas; pode ser um bem para ela e para os outros, se considerar seus bens como um dom a ser usado também para com os necessitados. Nesse caso, alegre-se! No entanto, no caso de um rico ser avaro, escravo de seus bens, incapaz de doar e, portanto, de amar, alegre-se igualmente, porque você não é como ele. Quando ele morrer, não levará nada consigo. Não se preocupe em enriquecer diante dos outros, não busque a glória do mundo, porque as riquezas passam e os aplausos se esvaem. Busque, antes, os aplausos de Deus, o único capaz de torná-lo rico das realidades eternas. Se você tem bens materiais suficientes para viver com dignidade, sinta-se feliz. Se dispuser de bens supérfluos, sinta-se ainda mais feliz, porque poderá ajudar os que mais precisam.

6 de janeiro

> "Não aprendais o caminho das nações, não vos espanteis com os sinais do céu, ainda que as nações se espantem com eles" (Jr 10,2).

O profeta Jeremias dirige-se ao povo e o convida a não se comportar como se não tivesse Deus, confiando em ídolos e os tendo como referência, assim como agem com os sinais do céu. Atenção, a advertência do profeta vale também para os dias de hoje. Não tenha medo dos sinais do céu, mas procure o autor deles. Quantas pessoas ainda vão atrás de adivinhos, seguem os horóscopos, em busca de respostas que lhes deem segurança e amenizem seus medos e ansiedades! Hoje a Igreja celebra a festa da Epifania (manifestação) do Senhor. Deus se manifestou na carne, no tempo e na história, através do Natal de Jesus. Lembre-se da história dos Reis Magos, protagonistas do nascimento de Jesus e da festa de hoje. Eles vieram do Oriente seguindo uma estrela que levava ao Deus Menino, e ofereceram-lhe seus dons. Os magos estudavam os astros, pertenciam a um povo pagão, mas buscavam a verdade para além das estrelas, procurando o autor delas. Não tiveram medo do sinal do céu que os conduziu a Belém, até o Filho de Deus. Compreenderam que os sinais visíveis da criação remetem a uma razão criadora, a uma Pessoa. E o entendem ainda hoje os cientistas que têm o coração e a mente livres dos preconceitos ideológicos que ofuscam a razão. Desejo-lhe que faça o mesmo caminho dos Magos, a fim de entregar a Jesus o ouro do seu amor, o incenso da sua oração e a mirra dos seus sacrifícios.

7 de janeiro

"Não temas. Crê somente" (Mc 5,36).

Faz dois mil anos! Jesus encontrava-se às margens do lago da Galileia, juntamente com seus discípulos. Uma multidão imensa queria ouvi-lo. Ali também estava Jairo, que se prostrou aos pés de Jesus, pedindo-lhe que fosse curar sua filha de doze anos, gravemente doente. Tocado pela fé de Jairo, Jesus pôs-se a caminho da casa dele. Enquanto caminhavam, uma mulher, cheia de fé, procurava tocar a barra da túnica de Jesus, pois pensava: "Ainda que eu toque somente na barra de sua túnica, serei curada". Que terá pensado e sentido Jairo, angustiado por causa de sua filhinha "nas últimas"? Raiva? Indignação? Sim, pois essa mulher lhe tirava a última esperança, impedindo a chegada de Jesus a sua casa. Mas Jairo esperou com paciência. Uma vez curada aquela mulher, Jesus prosseguiu seu caminho. De repente, alguém veio avisar Jairo que era tarde demais: sua filha havia morrido. Já não havia nada a fazer! A fé desse homem seria inútil. Você sabe que, às vezes, a fé colocada à prova precisa também de muita paciência. Não basta ter fé uma vez na vida, ou esporadicamente, ou todas as vezes em que se necessita de algo. Não! É preciso perseverar! Jesus restituiu a vida àquela menina, mas o milagre maior tinha-se verificado no coração de Jairo: ele teve primeiro de enfrentar a morte da filha. Portanto, tenha coragem! Nos momentos difíceis da vida, dê um passo adiante. Tenha fé!

8 de janeiro

"Não temas, ó terra, mas alegra-te e regozija-te. Pois grandes coisas fez o Senhor" (Jl 2,21).

"Não temas, ó terra!" Eu diria também: "Não tenham medo, ó seres humanos!". Não tenha medo de nada, exceto de você mesmo e de como está abusando da "casa" que Deus lhe confiou cuidar. Todos se queixam de como o mundo caminha aos tropeços, de que os desastres naturais estão se repetindo com mais frequência, que a poluição atmosférica está cada vez mais fora de controle, que as geleiras estão derretendo e a desertificação está avançando, que os dejetos estão cada vez mais sendo descartados sem critério, ameaçando florestas e os mares, que nossas cidades oferecem cada vez menos condições de se viver e são estressantes... Todos se queixam, mas poucos perguntam: por quê? Precisamos seriamente nos convencer de que a Terra está um caos porque expulsamos dela aquele – o Criador do céu e da terra – que a idealizou, a desejou, a criou e a amou. Esquecemos que somos criaturas – as mais dotadas de inteligência, mas ainda assim criaturas –, às quais Deus confiou o mundo não para desfrutá-lo a seu bel-prazer, mas para governá-lo segundo a sua vontade divina. Esquecemo-nos de que o Senhor é um só e de que gozamos de um domínio participativo. Como é lindo pensar que, mediante nosso trabalho, participamos do processo criador de Deus! Portanto, sejamos ciosos cuidadores, e não ávidos consumidores. E assim, ao invés de nos lamentar, seremos os primeiros a mudar de vida. Não tenha medo, então, mas examine sua consciência!

9 de janeiro

"Vós não recebestes um espírito de escravos, para recair no temor, mas recebestes um espírito de filhos de Deus, pelo qual clamamos: Abbá, Pai!" (Rm 8,15).

Hoje, enquanto escrevo, a Igreja celebra a festa do batismo de Jesus. Nessa ocasião, o próprio Deus o indicou como seu Filho amado. Com essa festividade, a Igreja entende sublinhar a importância do sacramento do Batismo, mediante o qual toda pessoa se torna filho adotivo de Deus, filho no Filho. Se você foi batizado, lembre-se de que recebeu não um espírito de escravo, para recair no medo de um patrão qualquer. Tenha presente que o Espírito Santo o tornou filho adotivo de Deus, pelo qual podemos dizer: "Abbá, Pai!". Se você ainda não foi batizado, saiba que lhe resta a possibilidade de reconhecer a Deus não somente como seu Criador, mas também como seu Pai. Em Cristo, recebendo o mesmo Espírito Santo, você se torna filho daquele que criou o mundo. Com esse Pai, você poderá vencer o medo e se tornar autenticamente livre. Com a liberdade de filho de Deus, quem poderia fazê-lo escravo? Pense na liberdade de São Maximiano Kolbe, que jamais foi servo de patrão algum, muito menos no campo de concentração nazista. É que ele tinha consigo a força de um Pai que o sustentou a ponto de ser capaz de oferecer a própria vida por um companheiro condenado à morte. Pode haver uma liberdade maior do que essa? Você tem um Pai. E, se quiser, pode recorrer a ele.

10 de janeiro

> "Não temas, pois Deus ouviu os gritos do menino, do lugar onde ele está" (Gn 21,17).

Agar era a escrava com a qual Abraão teve o filho Ismael. E sua mulher, Sara, que era estéril, por intervenção de Deus, teve o filho da promessa, Isaac. Contudo, por causa do ciúme de Sara, Agar e Ismael foram obrigados a deixar a casa de Abraão e partir para o deserto, ficando à deriva. Mas Deus, que não faz acepção de pessoas, ouviu a voz do pequeno Ismael, que morria de fome e sede, e o acudiu em sua necessidade. Deus não fez somente de Isaac (que significa "Deus sorriu") uma grande nação, mas também de Ismael (que significa "Deus ouve"). Deus sorriu para Sara, dando-lhe, já em idade avançada, um filho inesperado; porém, também ouviu o grito de Agar. Da mesma forma, não tenha medo, pois Deus sorriu também para você. E com a ajuda de Deus, se buscar sinceramente a vontade dele, vai realizar projetos inimagináveis, maiores do que suas forças permitiriam. Pense em Madre Teresa de Calcutá, essa pequena mulher confiou inteiramente na Providência Divina e do nada conseguiu erguer obras de caridade no mundo inteiro. Não tenha receio, pois Deus também ouve sua oração. A pior coisa a fazer seria permanecer indiferente a Deus, viver como se ele não existisse, buscar sua realização pessoal com as próprias forças. Você está triste? Console-se com Deus. Se estiver com raiva, grite para ele sua dor. Se estiver confuso, peça-lhe conselho. Se estiver à deriva, peça-lhe orientação. Mas peça! Porque Deus ouve de onde quer que você esteja.

11 de janeiro

> "Tu te aproximaste no dia em que te invoquei e disseste: 'Não temas!'" (Lm 3,57).

Esta frase encontra-se num livro da Bíblia chamado Lamentações. Como você vê, o problema da lamentação sempre existiu. Nesse pequeno livro do Antigo Testamento, há cinco expressões de desabafo perante Deus. Por mais que não possa parecer, a lamentação também é lícita e sagrada. Na oração, entramos em diálogo com Deus, que nos escuta. Agradecemos a ele, questionamos, pedimos perdão; é com ele que nos lamentamos, desabafamos. Nesse versículo, o autor sagrado se lamenta, mas de modo construtivo. Faz memória de outras situações passadas em que experimentou a proximidade de Deus e, portanto, lembra a si mesmo de que não deve ter medo, mas esperar. A importância da intervenção de Deus consiste não em eliminar os problemas, mas sim em sua presença que nos infunde força para enfrentá-los. Jesus nos ensina exatamente isso na cruz. Também ele se lamenta com o Pai, mediante a expressão: "Meu Deus, meu Deus, por que me abandonaste?" (Mc 15,34). No último e decisivo momento de sua vida terrena, invocou a presença do Pai a fim de levar a termo sua missão. Não é o que acontece a todos que, à beira da morte, buscam o apoio dos entes queridos? Portanto, tenha coragem! Lembre-se de todas as vezes que você sentiu a proximidade de Deus. E deixe-me dizer-lhe mais uma vez: "Não tenha medo!". Mas se você jamais se sentiu próximo de Deus, desabafe com ele. Invoque-o e tome consciência de que ele sempre esteve perto de você!

12 de janeiro

> "Agora, não tenhais medo. Eu vos sustentarei, a vós e aos vossos filhos" (Gn 50,21).

O medo do futuro é a principal causa do envelhecimento da população em diversos países. O medo de não estar à altura de enfrentar a aventura da procriação impede que algumas pessoas se abram à vida, mesmo que apenas em pensamento. Antes de tudo, a diminuição da taxa de natalidade representa um problema de mentalidade. A mentalidade segundo a qual antes de casar-se, de ter filhos ou de tomar uma decisão importante na vida, tudo deve estar bem resolvido. E qual seria o critério para dizer que está tudo em ordem? Exclusivamente o fator econômico. Claro que é necessário ser responsável, criando condições de acolher bem os filhos, mas não é preciso exagerar. Escolher significa ter prioridade. Não se pode colocar tudo no mesmo plano. E pior, não creio que seja humano e humanizante dar mais valor à carreira, às férias, a uma segunda casa do que à família e a um filho. É verdade que hoje existe uma série de problemas para as novas gerações, mas a maioria deles é causada por uma estrutura econômico-financeira criada não para servir às pessoas, mas para desfrutar delas. Esse é outro problema de mentalidade que exige uma séria e real conversão global! Voltemo-nos para Deus, porque, sustentados pela sua Providência, poderemos empenhar-nos num futuro mais voltado ao ser humano. Não tenhamos medo do futuro! Com Deus, podemos tudo!

13 de janeiro

> "Eis que Iahweh teu Deus te entregou esta terra: sobe para possuí-la, conforme te falou Iahweh, Deus de teus pais. Não tenhas medo nem te apavores" (Dt 1,21).

Deus pôs a terra diante de você. Mas de qual terra se trata? Não sei se você conhece bem a história do povo de Israel. Talvez você saiba que Deus prometeu a ele uma terra onde poderia estabelecer-se. Pois bem, a promessa foi mantida. Deus, como Senhor, sempre mantém suas promessas. Já pensou que Deus fez também para você uma promessa? Qual é essa promessa? Sua vida, a qual Deus colocou em suas mãos. A sua vida é a primeira grande terra prometida que Deus apresentou a você. E o que você está fazendo com esse dom? A questão é sua felicidade, que você alcançará à medida que realizar aquilo pelo qual veio ao mundo. Na verdade, existem tantas outras terras prometidas, tantos outros dons que você pode receber de Deus: a fé, a família, a vocação, a liberdade, o amor, o trabalho, o lar... Você tem de aprender a acolher tais dons, se é que já não fez isso. Algumas falhas vividas talvez o tenham desencorajado, é verdade! Não tenha medo, pois as falhas podem ser dons que lhe servirão para abrir caminho em vista de um futuro melhor. Enfim, existe uma última terra prometida, a mais importante, pela qual Cristo deu a vida por você: o paraíso, a vida eterna, a comunhão íntima e total com Deus. Este é o maior dom que Deus nos apresenta. Mas também esse dom precisa ser acolhido e requer um grande ímpeto em direção a ele, no seguimento de Cristo, dos seus ensinamentos e do seu exemplo. Não tenha medo! Tome posse de seu dom!

14 de janeiro

"Desce com ele e não tenhas medo" (2Rs 1,15).

O profeta Elias, bem como todos os profetas, procurou chamar a atenção do seu povo, a fim de fazê-lo entender sua situação de pecado e de infidelidade para com Deus. Amargurado pelo fato de o rei Acazias ter confiado numa divindade pagã, mandou dizer-lhe que a escolha de voltar as costas para Deus o levaria à morte. O profeta permaneceu sobre o monte. O rei mandou chamá-lo através de seu comandante. Mas Elias se recusou por duas vezes a atendê-lo. Da terceira vez, o anjo do Senhor disse a Elias: "Desce com ele e não tenhas medo". Então Elias se levantou e foi até o rei. Deus nos convida a não ter medo de enfrentar quem está afastado dele, quem o esqueceu ou quem o contesta ou recusa. Todo batizado em Cristo é profeta, e chamado a observar o mundo com os olhos de Deus, para dizer-lhe com franqueza aquilo que Deus lhe diria; é chamado a uma contínua conversão, para indicar aos outros, assim como ao rei, o caminho de volta para Deus, na verdade. Mas é preciso fazer tudo com amor, portanto, sem medo. Querido leitor, não tenha medo de testemunhar sua fé em Cristo em todos os lugares, inclusive em público. Mas faça isso com amor. Sem arrogância, com humildade, anuncie o Evangelho amorosamente. Contudo, se você não for cristão, se está longe de Deus e da Igreja, não tenha medo de acolher os profetas que vierem até você para apresentar-lhe Cristo. Não tenha medo deles!

15 de janeiro

"Não tenham medo daqueles que matam o corpo, mas não podem matar a alma" (Mt 10,28).

Os cristãos foram mártires, o são e o serão para sempre! O martírio está em nosso DNA. Mártir significa "testemunha". Para um cristão autêntico, o testemunho da própria fé em Cristo é fundamental. O martírio cristão, a exemplo de Jesus, inclui a disponibilidade de doar-se para o bem dos outros, a ponto de sacrificar a própria vida por amor a Deus e ao próximo. O mártir cristão não é um "kamikaze", não é alguém que tira a vida do outro, e sim doa a própria vida não somente a Deus, mas também ao próximo, seja ele cristão ou não. Compreende-se, então, este convite de Jesus aos seus discípulos para não temerem aqueles que podem matar o corpo, mas não a alma. Contudo, como se faz para não temer quando a própria vida está ameaçada? Também os apóstolos fugiram assim que Jesus foi preso. Mas, depois da morte de Jesus na cruz, eles mesmos viveram a experiência do Ressuscitado, a qual lhes deu força para enfrentar o martírio. A partir daí, o sangue dos mártires cristãos não cessou de ser derramado. Ainda hoje, em várias partes do mundo, os cristãos são perseguidos e mortos, enquanto pregam nas igrejas ou simplesmente porque são cristãos. Tenha confiança! Não desejo que você morra, mas que faça a experiência do encontro com o Ressuscitado e de comunicar essa experiência a todos.

16 de janeiro

"Não te preocupes, filho, se ficamos pobres. Tens uma grande riqueza se temes a Deus, se evitas toda espécie de pecado e se fazes o que agrada ao Senhor teu Deus" (Tb 4,21).

Esta frase é uma das muitas pérolas de sabedoria que podem ser encontradas na Sagrada Escritura. Estamos diante de um pai, Tobit, que aconselha seu filho Tobias e lhe dá uma série de conselhos preciosos para a vida. Tobit cumpre o papel de pai, que dá ensinamentos de vida através de sua experiência. Ele educa seu filho a fim de que este aprenda as coisas essenciais que o conduzam ao bem para si e para os outros. A paternidade e a maternidade, a educação de modo geral, é uma arte difícil, mas fundamental para a sociedade. Um dos motivos pelos quais existem hoje tantos pais e mães indignos desse título é porque Deus, Pai de todos e fonte de autêntica paternidade, está sendo expulso da maior parte das famílias. Tobit vivenciou a experiência da paternidade de Deus e, em virtude disso, diz a seu filho para não ter medo de nada na vida, nem mesmo da pobreza. Tobit transmite ao filho Tobias a regra fundamental para não se ter medo: o temor a Deus. Atenção: o *temor a Deus* não significa *medo de Deus*; é a consciência de sermos simples criaturas frágeis e continuamente necessitadas do nosso Criador. É ainda a humildade de reconhecer-nos pecadores diante do

Sumo Bem, o respeito para com Aquele que nos deu a vida, a maravilha pela sua Providência. É também o abandono nos braços do Pai, a confiança incondicional no seu amor. Não tenhamos medo! Se conservarmos esse santo temor a Deus, gozaremos de uma riqueza tal, capaz de saciar toda nossa fome de felicidade.

17 de janeiro

"A paz esteja contigo. Não tenhas medo! Não morrerás!" (Jz 6,23).

Esta frase encontra-se no final de um diálogo entre um anjo, que fala em nome do Senhor, e de Gedeão, o último de uma família muito pobre do povo de Israel. Ele duvida que esteja falando de fato com Deus e pede um sinal; recebido esse sinal, Gedeão se dá conta de ter falado face a face com um anjo de Deus, e sente medo. A essa altura, o Senhor o tranquiliza e lhe diz para não ter medo por ter-se encontrado face a face com Deus. Ele não morrerá! A esse respeito, se você não sabe bem como deve rezar, se você é cético, peça a ajuda de um guia espiritual, de um sacerdote, de um religioso ou de um leigo competente. Outra maneira de encontrar a Deus é a que a Igreja oferece, através dos sacramentos da Eucaristia e da Reconciliação, por meio dos quais você tem a possibilidade de perceber verdadeiramente a presença de

Deus. Você pode encontrar-se face a face com Deus também lendo e meditando a Sagrada Escritura; melhor ainda se for com a ajuda das sugestões de um guia espiritual. Enfim, você pode encontrar-se com Deus na contemplação da natureza, nos acontecimentos da vida e nas pessoas que encontrar, especialmente nos pobres. Não tenha medo de encontrar-se com Deus, pois ele não o leva à morte, mas à vida, uma vida plena de sentido, de paz e de felicidade.

18 de janeiro

> "Sê forte e corajoso, age sem medo nem receio, pois Iahweh,
> teu Deus e meu Deus, está contigo" (1Cr 28,20).

Davi, escolhido por Deus para reinar sobre o povo de Israel, decide construir um templo para dar estabilidade à morada da arca da aliança do Senhor. Deus não lhe permitiu realizar esse projeto, pois, como guerreiro, tinha derramado muito sangue. Mas lhe concedeu preparar para seu filho a construção da obra grandiosa que foi o templo de Salomão. Quantas vezes ouvi pessoas questionarem os gastos para construir obras grandiosas ao Senhor, como a Basílica de São Pedro, em Roma. Esse dinheiro não teria sido mais bem empregado em obras em favor dos pobres? Ainda hoje, quando são construídas novas igrejas, sobretudo as mais grandiosas, como a da Sagrada Família, em Barcelona, poderia ser feita a mesma objeção: por que tanto excesso? Não posso responder em poucas linhas a essa pergunta. Mas limito-me a dizer que Jesus, no Evangelho (cf. Mc 14,3-9), afirmou que lhe agradam as coisas lindas feitas a ele e que os pobres, sempre os teremos no meio de nós e podemos fazer-lhes o bem a todo instante. Acrescento também, como exemplo, que, na construção do templo da Sagrada Família, o famoso arquiteto Gaudí deu emprego a muitíssimos pobres dos arredores de Barcelona onde surgiu a Basílica; essa foi uma forma de auxiliar centenas de famílias necessitadas. Também você é convidado a construir uma obra-prima para Deus, ou seja, a obra da sua vida. Coragem! Mãos à obra!

19 de janeiro

"Não temas, Sião! Não desfaleçam tuas mãos!" (Sf 3,16).

Neste versículo, o profeta Sofonias convida Jerusalém a não se deixar abater pelas desordens religiosas provocadas pela dominação da Assíria. Evidentemente, Jerusalém não era mais a cidade-modelo, do ponto de vista religioso, para o povo de Israel. Mas o profeta não se resigna a isso e espera por uma intervenção de Deus, a fim de uma renovação amorosa de seu povo. Ainda hoje, vendo a situação da Terra Santa, com seus contínuos conflitos, chega-se a pensar que não haja mais nada a fazer. A primeira vez que visitei Jerusalém,

vendo-a como cidade militarizada e com o muro de separação entre palestinos e israelenses, perguntei-me onde estava
Deus naquela terra sem paz, cheia de contradições. Mas a
visita que fiz aos lugares onde Jesus viveu me revigorou,
pois me lembrei de que o Filho de Deus nascera exatamente
naquele lugar, num contexto semelhante ao de Sofonias, que
é lembrado aqui hoje. Deus sempre nasce nas nossas contradições para nos dar paz e fazer-nos entender que devemos
colocar a paz em nossa vida e em nossa sociedade. Acredito
que ao menos uma vez na sua vida você tenha dito: "Não sei
mais o que fazer!". Essa é a frase típica daqueles que ficaram
desiludidos e encontram dificuldade de acreditar em determinados valores. Qualquer que tenha sido a sua desilusão,
não se deixe abater! Com a ajuda de Deus, você ainda pode
esperar por um futuro melhor.

20 de janeiro

> "Eu, Iahweh teu Deus, te tomarei pela mão direita e te direi:
> 'Não temas! Sou eu que te ajudo!'" (Is 41,13).

Esta frase mostra-nos com que intimidade paternal o
Deus bíblico instaura relações com suas criaturas. Deus se
relaciona com você de maneira pessoal. Ele é o seu Deus!
Ainda que você lhe volte as costas e não queira nada com
ele; ainda que você se professe ateu, ele permanece ao seu

lado e o acompanha sempre no caminho de sua vida, mas de modo discreto. Deus não é invasivo: ele se propõe, nunca se impõe. Jamais pega em sua mão, se você não a estender até ele. Mas, quando você o procurar, ele se deixará encontrar e o fará entender que sempre esteve ao seu lado. Esse relacionamento pessoal entre você e Deus, como, aliás, todos os relacionamentos, precisa ser cultivado com frequência, se você quiser de fato ser íntimo dele. Abra-lhe a mente e o coração, para que ele ilumine sua inteligência e aqueça sua alma. Peça-lhe ajuda, e ele virá em seu socorro.

21 de janeiro

> "Não fiqueis aterrorizados nem tenhais medo deles!" (Dt 1,29).

Moisés dirigiu-se ao povo com estas palavras, para convidá-lo a não ter medo de tomar posse da terra que Deus lhe prometera. Não era preciso ter medo dos habitantes daquela terra, dos amorreus, porque Moisés tinha conduzido o povo exatamente para onde Deus queria. Em outras palavras, quem faz a vontade de Deus não precisa ter medo de ninguém nem de nada. Ora, quem é para nós esse "outro" de que fala Moisés? De quem temos medo? Alguém pode dizer, por instinto, que não tem medo de nada nem de ninguém, mas diz isso só por presunção. Outros, ao contrário, afirmam que têm medo de tudo. E você? Acredito que todos nós, ao menos uma vez, tenhamos sentido medo de outra pessoa, seja por sua violência, seja pela sua arrogância, seja pelo seu poder em relação a nós, e assim por diante. Às vezes pode acontecer que um grupo de pessoas nos provoque medo, porque procura intimidar-nos a fim de alcançar seus objetivos escusos. Mas pode acontecer também que uma pessoa nos cause medo, mesmo quando a amamos. O amor, quando é verdadeiro, mesmo o amor conjugal e, em parte, o amor de amizade, pode causar medo, porque implica fidelidade, reciprocidade, confiança, doação de si mesmo. Com frequência, temos medo de amar e sermos feridos. Acredito que o maior medo em relação à pessoa amada é no sentido de perdê-la. Nas relações afetivas, não se deixe bloquear pelo medo de ser abandonado. E não se assuste por causa dos outros. Porque, se você seguir a vontade de Deus, nada nem ninguém causará medo em você!

22 de janeiro

> "Não temas a sentença de morte. Lembra-te dos que te precederam e dos que te seguirão" (Eclo 41,5).

Quando nos encontramos no velório de uma pessoa querida, a mente volta no tempo para lembrar os momentos vividos juntos. É uma atitude instintiva de autodefesa pela qual buscamos recusar a morte, o fim de uma relação.

A interrupção da vida de uma pessoa que amamos nos leva a refletir sobre o fato de que um dia, cedo ou tarde, também partiremos. E o medo vem escondido por detrás disso. É normal e natural ter medo da morte, porque fomos criados para a vida. Ver um pai, um filho, um amigo, imóvel e gélido, sem reagir mais a um carinho seu, é como um soco no estômago, uma punhalada na alma. Todos os medos, de alguma forma, são decorrentes do medo da morte. Mas Cristo veio ao mundo para livrar-nos desse medo. Ele venceu a morte, mediante sua ressurreição, e dessa forma escancarou para nós as portas da vida eterna. Por isso, não tenha medo da sentença natural de morte que marca os nossos limites físicos e terrenos. Lembre-se de Deus, que vem antes e depois de você. Ele não nos abandona no abismo da morte, mas nos acompanha até a última etapa da nossa peregrinação terrena. Assim, com a ferida causada pela perda de uma pessoa que nos é querida, ele refaz em nós, pela fé, uma relação de um novo tipo, uma comunhão espiritual invisível, mas real, com a pessoa que se foi. Não tenha medo da morte física. Tenha medo, isso sim, da morte espiritual.

23 de janeiro

> "Eu sou o Deus de Abraão, teu pai; não temas, pois eu estou contigo" (Gn 26,24).

Isaac, filho de Abraão, num momento difícil em que buscava um território em que pudesse habitar, recebeu esta mensagem de encorajamento da parte de Deus. Ele lhe recorda que a promessa de uma descendência numerosa feita ao seu pai, é para ele também. "Eu sou o Deus de teu pai" leva a pensar no conceito de tradição religiosa. Em geral, a tradição é a entrega de alguns conteúdos que na educação se passam de geração em geração. Hoje a tradição atravessa uma crise, porque é considerada algo negativo, experiência que não dá margem à liberdade. A frase usada em relação à fé é: "Meu filho decidirá o que fazer quando crescer". Consequência prática desse tipo de comportamento é a renúncia à educação religiosa, motivada pelo respeito à liberdade. Mas eu lhe pergunto: você deixaria a decisão de tomar ou não um medicamento a um filho de um ano de idade? De comer somente aquilo de que gosta ou de colocar o dedinho numa tomada? Muitas pessoas acabam abandonando suas raízes cristãs, a fé que era a alma de sua família. Não acha que seria o caso de conhecer melhor a fé de seus avós e de seus pais, antes de renunciar a ela? Uma pessoa sem raízes e sem identidade é incapaz de enfrentar a adversidade. Coragem, então! Não tenha medo do Deus de seus pais!

24 de janeiro

"Dizei aos corações conturbados: 'Sede fortes, não temais! Eis que vosso Deus vem para vingar-vos, trazendo a recompensa divina'" (Is 35,4).

Penso que, ao menos uma vez na vida, você tenha experimentado uma dor no coração, um peso na boca do estômago, acompanhado de náusea, uma confusão que o levou a dizer: "Chega! Não aguento mais!". Estou falando das vezes em que se sentiu deprimido por causa de uma desilusão amorosa, pela morte de uma pessoa querida, pelo fim de uma amizade, pela perda de um emprego, por uma prova em que foi mal, pela separação dos pais, pela ruptura com um grupo, pelas mágoas provocadas por uma pessoa amada, por uma traição, por um evento doloroso e opressor, pelo pecado cometido ou logo depois disso. Você pode aumentar o quanto quiser essa lista. Mas tenha coragem! E não tenha medo! Quando você se sentir desanimado, lembre-se de que Deus vai lhe recompensar. Talvez o texto em questão fale de vingança. Mas como é isso possível? Deus não é Amor que perdoa? Sim, é verdade, e à luz dos ensinamentos de Cristo sabemos que Deus é justo, não se vinga. Basta lembrar que Deus não puniu nenhum dos malfeitores que mataram seu Filho na cruz. Assim, para o cristão, a vingança de Deus consiste não em fazer o mal a alguém, mas na recompensa do bem para quem está desanimado e pede sua ajuda. A recompensa maior consiste no dom da salvação. Não tenha medo, então! Deus quer livrá-lo das dores emocionais.

25 de janeiro

"Uma noite, em visão, o Senhor disse a Paulo: 'Não tenhas medo! Continua a falar e não te cales'" (At 18,9).

Uma noite, em visão, Deus falou a Paulo, do qual comemoramos hoje a conversão, ou melhor, sua vocação. Na Sagrada Escritura, com frequência se fala de sonhos, através dos quais Deus se manifesta a alguns personagens, sobretudo nos momentos em que estes devem tomar decisões importantes. Paulo, o fariseu que no caminho de Damasco se sentiu iluminado pelo Senhor, de perseguidor dos cristãos se converteu em anunciador incansável do Evangelho de Cristo. Em uma de suas viagens como pregador do Evangelho, fez uma parada na cidade de Corinto. Mas alguns dos chefes judeus, invejosos de Paulo, opuseram-se tenazmente às suas pregações, de modo que ele ficou em dúvida se devia ou não deixar a cidade. Foi então que o Senhor Jesus lhe apareceu em sonhos e o convidou a não se calar, mas a continuar pregando o Evangelho da salvação, a não ter medo das injúrias dos judeus. Ainda hoje, quando a Igreja, no cumprimento de sua missão, é chamada a pregar o Evangelho às pessoas de boa vontade, muitas vezes ela é solicitada a se calar. Com frequência se pede a ela e aos seus pastores que não interfiram na vida pública, sobretudo em questões éticas ou políticas. Mas a Igreja recebeu como dom de Cristo uma visão do ser humano, de sua vida e de seus bens que ela não pode ocultar. Se o injuriarem, não tenha medo! Continue a falar de Deus, sem impor nada a ninguém. Se, ao contrário, você não conhece o Evangelho e o estilo de vida que dele brota, então deixe que outros falem. Ouça, mas não faça o mal.

26 de janeiro

"Não tenhais medo: a paz esteja convosco. Bendizei a Deus para sempre!" (Tb 12,17).

Depois de ter estado ao lado de Tobias e de tê-lo ajudado a pôr fim à desgraça de seus familiares, o anjo Rafael identifica-se com um enviado de Deus. Pai e filho, ambos ficaram amedrontados e se prostraram com a face por terra. Mas o anjo disse-lhes que não tivessem medo, que bendissessem a Deus sempre e por todos os benefícios recebidos. "Bendizer, dizer bem" de Deus, falar bem dele, render-lhe graças por todo o bem recebido, fazer memória das suas constantes intervenções na história da salvação da humanidade, deveria ser coisa normal. Entretanto, parece-me que uma atitude frequente seja a de maldizer a Deus, falar mal dele, atribuir-lhe todo o mal do mundo. Convido-o a pegar um caderno e uma caneta, e, em silêncio, anotar todas as coisas boas e lindas que lhe aconteceram na vida, desde seu nascimento. Anote todos os bens que recebeu, a começar pelo mais importante dom, o da vida. Aqueça o seu coração e, percorrendo todos os gestos de amor recebidos, anote as doces palavras, os carinhos, os abraços, mas também as reprovações mais ou menos ternas. E os lugares que você percorreu? As cidades, o mar, a praia, a natureza em geral? Não se esqueça de nada e, ainda mais, lembre-se de tudo aquilo que você já escreveu. Isso lhe fará muito bem. Ajudará você a bendizer sua vida e a bendizer a Deus por tudo aquilo que já viveu e recebeu. Bom trabalho!

27 de janeiro

"Não tenhas medo, Jacó, meu servo!" (Jr 30,10).

Jacó, neto de Abraão e também chamado de Israel, é identificado com o servo do Senhor. O que significa "Não tenhas medo, meu servo"? Que o patrão não queria oprimir demais seu escravo? Precisamos entender bem o que significa aqui a palavra "servo". Para o profeta Jeremias, como também para o profeta Isaías (cf. Is 41,8), a noção de "servo" implica a relação entre patrão e escravo, mas uma relação de confiança e amor, como entre pai e filho. De fato, quem encarnará plenamente essa ideia de servo será Jesus Cristo, o Filho de Deus. Jesus se apresentou como aquele que serve e nos deixou a gratuidade do serviço como estilo para assumirmos em nossa vida. Pense no lava-pés dos discípulos feito por Jesus, a quem eles consideravam mestre. Foi assim que Jesus lhes indicou a meta que deveriam buscar como seus discípulos autênticos. Você não acha este gesto revolucionário? Mestres que se inclinam para lavar os pés de seus discípulos, onde eles estão? São raríssimos. Jesus o chama exatamente para isso. Se você é filho de Deus, amado pelo

Pai celeste com um amor tão grande que não pode retê-lo somente para si, deveria ser natural para você servir. Força! Procure um modo de servir. Sua realização está em jogo. E se o servir já faz parte de seu estilo de vida, não se esqueça desse motivo e não tenha medo, porque você está no caminho certo!

28 de janeiro

> "Ele nunca teme as más notícias: seu coração é firme, confiante em Javé" (Sl 112,7).

O Salmo 112, do qual foi extraído este versículo, é um elogio ao homem justo. Ele é alguém que teme a Deus e encontra grande alegria nos seus preceitos. Temer a Deus não significa ter medo, já o dissemos, mas confiar nele. Portanto, o homem justo é aquele que confia no Senhor e por isso não tem medo de nada. Não tem medo nem de más notícias. Pense em todas as vezes em que você recebeu uma má notícia de caráter pessoal: a hospitalização de um parente, um acidente de um amigo na estrada, a morte de uma pessoa querida, a reprovação num exame, uma resposta negativa após uma entrevista para um novo emprego, e assim por diante. Seria muito melhor que você nunca tivesse recebido notícias ruins, porque elas fazem mal, geram ansiedade e provocam angústia no coração. Mas nem sempre elas podem ser evitadas. Tal como o homem justo do salmo, podemos, porém, confiar em Deus, que nos envia a Boa Notícia do seu amor para conosco. Talvez seja o caso de divulgar esta Boa Notícia, de divulgar o bem, de falar de Deus, que é a fonte da verdade, do bem e do belo. O cristão é exatamente aquele que, na contramão, anuncia o esplendor da Boa Notícia em meio à escuridão das notícias ruins. Contudo, também os cristãos, com frequência, mediante fofocas ou maus julgamentos, contribuem para aumentar o rio de maldade. Ao invés de divulgar o mal, verdadeiro ou presumido, ponha-se no círculo dos bons que veem o bem nos outros. Que a Boa Notícia seja você mesmo!

29 de janeiro

> "E agora, minha filha, não tenhas medo: far-te-ei tudo quanto quiseres, pois toda a população desta cidade sabe que tu és uma mulher virtuosa" (Rt 3,11).

Este versículo refere-se a Booz e Rute antes de seu matrimônio. Rute era moabita, portanto, não pertencia ao povo de Israel. Após a morte de seu marido, ela conhece Booz, que a desposa. Desse casamento nasceu Obed, avô do rei Davi. Portanto, o mais importante rei de Israel teve como bisavó uma mulher pagã, mas de grande valor. Booz o sabe bem. Por isso, tranquiliza sua futura esposa, dizendo-lhe para não temer. O ensinamento é claro: uma mulher de valor não deve temer coisa alguma. Mas qual é o critério para estabelecer o valor de uma mulher? Em nossos dias, quando e como se conhece o valor de uma mulher? Para tratar desse tema, seria necessário escrever um livro inteiro. Mas eu me limito aqui a dizer que a mentalidade de nossos dias valoriza a mulher exclusivamente pela sua capacidade de sucesso. Esse critério é o mesmo de avaliação dos homens: avaliam-se suas capacidades de afirmação, de independência, de carreira, de notoriedade, de sucesso econômico, de poder. Pouco importa o modo de conquistar tal sucesso, se de maneira lícita ou não; se houve respeito à própria dignidade e à dignidade de outros. Se você é mulher, saiba que Deus lhe diz que você vale por aquilo que é, porque é sua filha e um dom para os outros. Portanto, você vale o quanto se doa. Se você é um homem, não tenha medo de confrontar-se com mulheres de valor, porque elas o ajudarão a tornar-se melhor.

30 de janeiro

"Por que tendes medo? Ainda não tendes fé?" (Mc 4,40).

Jesus diz esta frase logo após ter serenado uma grande tempestade no mar. Ele estava com seus discípulos no barco, atravessando o lago de Tiberíades. De repente, surgiu uma grande tempestade, que ameaçava afundar a embarcação.

Os discípulos ficaram cheios de medo, ao passo que Jesus se encontrava no fundo do barco, dormindo. Esse fato aumentou o medo nos discípulos, que despertaram o Mestre e de certa forma o reprovaram: "Mestre, não te importas que nós pereçamos?". Estão perdidos! Essa afirmação é a que todos nós, de uma maneira ou de outra, devemos fazer para experimentar o grande milagre da salvação. Somente depois de tomarmos consciência de que não podemos salvar-nos sozinhos enquanto estamos nos afogando, podemos abandonar-nos nas mãos de Deus. Saiba que às vezes Deus parece dormir, mas na verdade ele está atento, respeitando sua liberdade. Espera apenas um aceno de sua parte, um grito, uma oração, um passo à frente na fé. Tenha fé em Jesus! Você verá que o medo desaparecerá e a tempestade se acalmará. Mas qual tempestade? Aquela que por vezes se forma dentro de você, fomentada pelos ventos do pensamento, e que não raro você traz no coração. Tudo isso é incitado pela onda das emoções e dos sentimentos que transtornam. Se você se sente perdido, não tenha medo. Diga a Jesus: "Estou perdido, Senhor! Ajude-me!".

31 de janeiro

"Não tenhas medo. É ainda um filho que terás!" (Gn 35,17).

Raquel, a mulher de Jacó, está para dar à luz seu último filho, Benjamim. Ela está sofrendo muito. A parteira lhe diz essa frase de belíssimo encorajamento: para não ter medo do sofrimento, porque ele permite gerar a vida. Raquel morreu depois do parto, dando literalmente a vida pelo filho. Dar à luz, gerar, dar a vida não são palavras que se referem apenas às mulheres grávidas. O homem e a mulher adultos são chamados a gerar filhos não somente biológicos. Paternidade e maternidade pertencem a todos os homens e mulheres que se dedicam à arte da educação. São João Bosco foi um sacerdote que gerou na fé muitíssimos filhos espirituais; preocupou-se com a educação das novas gerações e gastou todas as suas energias para dar alimento, instrução, valores e dignidade a muitos jovens. Hoje se tem dificuldade de pôr filhos no mundo, seja por motivos econômicos, seja também pelo medo de perder a própria liberdade, ou ainda por temor de não ser capaz de fazer os sacrifícios necessários devido a um estranho sentido de inadequação. Pecado! Uma sociedade que não gera é fadada a morrer. Mas não nos desesperemos. Pode-se inverter essa tendência. Desejo-lhe que possa ter filhos e comprometer toda sua vida para isso. Sei que é preciso sacrifício. Mas é verdade que tudo o que é bom e belo é sacrificante. E se é o próprio Senhor quem o sustenta, então você não terá nada a temer.

FEVEREIRO

1º de fevereiro

"Não vos inquieteis!" (Lc 12,29).

Hoje começa fevereiro, mês de carnaval, depois do qual finalmente o ano começa de verdade. Os dias continuam quentes, ensolarados, mas muitas pessoas se entristecem porque devem voltar ao trabalho e às aulas. Cada um volta às suas atividades cotidianas com não poucas dificuldades. Passada a ressaca das férias, dos desfiles e bailes de carnaval, os jornais começarão a falar de economia, política e outros assuntos aborrecidos. Médicos e outros especialistas serão entrevistados e darão conselhos sobre como enfrentar os problemas relacionados ao estresse. Meu Deus, que ansiedade! Não parece um exagero? Em vez de agradecer ao Senhor por termos desfrutado um pouco de descanso, inventamos problemas inexistentes. Quem teve a possibilidade de viajar para um belo destino turístico, deveria pensar em quem passou o verão na cidade e não sabe nem onde conseguir dinheiro para comprar o material escolar dos filhos. Quem não tem dinheiro para chegar ao fim do mês, vive mal porque não consegue tirar férias, e quem tem dinheiro vive mal porque é obrigado a voltar ao trabalho. Quem está desempregado ficaria bem feliz por recomeçar a trabalhar. Ao contrário, quem tem trabalho volta estressado das férias. Por que isso? No verão, se você puder, descanse, relaxe, cuide de seu corpo e de seu espírito, aproveite os dias livres e mais longos para desfrutar da companhia dos amigos, da natureza, de Deus. E não tema o retorno. A rotina também pode fazer bem!

2 de fevereiro

"Ainda que eu atravesse um vale escuro, não terei medo algum, porque tu estás comigo. Teu bastão e teu cajado me dão segurança" (Sl 23,4).

Hoje, em todas as igrejas católicas do mundo se realiza a bênção das velas. É a festa da apresentação de Jesus no templo, festa essa comumente chamada de "Festa das Candeias". Com as velas acesas, a Igreja quer destacar que Cristo é a luz do bem, que resplandece nas trevas do mal. O versículo de hoje ressalta muito bem o significado dessa festa e exprime também a fé do cristão autêntico, aquele que é consciente de estar nas pegadas de Jesus Cristo, luz do mundo, e não tem medo de enfrentar mal algum. O cristão é iluminado não por uma luz qualquer, mas pela verdadeira luz que é Cristo. Cristo ilumina a mente e a consciência para podermos discernir o bem do mal, e indica o caminho para chegarmos à meta final, o paraíso, lá onde a luz não tem fim. Todos nós, cedo ou tarde, nos damos conta de estarmos dentro de uma selva escura, onde nos sentimos perdidos nas trevas, porque estas existem mesmo. O mal existe. Basta prestar atenção na nossa vida, na vida das outras famílias e da nossa sociedade. Se tomarmos consciência disso, entenderemos melhor por que Cristo veio ao mundo: para livrar-nos do mal, através de sua misericórdia. Neste período histórico, ninguém mais quer ouvir falar de pecado. Mas o pecado existe e está dentro de nós e ao nosso redor. A luz nos serve para distingui-lo e percebermos a necessidade de nos livrarmos dele. Quando se encontrar em um vale escuro, não tenha medo: você somente precisa da Luz. Você precisa de Cristo.

3 de fevereiro

"Não temais. Deus veio para vos provar e para que o seu temor esteja diante de vós, e não pequeis" (Ex 20,20).

A célebre entrega dos dez mandamentos de Deus ao povo de Israel, através de Moisés, foi acompanhada por fenômenos sensíveis da natureza, como trovões e relâmpagos, que fizeram o povo sentir medo da grandeza divina. Moisés tranquilizou o povo, dizendo-lhe que não era preciso *ter medo* de Deus e de suas palavras. É preciso ter *o temor* de que já falei, ou seja, a adesão livre à vontade de Deus, reconhecida como o melhor para cada um. Deus não quer comandar ninguém como a uma marionete. Os mandamentos não são ordens. São palavras que brotam do coração de um Pai que quer simplesmente a felicidade dos filhos. Os dez mandamentos são conselhos que Deus oferece para que você possa ser iluminado no caminho da vida. São palavras de Amor que querem preservá-lo do mal e do pecado. São palavras de quem é digno de confiança. Quem teme a Deus, confia nele, porque o conhece bem. Muitas pessoas sentem dificuldade de acolher os mandamentos porque não conhecem bem a Deus. Até mesmo cristãos praticantes têm por vezes uma ideia distorcida de Deus, pois o consideram um déspota, no qual é preciso não provocar raiva, para evitar ser condenado por ele, e procurar mantê-lo bonzinho, para tirar disso alguma vantagem. Mas quem o conhece bem, sabe que Deus é amor e misericórdia. Sabe que ele é a verdade que liberta e, portanto, de boa vontade se deixa iluminar por seus conselhos. E você conhece bem a Deus? Não tenha medo dele! Deixe-o falar!

4 de fevereiro

> "Farei a viagem com teu filho. Nada receies. Sãos partiremos e sãos regressaremos a ti, porque o caminho é seguro" (Tb 5,17).

Esta frase é típica de alguém que parte em viagem. Talvez você também precise sair ou partir com um amigo, e tenha de apresentá-lo aos seus pais, para tranquilizá-los sobre o bom êxito da sua viagem. É normal que um pai se preocupe quando um filho sai do ninho protetor da casa. Também Tobit, o pai, antes da viagem importante que Tobias estava para empreender, se preocupou em conhecer o companheiro de viagem do filho a fim de saber se ele era de boa família. Pensando bem, a viagem não é uma metáfora da vida? Sim, a vida é uma viagem cheia de etapas. No dia em que você foi concebido começou uma etapa de nove meses, em que viveu no ventre de sua mãe. Ali você estava muito bem, não é mesmo? Depois nasceu e iniciou a segunda etapa, aquela de lactante. Você dormia e estava sempre grudado no seio de sua mãe. Chegou depois a terceira etapa, em que começou a caminhar, e aí começaram os "ais" das quedas e esbarrões. Depois veio a quarta etapa: você começou a frequentar a escolinha, depois a quinta, a sexta, a sétima etapa..., e assim por diante, até o dia de hoje. Pense em todas as pessoas que estiveram ao seu redor e o ajudaram a encontrar o caminho certo em cada etapa. Entre essas pessoas, esteve também o Senhor Jesus. Ele é o caminho seguro que, etapa após etapa, o conduzirá até a última de todas, a vida eterna. Não tenha medo! Ele o acompanhará até o final, até chegar a ele.

5 de fevereiro

> "Iahweh é a fortaleza da minha vida. Frente a quem temerei?" (Sl 27,1).

Defender-nos é uma atitude instintiva que nos leva, frequentemente, a nos sentirmos seguros. O medo de sofrer, de sermos atacados e feridos, faz com que nos defendamos do risco, em atitude de defesa. Você já notou que um time de futebol, quando teme o adversário, se fecha todo no próprio campo para não tomar um gol e espera a oportunidade de um contra-ataque, para então pontuar e vencer a partida? Nas relações pessoais, por vezes, acontece o mesmo. Se você sente medo do adversário, fecha-se no seu grupo e não sai de sua "área de conforto", nem permite que o adversário entre nela. E assim que for possível, você o ataca para mantê-lo a distância. Nós nos defendemos com os meios que temos a nossa disposição, com o corpo, com palavras, com argumentos, com dinheiro. Dessa forma, corremos o risco de ser ineficazes e sucumbir, sobretudo se o adversário possuir mais recursos do que nós. Sozinhos é difícil! É melhor que haja alguém ao nosso lado para nos ajudar. É melhor que tenhamos alguém disposto a nos defender. Com uma pessoa que nos quer bem e que nos protege, é outra coisa! Do nascimento até a morte, temos necessidade de proteção, de um advogado de defesa que esteja do nosso lado e nos ajude a superar os vários medos. Mas, se quem nos defende é o próprio Senhor, Deus, deixemos de lado todos os medos. Saiamos da nossa concha e abramo-nos finalmente para o outro, sem temor de ser agredidos. Paremos de fazer guerra e comecemos a amar de verdade, expondo até mesmo as feridas mais profundas. Não tenhamos medo, pois sabemos ter um advogado no céu. E também uma advogada poderosa, Maria Santíssima.

6 de fevereiro

"Permanece comigo e não tenhas medo!" (1Sm 22,23).

Com esta frase Davi tranquilizou Abiatar, filho do sacerdote Aquimelec, após o massacre de todos os sacerdotes de Nob, executado por Saul. Saul matou Aquimelec e todos os demais sacerdotes por estarem do lado de Deus, que havia elegido Davi como guia do povo de Deus. Abiatar, que sobrevivera após o convite de Davi, decidiu também permanecer em Deus, mas não morreu. De fato, ele continuou sacerdote durante todo o tempo em que Davi reinou. Não sei a quantas anda seu caminho de fé, ou até se você tem fé, ao menos explicitamente. Mas permanecer do lado de Deus não é tão difícil. A questão é perseverar ao lado dele. Ficar do lado de Deus em todas as situações da vida, sobretudo quando essa escolha custa alguma coisa, torna-se um grande compromisso e é prova de que você está apenas começando a amar concretamente aquele que o ama desde sempre. Quando alguém começa a ser "íntimo" de Deus, sente emoções fortes, sobretudo na oração. E tudo parece caminhar para a perfeição. Quando se sentem emoções, é fácil rezar. Mas quando se chega ao período de deserto, em que não se sente nada, pensa-se que Deus já não esteja por perto. Permanecer de joelhos, fiel a Deus e firme na esperança, torna-se então difícil, mas é o momento apropriado para a maturidade espiritual, quando se aprende a amar gratuitamente. Não tenha medo! Permaneça fiel!

7 de fevereiro

"Se abriste a boca contra teu amigo, não temas, porque existe reconciliação" (Eclo 22,22).

Quem perde um amigo, perde um tesouro! A amizade é uma das pérolas mais preciosas que uma pessoa pode ter na vida, mas é possível perdê-la. Quem sabe tenha acontecido também a você, de sentir a dor de uma amizade perdida. Uma grande amizade pode perder-se por vários motivos, às vezes sérios, às vezes banais. Será possível recuperar uma amizade? A resposta é positiva, mas também não de modo absoluto. Logo após o versículo citado, são indicadas algumas exceções, como é o caso de insulto, de segredos revelados ou de traição. De fato, a perda de uma amizade por um desses motivos corta pela base as raízes da amizade, ou seja, a confiança. Como se faz para reconstruir a amizade com um amigo que o traiu? No entanto, Jesus foi traído e crucificado por um de seus melhores amigos e mostrou-nos que também os estragos mais profundos podem reconstruir-se e refazer-se. Lembremo-nos da negação de Pedro em relação a Jesus (cf. Mc 14,76-72). Mas lembremos também a esplêndida manifestação de afeto entre Jesus e Pedro, quando este afirmou: "Senhor, tu sabes que eu te amo" (cf. Jo 21,15-17). Jesus realizou todas as coisas, inclusive o que diz a frase do Antigo Testamento supracitada, que nele se revelou, à luz desta outra: "Ninguém tem maior amor do que aquele que dá a vida por seus amigos" (Jo 15,13). Não tenha medo de perdoar: Cristo pode ser para nós motivo de reconciliação, sempre!

8 de fevereiro

> "Não tenhais medo deles, pois quem combate por vós é Iahweh, vosso Deus" (Dt 3,22).

Essa é a ordem que Moisés deu a Josué, que o sucedeu como guia do povo de Israel. Encorajou-se assim a não ter medo dos reis que ele deveria enfrentar a fim de tomar posse da terra prometida. Você talvez não tenha rei algum a enfrentar, terras a serem conquistadas e guerras a empreender, nem hoje nem jamais, assim espero. Mas "batalhas" a empreender eu creio que haja, sim, sob a forma de problemas, medos, provas, preocupações, doenças, depressões; lutas por causa de injustiças, por uma chance de trabalho, pela liberdade, por questões econômicas, por uma casa a encontrar e a gerir, para pagar o aluguel, as contas do mês, cuidar de uma família, salvar um matrimônio, enfrentar verdades incômodas, pessoas antipáticas, e assim por diante. As boas batalhas a enfrentar podem ser tantas, sobretudo se não forem *contra* alguém nem por *qualquer* coisa. A boa batalha por excelência é pela vida. Você está lutando por alguma coisa? Coragem, pois na vida ninguém pode permanecer passivo. É preciso aprender a sair do ninho e encarar os problemas. É claro que sair do aconchego para uma batalha coloca você em risco. Os obstáculos estão sempre à espreita. Mas, se a luta é por uma causa justa e boa, se há uma grande razão que o leva a lutar, então não tenha medo. Deus combaterá por você e com você!

9 de fevereiro

> "Não temas: vai e faze como disseste. Mas, primeiro, prepara-me com o que tens um pãozinho e traze-o; depois o prepararás para ti e para o teu filho" (1Rs 17,13).

Num período de grande seca, o profeta Elias encontrou uma viúva que recolhia um pouco de lenha. Era uma mulher tão pobre que, com aquela lenha e um pouquinho de farinha e azeite, pretendia fazer um último pãozinho para ela e seu filho comerem. Depois disso, só lhes restava uma coisa: morrer de fome. Pois bem. Elias tinha fome e pediu ajuda àquela mulher. Mas por que exatamente àquela mulher? Um absurdo! Ele não podia pedir ajuda a uma pessoa abastada? Essa pobre mulher não tinha nada a oferecer, antes, precisava de tudo para viver. Sabe-se que a ideia de pedir ajuda a essa pobre viúva não vinha de Elias, mas de Deus. Por vezes, Deus parece estranho, não é verdade? É certo que ele não pensa como nós. Aquele que não possui nada a oferecer, para Deus pode tudo, se tiver fé. Assim, aquela viúva que aparentemente não tinha nada para dar era verdadeiramente cheia de fé e de amor ao próximo. Era plena de Deus. Essa mulher decidiu saciar a fome de Elias e confiou plenamente na Providência Divina, a qual não deixou de intervir. Aquele punhado de farinha e aquele pouco de azeite aumentaram milagrosamente e não terminaram enquanto durou a terrível seca naquele país. Já lhe aconteceu de aborrecer-se diante de um pedido de ajuda, sobretudo em momentos em que pensava não possuir nada ou quase nada para dar? Já disse a alguém: "Deixe-me em paz, pois já tenho meus problemas"? Se lhe acontecer algo semelhante no futuro, lembre-se de que você tem sempre alguma coisa para dar. Não tenha medo! Tenha fé e ame!

10 de fevereiro

"Não temas, porque eu te resgatei" (Is 43,1).

É assim que o profeta Isaías se dirige ao povo de Israel, para lembrar-lhe que é o povo eleito de Deus e, portanto, será logo libertado do exílio na Babilônia. Israel foi resgatado por Deus, pertence a ele e, por isso, não deve ter medo. Você também foi resgatado por Deus, sabia disso? Todo homem, toda mulher, foi resgatado em virtude da cruz de Jesus Cristo. O preço do resgate pela nossa libertação da escravidão do pecado foi pago. Foi Deus quem pagou! E pagou não com dinheiro, mas oferecendo o próprio Filho. Deus se imolou por nós, por você, por todos os homens e mulheres, e não somente pelos israelitas. Sobre a cruz, a eleição se estendeu a todos os povos da terra. Portanto, não tenha medo! Se você foi batizado em Cristo, lembre-se de que foi libertado graças ao sangue divino derramado sobre você. Foram seus pecados que pregaram Jesus na cruz. Ele deu sua vida por você. O que mais ele poderá fazer para demonstrar-lhe seu amor? Com frequência, esquecemos tudo isso e permanecemos indiferentes perante tão grande amor, o mais importante de nossa vida. Você está consciente do valor do seu Batismo? Se não for batizado, eu o advirto: não está excluído desse amor salvador. O sangue que Jesus derramou na cruz foi derramado também por você. Se quiser, pode conhecer melhor esse "louco" de amor que é Jesus Cristo, que há dois mil anos decidiu morrer também por você. E se quiser, poderá também receber os frutos da imolação de Jesus e fazer parte do povo dos que se salvam. Não tenha medo!

11 de fevereiro

Ninguém desfaleça nessas tribulações" (1Ts 3,3).

Foi a 11 de fevereiro de 1858 que uma senhora vestida de branco, com uma faixa azul na cintura, apareceu a uma menina, Bernadete Soubirous, numa gruta de Lourdes, na França. A senhora, que se apresentou como a Imaculada Conceição, era a Virgem Maria. Através dessa humilde menina, ela clamou aos pecadores que se convertessem, que rezassem e praticassem a caridade, uma caridade que se mostrou bem cedo voltada para os doentes. Lourdes é hoje a meta de muitíssimas peregrinações de pessoas doentes, em busca de uma cura milagrosa, tanto física quanto espiritual. Lourdes é também meta de muitos jovens voluntários que aprendem a caridade e prestam ajuda a doentes e cadeirantes. Maria Santíssima é a Mãe junto à qual todos aqueles que são provados na vida encontram refúgio e conforto. Os doentes, sobretudo, os doentes no espírito, os pecadores, podem voltar-se para a Mãe celeste a fim de receber um milagre. É certo que pouquíssimos recebem a graça da cura física, mas todos podem obter a graça da cura da alma. Não sei se você é ou não devoto da Virgem Maria, nem sei se já foi a Lourdes ou a outro santuário mariano, mas uma coisa é certa: se na dor de uma prova qualquer você se deixar conduzir pela mão de Maria, ela o levará ao único médico que pode restabelecê-lo inteiramente: Jesus. Não tenha medo de confiar em Maria. Comece o quanto antes a desfiar as contas do terço.

12 de fevereiro

"Não o temas, pois entreguei em tua mão tanto ele como todo o seu povo e a sua terra" (Dt 3,2).

Deus disse a Moisés que não tivesse medo de Og, rei de Basã, que vinha de encontro a ele, enquanto se aproximava da terra prometida. Também dessa vez tudo correu bem para Moisés, que conseguiu enfrentar e vencer Og e seus exércitos. A mensagem é clara: se você permanece do lado de Deus, se você está a serviço dele na realização de um projeto de bem, poder algum poderá impedi-lo de prosseguir. Poderoso algum deste mundo poderá fazê-lo temer, se Deus estiver com você. Inimigo algum poderá pôr obstáculo no seu caminho rumo à felicidade, se você estiver sempre amparado por Deus. Não tenha medo daquele que, possuído pelo mal, o ataca. O Senhor desbaratou o Maligno e todos aqueles que fazem parte do exército do mal. Cristo predomina sobre o mal. Você pode dizer que na vida as coisas não são sempre assim. Na justiça humana, nos locais de trabalho, na economia, na política, ou até mesmo na família, não parece que o bem sempre vença. O poder parece estar nas mãos dos maus. É verdade, mas aquilo que você vê é quase sempre um falso poder. Só tem verdadeiramente poder aquele que, não obstante os ataques contínuos do mal, permanece firme no amor e na paz. Quando oferece a outra face àquele que lhe bateu, lembre-se de que foi você quem venceu. Se não acredita, experimente!

13 de fevereiro

"Não temas, porque não tornarás a envergonhar-te, nem te sintas humilhada, pois não serás confundida" (Is 54,4).

Este versículo faz parte de um capítulo em que o profeta Isaías busca descrever a mudança de Israel, das provações passadas à reviravolta que se aproxima. E para isso, ele usa imagens tradicionais, como a da esposa repudiada e depois novamente aceita. Enquanto os antigos profetas viam na desgraça de Israel um castigo de Deus por causa de suas infidelidades, Isaías insiste sempre mais em dizer que se pode sempre retornar à graça do Senhor. Você já passou vergonha alguma vez? Já ficou envergonhado por alguma atitude errada? Já experimentou o que significa sentir-se desonrado? Já se sentiu inadequado e culpado diante de alguém? Eu penso que sim, ao menos quando era criança. Quando se é criança, é mais difícil disfarçar o rubor no rosto; sentir-se envergonhado é um fato mais do que natural e consequência de uma consciência pura. Depois que se cresce, corre-se o risco de não mais se enrubescer. É importante manter viva em nós essa campainha de alarme que nos faz entender quando estamos errados. Portanto, não tenha medo de sentir vergonha, pois, quando isso acontece, significa que está se abrindo novamente para Deus e que logo mais receberá a sua graça. Admitir ter errado coloca-o em condição de poder livrar-se das amarguras e desilusões. E quando isso acontece, saiba que já está às portas de libertar-se da desonra experimentada, porque Deus já o perdoou.

14 de fevereiro

> "Não há temor no amor; ao contrário, o perfeito amor lança fora o temor..." (1Jo 4,18).

Todos falam do amor, mas nem todos lhe dão o mesmo significado. Sobretudo nos dias de hoje, o amor pode ser tudo e o contrário de tudo. O amor de que fala a primeira carta de João é autêntico, original, é o próprio Deus. Quem o experimenta se dá conta de que é um temor filial, de respeito em relação à paternidade de Deus, mas exclui o temor servil, o medo de ser condenado por Deus, que tanto nos amou e deu a vida de seu Filho por nós. Portanto, o verdadeiro amor não dá espaço para o medo do castigo. Espero que ninguém lhe tenha inculcado a ideia de um Deus punitivo, pronto a condenar toda vez que cometer erros. Se for essa a ideia que tem de Deus, é sinal de que você não o conhece de modo algum. Quando muito, ele quer corrigir um erro seu, condenar o pecado, mas deseja sua salvação. Se há um preço a pagar pelo seu pecado, ele mesmo o pagará, por amá-lo. A você cabe somente reconhecer tal amor e retribuir-lhe na medida do possível. O castigo não vem de Deus. Vem de você mesmo, quando permanece no pecado. E se conheceu esse amor, como pode ter medo do irmão que você ama? É um absurdo que entre noivos, entre marido e mulher, entre amigos, entre pais e filhos exista medo de dizer ou fazer alguma coisa para evitar um eventual castigo. Coragem, então! Expulse o temor e ame abertamente!

15 de fevereiro

"Não tenham medo do ataque dos pagãos" (2Mc 15,8).

Nenhum inimigo do povo de Deus pode provocar medo naqueles que fazem memória contínua da ajuda que lhes vem do céu. Os pagãos de que fala o versículo em questão são aqueles que não creem em Deus, mas que têm muitos ídolos, diante dos quais se prostram. Os ídolos são objetos, pessoas, afetos, desejos e tudo aquilo a quem a pessoa oferece a própria vida, na esperança de ser feliz. Nos ídolos buscam-se a estabilidade, a segurança e a plenitude que somente Deus pode dar. Deus nos dá a vida plena. Os ídolos a pedem e a tiram. Portanto, por que ter medo? Quem possui Deus já tem tudo, e quem não o conhece está continuamente em busca de alguma coisa. Por isso, se você é um cristão praticante, não tenha medo dos ataques dos não crentes. O que eles podem fazer contra você? O que podem tirar de você? Você já tem tudo. Tem a Deus e ninguém poderá jamais afastá-lo dele. Eles podem humilhá-lo, insultá-lo, zombar de você, atacá-lo de todos os modos possíveis, mas não podem tirar-lhe a dignidade e a liberdade de filho de Deus. Nos momentos mais difíceis, é possível pensar que os vencedores sejam eles, que você seja um perdedor, sobretudo numa sociedade como a de hoje, onde Deus é deixado de lado. Mas não tenha medo, não ceda ao cansaço e não se deixe levar pelo medo de não ter êxito. Ao contrário, lembre-se de que quem não tem fé e acredita em algum ídolo é, na verdade, um escravo.

16 de fevereiro

"Não temas, homem das predileções! A paz esteja contigo! Toma força e coragem!" (Dn 10,19).

À noite, quando está cansado, o que você faz? Deita-se na cama, dorme bem e de manhã se levanta cheio de energia, pronto para um novo dia de estudo ou trabalho. Parece simples, não é mesmo? Mas as coisas se complicam quando não são as forças físicas que começam a diminuir, mas sim as forças interiores. As forças psíquicas, espirituais e morais são aquelas que nos ajudam a prosseguir na vida, em qualquer situação. Quando a alma está cansada e perturbada, quando o coração deixa de pulsar com energia vital, quando os nervos estão exauridos, quando se está depressivo, é realmente muito difícil manter-

-se de pé. Não basta uma simples noite de sono, mesmo porque nessas condições nem se consegue dormir. A quem, por diferentes razões, estiver em situação semelhante, o Senhor diz: "Paz a você!". A paz é aquilo de que se tem necessidade quando a alma está em frangalhos. E Deus sabe disso muito bem. Mas ele não promete a solução de problemas, nem utiliza a varinha mágica para zerar preocupações e ansiedades. Ele sabe muito bem que quem se encontra num estado de abatimento interior tem a alma agitada, inquieta e confusa; sente raiva de si mesmo e de todo mundo; encontra-se desencorajado, desmotivado e bloqueado; enfim, que o único remédio para aliviá-lo e dar-lhe novas forças é a paz, a paz do coração. Se confiar em Cristo, você encontrará esse remédio, não tenha medo!

17 de fevereiro

> "Aquele que teme o Senhor nada receia, nem se aterroriza,
> pois o Senhor é sua esperança" (Eclo 34,16).

Não explico novamente o que significa temer o Senhor porque você já sabe muito bem. Quem teme a Deus, não somente não tem medo dele, mas não tem medo de nada. Não se pode ter medo daquele que o ama, criando-o e recriando-o dia a dia. Não se pode ter medo do Pai. No máximo você experimenta um sentimento de estima, de respeito e de fascínio diante daquele que, embora sendo o Senhor do céu e da terra, se ocupa de você e da sua vida. E de alguém assim não se pode ter senão uma altíssima consideração, e ele não pode ser senão uma referência imprescindível na sua vida. Se você teme a Deus, sabe muito bem que a esperança não é um sonho inatingível, mas uma certeza. De fato, afinal de contas, quem está desesperado é porque está sem Deus. Como pode estar sem esperança quem recebeu em herança a vida eterna? Essa herança é para você também. Jesus Cristo, verdadeiro Deus e verdadeiro homem, é a esperança feita carne, porque com sua morte e ressurreição tornou visível e acessível a você a porta do paraíso. Aquele que segue a Jesus Cristo na vida, o faz porque compreendeu e experimentou que ele é, na concretude de suas necessidades cotidianas, fonte de esperança. O discípulo de Cristo não é um incrédulo, alguém que se apega ao primeiro charlatão de plantão e recebe uma dose de anestésico para seus medos. Não! Ele é uma pessoa inteligente, que encontrou em Cristo a resposta razoável e autêntica para sua sede de esperança. E você? Tem esperança?

18 de fevereiro

> "Não tenhais medo, pois valeis mais do que muitos pardais"
> (Lc 12,7).

Esta frase faz parte de um discurso que Jesus fez aos seus discípulos sobre a necessidade de estarem sempre atentos perante uma das atitudes que ele mais condena: a hipocrisia. Jesus convida-os a falarem sempre abertamente e a não esconderem nada, porque não existe segredo algum que cedo ou tarde não venha a ser revelado. De fato, quanto medo existe em falar as coisas à luz do dia! Alguma vez aconteceu a você de falar coisas por trás da pessoa interessada ou de se calar por medo daquilo que você pensa? E de esconder por trás de um sorriso toda sua contrariedade? Tantos cristãos têm medo de falar de Jesus a fim de ficarem tranquilos e não serem atacados! Ser coerente dá medo, porque a pessoa se expõe e, na lógica da conveniência, muitas vezes prefere não se revelar. Mas não tenha medo, porque você é precioso aos olhos de Deus. Na fraqueza da transparência e na fragilidade da verdade, Deus sustenta e protege você. Se Deus cuida dos passarinhos, como não cuidará de você? É verdade que, por vezes, você pode ver a hipocrisia como uma tábua de salvação, e de fato ela o seria, mas só momentaneamente. Cedo ou tarde você será confrontado com a verdade. Não há nada de escondido que não venha a ser revelado. Coragem, então! Não tenha medo de ser transparente!

19 de fevereiro

"A ninguém temais porque a sentença vem de Deus" (Dt 1,17).

Moisés escolheu dentre as várias tribos de Israel pessoas sábias e estimadas, as quais ele constituiu juízes para as várias contendas que surgiam entre o povo. A esses juízes ele deu uma série de ordens, entre as quais a que encontramos no versículo em questão. Moisés lembra-lhes de que o juízo pertence a Deus, o qual é imparcial, não tem preferências, ouve a todos e não tem medo de ninguém. Portanto, aqueles que têm a responsabilidade de julgar devem ter como referencial o mesmo estilo de Deus. O homem só vê parcialmente e não tem capacidade de avaliar as coisas de modo completo. Somente Deus pode julgar as pessoas e as situações. Descubro que julgar deve ser uma das coisas mais difíceis para o ser humano. E por isso, já que em algumas situações deve fazê-lo, precisa ter como referência o próprio Deus, para manter firmes os critérios de julgamento: a verdade e o amor. Entendo que num tribunal não se pode pretender que todos os juízes sejam cristãos, e que o amor misericordioso dificilmente se pode inserir como critério de julgamento no código civil ou penal. Mas deixo esta questão aos juristas. Contudo, todos somos chamados, todos os dias, a buscar a justiça fora de um tribunal. Se você procura a Deus, verá que é capaz de buscar a justiça com amor, sem medo de pessoa alguma e sem fazer mal a ninguém. Se, ao contrário, busca a si mesmo e sua afirmação pessoal, só causará danos.

20 de fevereiro

> "Que o vosso coração não se desfaleça! Não temais pela notícia que se propala na terra: em um ano tal boato, e outro ano, tal outro" (Jr 51,46).

O profeta Jeremias procura, com estas palavras, confortar o povo que sofre a violência do regime babilônico. Tais palavras também valem para você. Não tenha medo da negatividade que os jornais jogam sobre você todos os dias. Não se deixe levar pela proliferação do mal colocado sob seus olhos. No tempo de Jeremias, falava-se de notícias que mudavam a cada ano. Agora, elas mudam a todo instante. Portanto, essa Palavra de Deus é ainda mais necessária nos nossos dias. Precisamos aprender a relativizar aquilo que ouvimos da mídia e tomar consciência de que a vida toda teremos de conviver com o fato de que é o mal que constitui notícia, infelizmente. Nós também contribuímos para o progresso do mal. Não é verdade que, quando fala dos outros, na maioria das vezes você fala mal, esquecendo-se do bem que a pessoa faz ou fez? Ao invés de comentar as notícias ruins, por que não se preocupa em buscar, fazer, comunicar e promover o bem? Por que não se sente aviltado pelo fato de que com frequência você não acolhe o bem? A notícia por excelência é o Evangelho de Cristo. Não tenha medo de conhecê-lo bem e divulgá-lo todos os dias a quem quer que seja e por toda parte. Coragem!

21 de fevereiro

"Sede firmes, fortalecei o vosso coração, vós todos que esperais em Iahweh!" (Sl 31,25).

Há momentos na vida em que você fica sem maiores preocupações e, em geral, tudo corre bem, sem maiores tropeços. Trata-se de períodos sem problemas graves, com grandes pontos de referência, que lhe oferecem uma estabilidade afetiva notável. Você se sente forte, porque por trás de você há alguém que o sustenta. Seu coração sente-se seguro, porque cheio de calor do amor familiar. Você sabe que pode contar com o apoio de um amigo que o estima muito e no qual confia imensamente. Em geral, períodos assim se concentram na juventude, porque é nela que você se sente ajudado a construir sua família. No entanto, você pode usufruir de tudo isso sem se dar conta do seu valor, e talvez sem jamais agradecer às pessoas queridas que lhe proporcionaram essa estabilidade, nem a Deus por tê-la concedido a você. Depois chegam os momentos mais difíceis da vida, os solavancos, aquelas sacudidas fortes que o dilaceram e que o fazem perder os pontos de referência. Os conhecidos somem, você perde um amigo, morre ou adoece um dos pais, o calor familiar arrefece, o amor e a estima que sempre recebeu diminuem, de modo que você se sente sozinho, frágil e amargurado. De repente, dá-se conta do quanto era importante ter percebido aquela "obviedade" pela qual jamais agradeceu a Deus, e começa a sentir saudade e dificuldade em projetar-se para o futuro. Coragem! Num momento como esse, Deus diz: "Não tenha medo, espera em mim, eu sou o Amor que aquece seu coração!".

22 de fevereiro

"Não temais, não vos deixeis atemorizar diante dessa imensa multidão" (2Cr 20,15).

Deus dirige essa frase aos habitantes de Jerusalém, a fim de tranquilizá-los num momento em que o povo de Deus, embora fosse grande, parecia não conseguir vencer os inimigos. Estes constituíam uma multidão imensa. Mas quem combate contra os homens de Deus, combate contra o próprio Deus. Logo, não tem possibilidade nenhuma de vencer. Hoje a Igreja celebra a Cátedra de São Pedro. Esta festa lembra a missão e o serviço do Papa na Igreja, que é o de confirmar todos os cristãos na fé. Jesus disse ao primeiro Papa, São Pedro: "Tu és Pedro e sobre esta pedra edificarei minha Igreja. E as forças do inferno não prevalecerão sobre ela" (Mt 16,18). A mensagem é clara: os inimigos da Igreja são inimigos do próprio Deus. O Senhor protegerá sempre a Igreja contra os ataques das potências do inferno. O povo de Deus não tem nada a temer, nem deve espantar-se diante de nenhum seguidor de Cristo. O cristão é consciente de encontrar-se muitas vezes contra uma multidão de inimigos, mas não tem nada a temer, porque Deus vence sempre! Ele vence não com a violência, mas com o amor. E ninguém pode vencer o Amor! A Igreja foi desejada por Cristo e vive de Cristo, mesmo quando se mancha pelo pecado de seus membros, a começar por Pedro, para levá-los ao amor que Deus lhes demonstrou morrendo numa cruz. Ame sempre! Ame também o inimigo, e seguramente você vencerá!

23 de fevereiro

"Não tenhas medo do que irás sofrer!" (Ap 2,10).

Esta frase do Apocalipse, que é o último livro da Bíblia e canto de esperança cristã, é dirigida pelo Senhor ressuscitado à Igreja perseguida de Esmirna. Em Esmirna os cristãos sofreram violentas repressões. Basta pensar no martírio de um grande bispo dali, São Policarpo, cuja memória a Igreja lembra hoje. Ele foi queimado vivo no estádio dessa cidade. Policarpo não teve medo do que estava para sofrer, porque sabia que a tribulação duraria um átimo, enquanto a vida prometida pelo Senhor duraria pela eternidade. Sabemos que a vida nos reserva momentos de sofrimento que devemos aceitar, mas o medo nos bloqueia e preferimos contornar os obstáculos. O problema é que aquele obstáculo permanece ali, diante de nossos olhos, até que o enfrentemos. Paradoxalmente, por medo da dor que dura um breve período, preferimos sofrer uma vida inteira. Quando eu era criança, lembro-me do medo que tinha da injeção. Uma vez, fui esconder-me num terraço para não ser encontrado pelos meus pais. Mas acontece que fugir e esconder-me não adiantou nada. O medo e a ansiedade só aumentavam. Depois da picada, em poucos minutos eu já estava correndo e brincando, esquecido da dor que hoje faz parte de uma longínqua recordação. Depois crescemos, mas as coisas não mudam muito. Talvez hoje você não tenha medo de injeção, mas com certeza algum sofrimento o apavora. Não tenha medo! A coroa da vida espera por você! Enfrente-a sem medo!

24 de fevereiro

"Ainda que tenhas desembainhado a espada contra o amigo não desesperes, porque existe um retorno" (Eclo 22,21).

Como é possível que se possa desembainhar a espada contra um amigo? Não é uma contradição? A um amigo se protege, se defende, se ajuda em qualquer circunstância. No entanto, nós, seres humanos, por causa do pecado, caímos por vezes nessa contradição. Não raro usamos a espada contra qualquer pessoa, e isso já é grave por si só. Mas às vezes a usamos contra um amigo querido. Por quê? Por inveja, porque um amigo se torna para nós um competidor; por ciúmes, porque ele nos feriu; por sua invasão, porque não nos ouve; pela sua falta de apoio, porque não esteve próximo no momento de necessidade; pela sua indiferença, pela incompreensão, por falta de transparência e de verdade, porque não aceitamos sua diversidade, pelas suspeitas, porque a confiança e a estima se vão. Você já usou a espada contra um amigo? Em caso afirmativo, pergunte-se qual o motivo e encontrará a raiz do problema, o pecado que o privou da amizade. Você entenderá que a responsabilidade do erro cabe a ambas as partes. Reconhecerá sua parte da culpa e pedirá perdão, primeiramente a Deus. E sentirá o desejo de reencontrar o amigo que perdeu. Pode ser que você sinta medo de dar o primeiro passo, de experimentar primeiro a reconciliação, porque o outro poderia não estar disposto a reconciliar-se. Além do mais, está no meio disso o orgulho que o leva a dizer: "Mas por que devo humilhar-me? No fundo, tive boas razões. Por que ele não dá o primeiro passo?". Não se desespere! Experimente dar o primeiro passo!

25 de fevereiro

> "Não participareis do seu medo nem ficareis aterrorizados"
> (Is 8,12).

A missão do profeta Isaías é a de opor-se ao povo de Judá, porque foi ingrato para com Deus. Ele sabe que deve confiar unicamente em Deus. Eis por que diz que não se deve temer aquilo que o povo teme. Tal convite serve para você também. De quantas coisas você tem medo, condicionado pela sociedade em que vive? Quantos medos induzidos você é coagido a enfrentar? Pense bem! Você recebe mensagens contínuas, pela cultura, pela mídia, pela música, pelos filmes e pela publicidade. Você deve ter sucesso, por isso tem medo de não estar à altura das situações. Deve ser atraente, por isso tem medo de possuir qualquer defeito. Deve ser jovem, por isso tem medo de envelhecer. Deve ser simpático, por isso tem medo de parecer tímido. Deve ser forte, por isso tem medo de chorar. Deve comprar, por isso teme não ter dinheiro suficiente. Deve ser esperto, por isso tem medo de confiar nos outros. Deve ainda ser muito sensual, por isso rejeita a pureza. Deve ser moderno, por isso tem medo de ser antigo. Deve ser superativo, por isso tem medo de parar e escutar. Deve ser inteligente, por isso tem medo de crer em Deus e de rezar. Deve, deve... E depois de tudo isso, é Deus quem o obriga a fazer as coisas, hein? É a Igreja que sempre lhe diz o que deve ou não fazer? Tem certeza de que a sociedade o torna livre? Seja inteligente de fato, abra-se para Cristo e não tenha medo de nada!

26 de fevereiro

> "Jesus chegou perto deles e, tocando-os, disse: 'Levantai-vos e não tenhais medo'" (Mt 17,7).

Pedro, Tiago e João, os discípulos mais próximos de Jesus, subiram com ele ao monte e tiveram uma forte experiência de Deus. Viram o rosto de Jesus brilhar como o sol, e suas vestes ficarem brancas como a luz. O Mestre transfigurou-se diante deles e eles ouviram a voz de Deus dizendo: "Este é o meu Filho muito amado. Escutai-o!". Perante tal manifestação divina, os apóstolos caíram com o rosto por terra e ficaram cheios de medo. Mas por que tiveram medo? Não é maravilhoso encontrar-se face a face com Deus? É que, diante da grandeza de Deus, da sua perfeição e bondade absoluta, nos sentimos inadequados. Diante da luz da verdade, nossos pecados ficam à mostra e nos sentimos culpados. Então, surge o medo. No fundo, não é verdade que, ao encontrar-se diante de uma pessoa pura de coração e melhor do que você, acontece de sentir-se inadequado a ponto de fugir pelo medo de confrontar-se com ela? Imaginemos diante de Deus! Tudo isso nos faz compreender melhor a importância da encarnação do Filho de Deus. Ele se fez homem a fim de nos acompanhar em nossa fuga dele. Jesus aproxima-se também de você. Quer tocá-lo para fazê-lo entender que assumiu sua carne para descer até seu nível; para partilhar sua humanidade, suas alegrias e sofrimentos. Ele quer dizer-lhe que, se você caiu nas malhas do pecado, ele pode reerguê-lo. Deus quer encontrá-lo! Não tenha medo!

27 de fevereiro

"Eles tremerão de medo lá, sem razão para medo" (Sl 53,6).

Acontece na vida de certas pessoas de, sem nenhum motivo aparente, serem tomadas por um terror misterioso. Conheci muitos jovens que sofriam de pânico, sem que tivessem, aparentemente, nada que o justificasse. Não tinham nada a temer, mas tremiam de medo. Tinham medo de ter medo. É uma situação absurda e incontrolável, na qual muitas pessoas se encontram hoje. Na verdade, existe alguma coisa desconhecida que gera ansiedade e, por consequência, uma insegurança latente. Uma criancinha que tem tudo de que precisa: afeto, comida, proteção e que não sofre de nenhum problema físico, por que chora? Provavelmente pelo medo de ser abandonada. De ficar sozinha. Também na vida adulta pode-se ter ataques de pânico ou de ansiedade, mesmo sem nenhum motivo aparente. Há uma dor que não é removida, mas ouvida, porque é sintoma de alguma coisa que não está bem. Pode ser a campainha de alarme que talvez Deus lhe esteja enviando para finalmente se dar conta de que deve dar um basta a determinada situação e mudar de caminho. Não tenha medo de enfrentar suas inseguranças e dores, porque isso o ajudará a conhecer-se melhor e a compreender o caminho que Deus lhe está mostrando, para seu bem. Essa tarefa não pode ser realizada sozinho, mas com Cristo, na oração. Peça também a um sacerdote ou a uma pessoa próxima que possa auxiliá-lo a ser ajudado por Cristo.

28 de fevereiro

> "Se tens muito, dá mais, se tens pouco, dá menos, mas não tenhas receio de dar esmola..." (Tb 4,8).

Tobit dá ao filho Tobias uma série de conselhos, a fim de que ele vivesse de modo mais sadio e abençoado por Deus.

Entre outras coisas, sugere-lhe lembrar-se de Deus todos os dias, praticar boas obras, agir conforme a justiça e jamais desviar o olhar do pobre. É nesse ponto que se insere o versículo de hoje. Tobit não diz ao filho que se ocupe dos pobres somente se for rico, mas sim que esteja sempre disponível e doe de acordo com suas possibilidades. O importante é doar, manter o coração aberto às necessidades de quem tem menos, partilhar aquele pouco ou muito que possuímos para concretizar a palavra de amor. Ninguém, por pouco que tenha, é incapaz de dar alguma coisa a outra pessoa. Em geral, são os próprios pobres que nos ensinam isso. Certa vez, Jesus louvou uma pobre viúva porque deu no templo duas moedinhas; era pouca coisa, mas era tudo que ela possuía (cf. Lc 21,1-4). É difícil se comportar assim, não é verdade? É muito fácil, ao contrário, ter medo de perder aquele pouco que se tem. E quanto mais se possui, mais cresce o medo. Pensando bem, essa lição vale não só para aquilo que se possui, mas também para aquilo que se é. De fato, tem-se muita dificuldade em doar algo de si mesmo. Você também, leitor amigo, tem dificuldade em doar-se, em doar alguma coisa? Lembre-se de que, ao doar, você não tem nada a perder, mas só a ganhar. Ganhar o quê? A alegria.

MARÇO

1º de março

> "Não temas, Daniel, pois desde o primeiro dia em que aplicaste o teu coração a compreender, mortificando-te diante do teu Deus, tuas palavras foram ouvidas" (Dn 10,12).

Essas palavras são a resposta do anjo de Deus à oração incessante do profeta Daniel, que tinha suplicado a Deus que livrasse seu povo da perseguição de Antíoco Epifanes. Essa oração fora feita com a humildade de quem tinha consciência de haver pecado e apelava para a misericórdia divina. "Senhor, escuta! Senhor perdoa!" É essa, em síntese, a oração de Daniel. E a resposta do anjo é muito interessante, porque nos mostra os traços característicos essenciais da oração, bem como de uma sadia busca de Deus: inteligência da fé, humildade do amor e pedido cheio de esperança. Para buscar a Deus, é preciso usar a cabeça. A inteligência não é componente opcional da fé. Logo, o esforço para entender as coisas de Deus é fundamental. O desejo de conhecer a Deus é o que move uma pessoa a fazer um caminho de fé. E o caminho de fé, por sua vez, faz nascer o desejo de compreender melhor aquilo em que se crê. Quem é inteligente, porém, é também humilde. A humildade nasce da consciência dos próprios limites e da pobreza pessoal diante de Deus. Quanto mais se conhece e se enamora de Deus, mais cresce essa consciência. A humildade nos leva a Deus e Deus leva você à humildade. Se você for humilde, seu pedido é sincero, sua oração é autêntica e carregada de esperança naquele no qual você confia, ama e que, certamente, virá em seu auxílio. Coragem, então! Não tenha medo de fazer essa caminhada até o fim.

2 de março

> "Uma vez que o meu espírito permanece no meio de vós, não temais!" (Ag 2,5).

Através do profeta Ageu, o Senhor encoraja os remanescentes, que retornavam à terra prometida após o exílio de Babilônia, a que não tivessem medo das dificuldades que encontrariam na reconstrução do templo. Esse encorajamento se baseia no fato de que Deus não se esqueceu da aliança feita com o povo, após a libertação do Egito. Mais uma vez Deus promete a prosperidade e o dom da sua presença no templo, quando este estivesse reconstruído. Essa promessa, Jesus a estendeu ao novo povo de Deus, ou seja, à Igreja, espalhada pelo mundo inteiro, através da nova e eterna aliança. A presença de Deus é agora garantida pelo Espírito Santo, de um confim a outro da terra, para que todos possam desfrutar da libertação do pecado e receber a salvação eterna. Esse encorajamento de hoje vale também para você, que está na soleira da Igreja e tem medo de entrar, por medo de fazer parte do povo de Deus. Esse medo nasce por causa da falha no conhecimento do que seja de fato a Igreja, e por uma imagem distorcida que você fez dela, a partir do "ouvi dizer" ou por informações distorcidas recebidas através da mídia. Contudo, esse encorajamento dirige-se especialmente a quem já faz parte desse povo. Encha-se de coragem e ponha-se a trabalhar na construção do Reino de Deus. Não se deixe abater pelas dificuldades que encontrará na vida da Igreja. Coragem! Não se espante se são poucos trabalhando. O Espírito Santo estará com você!

3 de março

"A vida dos justos está nas mãos de Deus. Nenhum tormento os atingirá" (Sb 3,1).

Quem está nas mãos de Deus não tem medo de nada. Nenhum tormento o tocará. Em outras palavras, quem confia em Deus permanece sereno em qualquer situação, está sempre em paz e é justo. Estar nas mãos de Deus significa estar sob sua proteção. Isso todo mundo entende e, no fundo, é o que todos desejam. Mas nem todos estão dispostos a aceitar outro aspecto importantíssimo de estar nas mãos de Deus: a dependência dele. Depender de Deus não é uma coisa que se aceita facilmente. No entanto, é um fato. Quem de nós pode acrescentar um só instante à própria vida? Queiramos ou não, estamos nas mãos de Deus desde que fomos concebidos. Quem não crê em Deus, pensa ter a vida em suas próprias mãos ou, no máximo, aceita ficar nas mãos do caos. Quem crê em Deus, teoricamente acredita estar nas mãos dele, mas na verdade nem sempre age em consequência disso. Também os que creem encontram-se por vezes vivendo a vida como se Deus não existisse. Este é o ponto central: aquele que não quer depender de Deus é insensato, pouco inteligente, incapaz de interpretar a realidade. E a realidade mostra claramente que ninguém é totalmente autônomo. Queira ou não, você depende de alguém. Você não decidiu vir ao mundo. A pessoa justa é aquela que realmente compreendeu essa realidade. É feliz por depender de Deus, fazer sua vontade. Deixe que Deus o torne justo e nenhum tormento o molestará.

4 de março

> "Não temo o povo em multidão, que em cerco se instala contra mim" (Sl 3,7).

Já lhe aconteceu de sentir-se cercado por uma multidão de inimigos? Isso acontece quando pensa que todo mundo está contra você, quando não confia em ninguém e duvida de tudo e de todos. É natural que nessa situação você sinta ameaçadas as coisas às quais está fortemente apegado e que desejaria que outros jamais tocassem. Nesses momentos a pessoa se fecha em si mesma, para defender aquilo a que não consegue renunciar, seja uma doutrina, seja um ídolo: afeto, trabalho, carreira, sucesso, casa, dinheiro, sonho, projeto, carro, sentir-se importante, e assim por diante. Quais são os seus apegos, aquilo em que ninguém pode absolutamente tocar? Há mágoas em consequência de privações sofridas e que muito o feriram, quem sabe por causa de pessoas mais próximas? Essas mágoas podem tê-lo levado a viver de modo conflituoso suas relações com os outros, em razão das feridas ainda abertas. Contudo, elas o colocam diante da verdade do seu excessivo apego a coisas das quais seria melhor libertar-se. Não tenha medo da multidão numerosa de pessoas que circundam você, sejam parentes, amigos, colegas, sobretudo quando os vê como inimigos dos quais precisa defender-se. Se pensa que todo mundo está contra você, isso quer dizer que o problema não está neles, mas em alguma coisa de que você não quer desfazer-se. Deus quer livrá-lo dessa doutrina que o impede de amar. Deixe seus ídolos irem embora e não tenha medo de ninguém!

5 de março

> "Não te assustará o terror imprevisto, nem a desgraça que cai sobre os ímpios" (Pr 3,25).

As alegrias da pessoa sábia são muitas. Entre elas, também a de não se deixar levar por imprevistos. Nenhum acontecimento imprevisto pode tirar-lhe a paz da alma, que você obteve pela graça de Deus, graça essa de que não podemos prescindir para sermos felizes. A pessoa sábia considera a sabedoria que vem de Deus como a pérola mais preciosa que possa existir, porque com ela caminhamos seguros e estáveis na vida. Se você é sábio, nenhum dos inúmeros imprevistos que possam surgir na sua vida poderá abalar sua serenidade. Eles poderão machucá-lo, mas não abatê-lo. É igual a quando você era criança e brincava de esconde-esconde, lembra? Não era divertido, quando, de repente, você encontrava o companheiro escondido? Certamente um pouco de medo sentia, pois devia correr até o pique para não ser pego. E lembra-se também de quando tudo ficava no escuro, pela queda de energia elétrica? Você sentia medo, de início, mas, quando ouvia a voz do seu pai ou da sua mãe, se aquietava imediatamente. Pois bem, se você quer ser sábio, permaneça assim, como no tempo em que era criança. Decerto vai ter sempre um Pai como referência em quaisquer situações difíceis que precise enfrentar. Lembre-se: é realmente livre não aquele que sabe fazer tudo sozinho, mas quem escolhe contar com alguém. Coragem, então! E que nada o assuste!

6 de março

> "Por que fazes que nos desviemos dos teus caminhos? Por que endureces nossos corações para que não te temamos?" (Is 63,17).

Isaías tem consciência de que o povo está longe de Deus, e que não o ouve mais. Agora esse povo não tem mais temor a Deus. Portanto, não o tendo mais como ponto de referência, também não o busca nem o invoca. Ingrato, presunçoso, Israel faz tudo sozinho, esquecido do seu Criador e Salvador. Quantas pessoas hoje se comportam dessa maneira! Precisaríamos, como Isaías, ficar aturdidos por essa nossa ingratidão para com Deus. Precisaríamos também tomar seriamente consciência da dureza do nosso coração, que com frequência impede de nos questionarmos, e assim nos deixamos levar pela presunção. Ainda que tenhamos fé, queremos fazer tudo só com nossas próprias forças, e não admitimos ter errado. No fim, nossas decisões são tomadas independentemente da vontade de Deus. Desse modo, nos prejudicamos e também os outros. Mas por que tanta estupidez de nossa parte? É exatamente esta a interrogação de Isaías: "Por que, Senhor, por que permites isso? Por que nos criastes livres? Por que nos deixas vagar longe de ti?". Faça também estas perguntas a você mesmo, para que se tornem uma invocação mediante a qual Deus venha em seu socorro, para mudar seu coração de pedra num coração de carne. Peça ao Senhor a graça de usar bem sua liberdade, dom precioso que você deve cultivar sem esquecer jamais o Doador de tais dons. Pare! Tome consciência da dureza do seu coração e da sua presunção. Mas não tenha medo de temer a Deus!

7 de março

"Não temais! Permanecei firmes e vereis o que Iahweh fará hoje para vos salvar" (Ex 14,13).

Os israelitas queixavam-se de Moisés e o acusavam de tê-los levado ao deserto para ali morrerem à míngua. Esse era o grito unânime dos israelitas, que sentiram medo depois de terem deixado o Egito e serem perseguidos pelos egípcios. Nem se lembravam da grande proteção do Altíssimo. Por que agiam assim? Saudosos do passado, diziam que era melhor terem morrido na escravidão do Egito, onde tinham fartura, já que sua condição de liberdade era também de falta de víveres. Moisés respondeu-lhes com a frase que agora comentamos, a qual os exorta a perseverarem na escolha feita, continuando a acreditar na intervenção de Deus que tinha decidido livrá-los da opressão do faraó. O medo de enfrentar uma nova situação, mesmo que seja por vontade de Deus e para o seu bem, e ainda mesmo que tenha sido longamente desejada e pedida ao Senhor, faz que você permaneça preso ao passado e naquela condição anterior. Por vezes, você prefere continuar fechado na escravidão das suas inseguranças. E se acontece de compreender que deve dar um passo à frente rumo à liberdade, cortar os vínculos com as coisas que bloqueiam sua vida e confiar em Deus nessa passagem para uma vida nova, eis que o medo chega e leva-o a pensar que seria melhor permanecer onde estava. Chega a pensar que é preferível a certeza na escravidão à incerteza na liberdade. Tudo somado, você pensa que se sente bem, imerso nos seus compromissos. Força! Coragem! Dê um passo à frente e verá como Deus agirá em seu favor para tornar sua vida maravilhosa.

8 de março

> "Tem confiança, filha! Que o Senhor do céu mude tua tristeza em alegria!" (Tb 7,16).

Sara era uma jovem que vivia o drama de não conseguir conservar um marido por uma causa muito estranha: uma maldição, pela qual cada pretendente a quem ela era dada por esposa morria na primeira noite de núpcias. Ela já havia perdido sete maridos. Foi dada como esposa a Tobias, e a sogra a saudou com a frase que refletimos aqui. Deus mudou a aflição de Sara em alegria, porque a primeira noite de núpcias foi vivida tranquilamente. Em oração, Sara havia gritado a Deus toda sua dor. E foi atendida. Agora, voltemos para além do caso extremo de Sara. Parece-me ainda hoje haver muitas jovens a sofrer por não conseguirem encontrar marido! Sempre mais me encontro com mulheres, de seus 30 a 40 anos, desencorajadas e tristes, porque privadas das alegrias de uma família e sem estabilidade afetiva. Antes eram chamadas de "solteironas", agora se chamam simplesmente solteiras. O mesmo vale também, e muitas vezes, para os homens. Alguns dizem ser solteiros por opção. Mas duvido que eles tenham escolhido sinceramente se privar de um amparo afetivo. Penso que todas essas pessoas sofram, mesmo quando dizem ter escolhido não se casar. O que eu posso dizer aqui? Digo que, se você tem uma dor muito grande, deve externá-la e gritá-la a Deus, para que, solteiro ou não, ele lhe conceda a graça da alegria. E que Deus lhe conceda muita alegria!

9 de março

"Coragem! Ele te chama. Levanta-te!" (Mc 10,49).

Foi Bartimeu quem lançou este grito a Jesus: que ele olhasse sua condição sofrida de cego de nascença. Pouco antes, algumas pessoas ao redor o haviam repreendido para que não gritasse. Mas Jesus o chamou, e as pessoas o convidaram a ir até ele. Jesus está pronto a entrar na vida daqueles que reconhecem sua condição de fragilidade, admitem seus limites e lhe pedem a cura da sua cegueira espiritual. E você, está pronto para deixar que Jesus entre em sua vida? Está disposto a fazer esse ato de humildade? Talvez você responda que não lhe agrada esse Jesus que quer vencê-lo à força, vê-lo humilhado. Não, longe disso!

Jesus não é alguém que se aproveita de nossa humilhação. Ele simplesmente, nos respeita inteiramente e sabe que sem o primeiro passo de reconciliação dos nossos pecados não será possível uma autêntica libertação. Esse é o primeiro passo para a conversão, para o caminho de uma vida de escuridão a uma vida cheia de luz. É um passo difícil, fatigante, mas necessário. Deus não nos salva sem a nossa cooperação. Ele não nos trata como marionetes. Ao mesmo tempo, a Igreja nos convida a fazer um exercício de humildade. Não tenha medo, portanto, de reconhecer suas quedas, porque Deus está pronto para recolocá-lo de pé. Coragem!

10 de março

> "Não tenhas medo de descer ao Egito, porque lá eu farei de ti uma grande nação" (Gn 46,3).

Deus disse a Jacó que não tivesse medo de deixar a terra de Canaã, a terra prometida que ele havia dado como herança a Israel, a terra do seu pai. Partir significa admitir que se está numa condição de necessidade extrema, renunciar a ser dono da própria casa, tornar-se hóspede no Egito. Portanto, essa não era uma escolha fácil para Jacó. Certamente o Egito representava naquele momento um caminho de salvação para Israel, mesmo porque José, um dos filhos de

Jacó, tinha feito carreira na corte do Faraó; portanto, daria a melhor acolhida possível a seu pai e a seus parentes. De qualquer forma, imagino que transferir todo aquele povo da própria terra e arrancá-lo de suas raízes não tenha sido nada fácil. Mas foi necessário para sua salvação e seu crescimento. Deus havia prometido a Abraão fazer de sua descendência uma grande nação, e renovou essa promessa também a Jacó. Portanto, deixar a própria terra e descer para o Egito era, paradoxalmente, o caminho certo para que a promessa de Deus se cumprisse. A você também Deus fez uma promessa: fazer algo de grande em sua vida. Deus o quer feliz. Por isso, em alguns momentos ele convida-o a fazer, de algum modo, o mesmo percurso que Jacó teve de fazer: descer para seu "Egito", nos seus limites. Sua vida será maravilhosa, a partir dos seus pontos fracos, que Deus transformará em pontos fortes. A humildade tornará grande sua vida, não tenha medo!

11 de março

> "Não temas, porque a mão do meu pai Saul não te atingirá" (1Sm 23,17).

Quem fala neste versículo é Jônatas, filho do rei Saul e grande amigo de Davi, ao qual ele dirige estas palavras. Não obstante Davi tenha sido sempre fiel para com Saul, ele tinha muito medo de que o rei pudesse matá-lo. Saul estava obcecado pelos ciúmes e não suportava a alta estima que Davi havia conquistado perante o povo, devido a seus sucessos militares. Mas podemos dizer que a amizade superou o ciúme, porque Jônatas, filho do rei Saul, dedicava grande amizade a Davi. Portanto, em vista dessa amizade ele sempre procurou pôr Davi a salvo das tentativas insidiosas com que Saul procurava matá-lo. Não sei se alguma vez você foi agredido fisicamente. Espero que não. Mas é preciso dizer que a mão de muitos agressores atinge inúmeros inocentes, tirando-lhes a vida. Mulheres violentadas, crianças abusadas, homicídios cometidos, são as frequentes notícias com que nos deparamos todos os dias na mídia. E o medo cresce cada vez mais. Muitas pessoas não saem tranquilas de casa, sobretudo à noite, por causa do medo. Como seria bom se pudéssemos dizer a elas para não ter medo, porque o mal jamais as tocará. E tudo isso acontece por causa do pecado, presente em toda pessoa. Podemos, porém, dizer com certeza que, se na nossa vida e na sociedade, déssemos a Deus o primeiro lugar, o amor venceria toda violência, assim como a amizade entre Davi e Jônatas venceu o ciúme de Saul. Coragem!

12 de março

> "Se sofreis por causa da justiça, bem-aventurados sois! Não tenhais medo de nenhum deles, nem fiqueis conturbados" (1Pd 3,14).

Este convite contido na primeira carta de Pedro é dirigido a todos os que se arriscam nas perseguições por causa do bem que procuram fazer em nome de Cristo. O bem também precisa ser justo. Buscar o bem, portanto, significa buscar a justiça. Neste versículo, Pedro se refere à justiça de Deus, que Cristo, o Justo por excelência, nos mostrou com sua vida e seus ensinamentos, unidos sempre ao amor. Mas em que consiste essa justiça e no que se diferencia da justiça que geralmente o ser humano aplica? A justiça, no sentido que em geral entendemos, consiste na proporcionalidade entre culpa e pena. É um critério certamente válido, mas que, se não for integrado à busca do bem, através do amor a uma pessoa, arrisca transformar-se na perigosa e desumana lei do talião. Outro critério também pode ser o distributivo, segundo o qual se faz a clássica repartição de um bem em partes iguais. Pe. Lorenzo Milani chamou a atenção para o perigo deste critério, se ele for absolutizado, mediante esta frase: "Não há justiça mais injusta do que dar partes iguais a desiguais". Esta frase ele a pronunciou após uma entrevista com um menino pobre que ele fazia estudar imediatamente após os trabalhos no campo. Quando Cristo entra na sua vida, você busca a justiça segundo Deus, e não lhe basta mais a justiça dos homens. E isso pode fazê-lo sofrer. Se isso acontecer, feliz de você! É sinal de que está no caminho certo. Portanto, não tenha medo!

13 de março

"Esconder-te-ás do açoite da língua, e, ainda que chegue a pilhagem, não temerás" (Jó 5,21).

A ruína de uma pessoa pode ter muitas causas. Uma delas é o flagelo da língua que, frequentemente, é usada para ferir e matar, ao invés de bendizer. Mas se pode controlar o uso da língua. Pode-se interferir, mudar de atitude e evitar a ruína das pessoas. É possível pensar que, de algum modo, Deus possa proteger a dignidade da pessoa atacada pelas más línguas, e o faz mediante a paz que somente ele pode dar. Mas, quando se trata de ruínas causadas por catástrofes naturais, é muito difícil pensar em reparar os estragos. As imagens de casas destruídas como se fossem de papelão, de destruição total, de mortes e de fuga de milhares de pessoas, mostram o quanto o ser humano está sujeito à ruína e à merce de catástrofes. Como se pode não ter medo de acontecimentos desse tipo? Como pode Deus proteger-nos em certas situações? Com frequência, os que creem correm o risco de falar de um falso Deus, semelhante ao gênio da lâmpada ou a um super-herói, que, ao ser chamado, protege os bons de qualquer perigo e derrota os maus. Também os amigos de Jó pensavam assim. Mas ele se rebelou contra tal concepção de Deus. O Senhor não protege você de tudo, não! Não vai a sua frente para eliminar do seu caminho tudo aquilo que lhe poderia causar algum mal. Deus não evita os problemas, mas o ajuda a enfrentar tudo, até mesmo a morte. Ele permanece ao seu lado. Isso lhe parece pouco?

14 de março

"Tem confiança, pai!" (Tb 11,11).

Com esta breve exortação, Tobias exprime todo seu amor filial e esforço para ajudar e encorajar o pai Tobit no seu sofrimento, devido à cegueira. É um convite a um ancião para não ter medo, porque ao lado dele está o filho, pronto para socorrê-lo e medicá-lo. Isso é muito bonito! Estamos diante de um filho que cuida do pai. Em geral, acontece o contrário, é o pai que encoraja e protege o filho. Sobretudo na sociedade de hoje, raramente acontece de um filho tomar conta de seus pais. Quantos pais são deixados nas mãos de cuidadores! Nem sempre é por culpa dos filhos, mas de um sistema absurdo no qual parece não haver tempo para o cuidado de nossos entes queridos. Parece-lhe justa uma sociedade que não tem tempo para amar? Parece-lhe normal que um filho ou filha não possa ocupar-se dos pais, daqueles que lhe deram a vida? Não é, talvez, chegado o momento de rebelar-se contra uma sociedade onde não há espaço para a gratidão? Não seria o caso de fazer um sério exame de consciência pessoal e comunitário a respeito disso? O quarto mandamento da lei de Deus, que diz para honrar pai e mãe, não é um sábio conselho voltado para o bem-estar da sociedade inteira, além de preciosa Palavra de Deus a ser respeitada pelos que nele creem? Coragem, filho, não tenha medo de cuidar de seus pais!

15 de março

> "Não temas, porque estou contigo, do Oriente trarei a tua raça, e do Ocidente te congregarei (Is 43,5).

A presença eficaz de Deus na vida do seu povo se faz sentir em toda parte, tanto no Oriente como no Ocidente. Em qualquer parte do mundo, Deus chama pessoas para fazerem parte da sua Igreja, a fim de que, através delas, a salvação e a libertação de toda forma de mal possam se estender a todos, também àqueles que não fazem parte desse povo. No Oriente essa boa notícia ainda é pouco conhecida. Em algumas regiões o Evangelho ainda é desconhecido. Entretanto, Cristo está presente através dos poucos fiéis que aí existem. Milhões de pessoas, na China e na Índia, não conhecem ainda o Salvador, mas as sementes espalhadas pela Igreja, sobretudo na Igreja dos mártires, existem e certamente darão frutos. As sementes espalhadas por Madre Teresa de Calcutá são evidentes a todos, não é verdade? Os cristãos chineses buscam viver e anunciar o Evangelho entre mil dificuldades e perseguições, mas nada têm a temer, porque Deus está com eles. Estou certo de que, cedo ou tarde, esses povos se deixarão contagiar pela poderosa mensagem de libertação e de amor de Cristo. Quando isso acontecer, cairão as diferenças de casta na Índia, enquanto na China a liberdade e os direitos civis serão finalmente uma realidade. E no Ocidente cristão, vai tudo bem? Também você, que é ocidental, tem ainda muita necessidade da salvação de Cristo! Também você, que vive no centro do cristianismo, tem necessidade de deixar que o fogo do Evangelho se acenda no seu coração!

16 de março

"Não tenhais medo das ameaças do homem pecador, pois sua glória acabará no esterco e em meio aos vermes" (1Mc 2,62).

Estas são as palavras que Matatias pronunciou no testamento que fez para seus filhos, antes de morrer. Ele tinha lutado para defender a autêntica fé do povo de Israel contra as idolatrias dos pagãos. Por isso, advertiu seus filhos de que certamente iriam sofrer com as injustiças e a destruição de um "perverso", o rei Antíoco Epifanes. Ele os convidou a resistir e lembrou-lhes dos grandes feitos dos pais de Israel, e também que, quem confia no Senhor, jamais haverá de sucumbir. A glória de qualquer autoridade sobre a terra vai terminar e seus restos serão jogados aos vermes. O mesmo sucederá a todos que no seu pequeno reino se julgam poderosos. Esse tipo de glória, que se exprime na dominação, na presunção de mostrar-se o mais forte e mais importante de todos, cedo ou tarde termina. Se você ousar conquistar esse tipo de glória, ainda que conquiste meio mundo, verá que em breve se encontrará sozinho, combatendo uma vida inteira para defender aquilo que certamente perderá. Para que serve esse tipo de glória, se você não tem ninguém com quem dividi-la? E não tenha medo daqueles que a possuem, nem deseje estar no lugar deles! Busque, ao contrário, a glória dos santos, aquela que durará pelos séculos dos séculos. Os santos simplesmente buscaram a glória de Deus que Jesus Cristo manifestou na humildade do serviço e da cruz. É a glória do amor! Se você buscar esse tipo de glória, não temerá perder coisa alguma. E sua vida deixará um lastro glorioso de bem aqui na terra e também no céu.

17 de março

> "Meus amigos, eu vos digo: Não tenhais medo dos que matam o corpo e depois disso nada mais podem fazer" (Lc 12,4).

Esse convite de Jesus aos seus discípulos parece o encorajamento de um comandante a seus soldados fiéis, antes de se iniciar um combate decisivo. Esse convite poderia estar na boca dos grandes personagens históricos, que engrandeceram sua nação, aqueles que a consolidaram e levaram tantos jovens aos grandes ideais patrióticos. Quantos jovens sacrificaram a própria vida pelo bem de seu país, pelo bem daqueles que vieram depois deles! O esforço em prol do bem comum, da justiça e da liberdade precisa do entusiasmo e do frescor das gerações jovens. E se tal entusiasmo e luta são válidos para um bem terreno e passageiro, tanto mais para conquistar um bem que vale para a vida eterna! Se um jovem entende que pode dar a vida por um bem terreno, quanto mais poderia compreender o doar-se pela pátria celeste! A liberdade mais importante, que se deve buscar em primeiro lugar, é a da alma, pela qual se combate o pecado pessoal e social. João Paulo II falava das estruturas de pecado que precisamos combater. E você, como se sente diante disso tudo? Está disposto a enfrentar as dificuldades daqueles que precisam de você e da sua vida para se salvar? Cristo conta com você. Não tenha medo! Siga avante!

18 de março

> "Não temas, porque estou contigo. Não te apavores, pois eu sou o teu Deus" (Is 41,10).

"No meio do caminho desta vida me vi perdido numa selva escura, solitário, sem sol e sem saída." Assim começa a extraordinária *Divina Comédia*, de Dante Alighieri. Aliás, cada um de nós poderia assinar embaixo desta frase. Todos nós, se não no meio do caminho, certamente em alguma parte da jornada de nossa vida, tivemos a experiência do desânimo. Todos nós, cedo ou tarde, nos encontramos numa selva escura que nos infunde medo e nos impede de olhar o futuro com serenidade. Jovem ou adulto, você já sentiu a solidão das selvas? Fechado em sua dor, não se sentia compreendido por ninguém, julgava que todos estavam contra você; tinha medo de ser abandonado, não amado, sem uma meta precisa e numa grande confusão de ideias e sentimentos. Se já lhe aconteceu isso, saiba que esse é precisamente o momento de fazer as contas com você mesmo e com aquelas certezas que sempre teve. É um momento de crise! Sim, de crise, que em geral é entendida como uma coisa negativa. Mas, na verdade, é oportunidade de um exame pessoal, de amadurecimento, de escolha, de purificação e libertação, se você aproximar-se de Deus. Do contrário, pode também ser um momento de perdição. A selva escura, se você a enfrenta sem luz alguma, não o levara a nada de bom, certamente. Mas se você conserva um pavio que ainda fumega, será salvo. Essa chama o reaquece, protege-o dos perigos da vida e ilumina. Não tenha medo. A Luz sempre vence as trevas! Deus é sua luz e com ele você jamais se perderá!

19 de março

"José, filho de Davi, não temas receber Maria, tua esposa" (Mt 1,20).

Você já cumprimentou seu pai? Hoje a Igreja comemora São José, o carpinteiro de Nazaré, que há mais de dois mil anos se tornou esposo de Maria e pai adotivo de Jesus. Essa paternidade, embora não seja biológica, serve de modelo para todos os pais de todos os lugares e de todos os tempos. Por isso é que você também deve festejar seu pai. José, homem justo, quando ficou sabendo que Maria estava grávida, poderia tê-la repudiado publicamente, como prescrevia a lei daquele tempo. Mas não o fez. Ele jamais permitiria que Maria fosse apedrejada, e por isso decidiu deixá-la em segredo. José foi um homem modelo, capaz de escolher o amor e o bem, sem se deixar levar pelo instinto. Não apenas isso. Depois que o anjo do Senhor lhe apareceu em sonho para assegurar-lhe que Maria não o havia traído e que estava grávida por obra do Espírito Santo, aceitou acolhê-la e ao Menino. Quanta gratuidade nessa escolha! Certamente, José não teve medo de aventurar-se numa história bem maior do que ele, mas aceitou fazer a vontade de Deus, muito confiante. Ele tinha certeza de que teria a força necessária para ser um bom pai e um bom esposo. Ser pai é muito difícil, ainda mais quando se está sem Deus. Por isso, reze muito pelo seu pai! Peça a São José que o ajude a ser um homem de Deus. São esses os melhores votos que você pode fazer a ele e a você mesmo.

20 de março

"Não temais! Que vossas mãos se revigorem!" (Zc 8,13).

Hoje começa o outono, a estação que costuma ser usada como metáfora para indicar o período de tédio e desconforto que às vezes somos obrigados a viver quando não conseguimos entrever momentos alegres, coloridos e ensolarados no futuro, apenas o frio cinzento do inverno que logo terá início e para o qual precisamos nos preparar. Assim, no outono da vida arriscamos a nos tornar taciturnos, a nos deprimirmos e a pensar apenas no pior que está por vir. Como consequência, cresce em nós o medo de não conseguir superar tais momentos. Às vezes, porém, o outono que nos angustia não é o nosso, mas o dos outros. Isso acontece quando temos medo de não ter forças para apoiar as pessoas a quem queremos bem. Ter força é importante, quando se deseja ajudar os outros. Sem ela não se consegue oferecer conforto, dar um tapinha nas costas para encorajar, guiar alguém que precise de orientação, salvar quem estiver se afogando, sustentar quem se arrisca a cair num precipício, e assim por diante. Porém, se percebe que a pessoa que quer ajudar, apesar de todos os seus esforços, não consegue superar as dificuldades e se deprime, você perde as forças e ameaça jogar a toalha. Não se deixe abater, nem tenha medo de não estar à altura da situação. Mesmo quando parece não haver nada a fazer, você sempre pode ajudar. Se pedir ajuda a Deus, o outono pode transformar-se em primavera, você verá!

21 de março

"Todos tinham a alma cheia de angústia" (1Sm 30,6).

Outro dia eu estava almoçando, enquanto assistia a um programa de televisão. Ali se discutia o medo generalizado da sociedade com os frequentes episódios de violência. Falava-se de modo especial sobre a morte de um idoso, provocada por um jovem delinquente. Os apresentadores comentavam que nossa sociedade caracteriza-se cada vez mais por uma violência gratuita. Mas não conseguiram dar uma explicação suficiente para esse fato. Tentaram explicar o triste episódio afirmando que hoje, como todos vivem irritados, as brigas e os crimes mais banais correm o risco de se transformar em grandes tragédias. Um telespectador comentou que o uso de drogas, cada vez mais comum, se tornou a causa dessa situação degradante. Tais respostas respondem a seus questionamentos? A mim, não! E por que você estaria irritado? Por que a raiva cresce sempre mais no coração das pessoas? E por que o consumo de drogas cresce vertiginosamente? Não será porque a sociedade atual se está afastando cada vez mais da fonte da paz? Não lhe parece que a causa de tudo isso esteja ligada ao fato de que o Deus de amor está cada vez mais excluído da vida pessoal e social? Quando alguém se droga ou se embriaga, sai de si e se reduz a um animal. Você não acha que é melhor o êxtase da oração, que leva a pessoa a sair de si para elevar-se até Deus? Se a sociedade tem medo da violência, não é por que não ama o Amor?

22 de março

"Guiou-os com segurança e não temeram" (Sl 78,53).

Não sei se acontece a você o mesmo que a mim: quando me encontro em um carro e ao volante está uma pessoa que dirige de modo perigoso, fico rígido e começo a observar cada movimento que essa pessoa faz. No início não digo nada, mas a certo momento começo a falar: "Cuidado", e corro o risco de ofender esse motorista que está me conduzindo. Imagine se você tiver de enfrentar uma viagem de algumas centenas de quilômetros numa situação dessas! Seria um tormento, não é mesmo? Mas, se ao volante está uma pessoa que guia com segurança, sem riscos e sem acelerações frequentes nem freadas repentinas, a viagem decorre com grande prazer! E você pode até se dar ao luxo de dormir um pouco ou de ouvir música. Sim, dormir durante a viagem em que outra pessoa está ao volante é sinal evidente de que você não tem medo de que algo ruim possa ocorrer. E você não sente medo porque confia no motorista. Porém, eu conheço pessoas que não confiam a ninguém o volante em seu lugar, porque foram marcadas por alguma experiência negativa e dolorosa, que teve como resultado algum incidente ruim na estrada. Parece-me que a vigem de carro possa servir como ótima metáfora para exprimir nossa vida. Você não pode estar sempre ao volante! Há momentos em que deve deixar que outros o guiem. Mas deixar-se conduzir não é fácil. Você deve saber quem é o motorista que o está conduzindo para ter certeza de que pode confiar. Deixe-se guiar por Deus! Ele é o piloto mais seguro que jamais existiu!

23 de março

> "Quem me escuta, permanece em segurança, estará tranquilo, sem temer a desgraça" (Pr 1,33).

Ao que parece, a receita da felicidade está toda escrita nesta breve frase. Viver em paz e seguros é o que todos desejamos. E para atingir a felicidade basta escutar. A quem? A Deus! Em teoria tudo parece muito simples. Mas na prática as coisas se complicam bastante. Escutar não é nada fácil, porque exige um esforço contínuo de frear o impulso de nos expressarmos. O ouvir implica a necessidade de refrear a afirmação de si mesmo, significa dar espaço para o outro, não só nos ouvidos, mas também na cabeça e no coração. E, para dar espaço, é claro que é preciso renunciar a alguma coisa de si mesmo. Já lhe aconteceu de falar com uma pessoa e ter a sensação de que ela não ouviu uma só palavra? Você sente então um aborrecimento tremendo, porque tem a impressão de ter sido desprezado e não levado a sério. Pior ainda quando você tenta retomar algumas vezes um conceito e o outro o repele com seus infinitos discursos, sem lhe permitir exprimir seus pensamentos. Pense nos debates de televisão, mas também naqueles que você tem em sua casa ou com amigos. Vozes ou gritos que se sobrepõem parecem prevalecer sobre o diálogo. Raramente você é ouvido. Tanto é assim que, quando acontece de ser ouvido, você se sente feliz por ter sido compreendido, acolhido e amado, e ao ouvir ama e torna os outros felizes. E se você começasse seriamente a dialogar com Deus? Experimente fazer um pouco de silêncio por dia para ouvir a Palavra de Deus! Você verá que vale a pena!

24 de março

"Ainda que o rio transborde, não se assusta" (Jó 40,23).

Neste versículo Deus se volta para Jó, para apontar uma característica importante do hipopótamo. Essa criatura, símbolo da força bruta que Deus domina, mas que o homem não consegue domesticar, não se abala diante das situações mais perigosas. Se a água do rio lhe chegasse até a boca, ele permaneceria calmo. Como seria bom se cada um de nós permanecesse calmo em qualquer circunstância! Evitaríamos um monte de prejuízos! Com frequência a agitação toma conta da nossa alma, sobretudo quando estamos submetidos a estresses de vários gêneros. Estressamo-nos quando temos muitas coisas para fazer, pelo trabalho, pelo estudo ou por várias outras atividades que nos são solicitadas; quando somos surpreendidos por situações maiores do que nós, com as quais não sabemos lidar; quando pensamos ter que dar o máximo e tememos não conseguir; quando nos sentimos oprimidos pelas responsabilidades; quando os acontecimentos não correm como havíamos programado ou quando alguém muda as cartas na mesa; quando, diante de injustiças, o sangue nos sobe à cabeça. Enfim, nos estressamos por muitos motivos! E você, pelo que se estressa? A calma é um dom de Deus. Peça-a sempre a ele. Quando perceber que o rio está para transbordar, confie-se às mãos de Deus e faça aquilo que lhe for possível. E não pretenda resolver tudo! Não tenha medo, se você se agitar a situação só vai piorar!

25 de março

> "Não tema, Maria! Encontraste graça diante de Deus"
> (Lc 1,30).

Quanto tempo dura uma gravidez normal? Nove meses a partir da concepção, não é? Portanto, se festejamos o nascimento de Jesus no Natal, em 25 de dezembro, significa que nove meses antes, por volta do dia 25 de março (ou seja, hoje), é preciso celebrar para recordar o ato de amor com que aconteceu a concepção do Salvador do mundo. Sabemos bem que aquele ato de amor sucedeu há mais de dois mil anos, no encontro entre dois "sins", o de Deus e o de uma jovem que se chamava Maria. O "sim" de Deus, expresso pelo milagre do Espírito Santo que desceu sobre o seio de Maria, é o "não tema" feito carne comunicado à mulher e ao homem de todas as épocas. A palavra com que Deus sempre disse à humanidade para não ter medo se concretizou na história com a concepção de seu Filho. Com esse "sim", Deus ainda hoje diz: "Não tema, meu Filho virá salvar você". Maria de Nazaré, com o seu "sim" à iniciativa de Deus, acolheu Jesus na sua vida e abriu caminho para que você também pudesse encontrá-lo e acolhê-lo. Por isso é bom que hoje você celebre. O anúncio do anjo comunicando a Maria que ela havia encontrado graça junto de Deus é um anúncio alegre também para você. Como Maria, você também é chamado a responder a esse anúncio com o seu "sim". O Senhor deseja realizar na sua vida coisas que você julga impossíveis. Coragem, nada é impossível para Deus!

26 de março

"Em Deus eu confio. Jamais temerei!" (Sl 56,4).

Quando você vai ao dentista e sente medo da dor que o tratamento lhe poderá causar, fica angustiado durante os momentos que precedem a entrada no consultório dentário. Esses poucos momentos parecem horas! Para quem é medroso, talvez possamos falar em horas e até dias de medo. Em todo caso, o tempo do medo, se pensarmos bem, é intenso, mas muito breve. Se você tem confiança na capacidade de seu dentista e se abandona nas mãos dele, em pouco tempo o medo terá passado. Assim também em nossa vida, o tempo do medo é breve. Há muitas coisas que causam medo, elas podem repetir-se muitas vezes ao longo da vida. Por isso, corre-se o risco de viver uma vida inteira assinalada pelo medo. É verdade. Nossa vida é permeada de acontecimentos que poderiam causar-nos pequenos ou grandes medos. Mas, se confiamos em alguém, o medo passa logo. É importante confiar em nós mesmos, nas próprias capacidades de enfrentar a vida, nas próprias forças. Se você tem confiança e autoestima, conseguirá enfrentar tudo com muito mais serenidade. Tenha consciência de que superou os obstáculos do passado e, portanto, confie que enfrentará igualmente os obstáculos futuros. Mas isso não é suficiente. Cedo ou tarde, você compreenderá que tem de aprender a confiar nos outros. Existem medos que não se podem superar sozinhos. Há necessidade de apoiar-se em alguém que seja mais esperto e mais capaz do que você. Mas quem confia em Deus, sente-se protegido por uma verdadeira armadura.

27 de março

"Não te apavores diante das palavras que ouviste" (Is 37,6).

As palavras podem machucar. E como! Você também já experimentou isso, não é verdade? Quantas vezes já sofreu as consequências de palavras ofensivas?! E quantas vezes essas palavras más foram ditas na sua cara! E quantas vezes foi você quem jogou essas palavras ofensivas no rosto de alguém? E quantos males derivam disso que frequentemente julgamos simples conversa fiada! São Filipe Néri dizia que as fofocas são como penas de galinha: uma vez jogadas ao vento, não se podem mais recuperar. Quando escapar palavras de sua boca, oxalá sejam boas, porque assim podem gerar bondade ao seu redor. Mas, se tais palavras forem más, quantos males elas podem produzir! O certo é que, quando as coisas estiverem ruins, o melhor é nos calarmos, ou pelo menos reduzirmos nosso falar em demasia. Ou talvez simplesmente pensemos seriamente nas consequências de certas palavras, antes de dizê-las. Em todo caso, hoje o Senhor nos diz que não devemos ter medo das palavras que podem prejudicar-nos, sejam elas verdadeiras ou não. Se forem verdadeiras, ainda que dolorosas, nos ajudarão a crescer e a melhorar; se forem falsas, não atingirão nossa alma, mas ainda assim nos ajudarão a ser mais humildes. Se você tem ouvido palavras más, não tenha medo! Mas procure ouvir mais as palavras boas que a cada dia Deus lhe diz.

28 de março

> "Sede fortes e corajosos! Não tenhais medo nem fiqueis aterrorizados (Dt 31,6).

"Ânimo! Coragem!" Durante a caminhada que fiz a Santiago de Compostela – experiência maravilhosa que lhe aconselho –, com frequência senti esse encorajamento. Quando se caminha 30 km por dia, sem ser um grande atleta, acontecem momentos de crise: eu senti a mochila pesar como uma rocha, as forças diminuírem, as pernas não queriam mais caminhar e as bolhas nos pés doíam e ardiam demais. Em tais momentos você diminui de tal forma os passos, que todos os caminheiros o ultrapassam. E você ouve a expressão: "Ânimo!", pronunciada por pessoas que o ultrapassam com um frescor invejável. Devo confessar que, quando a crise me atingiu, de início aquele desencorajamento me aborreceu, porque me senti ferido no meu orgulho. Depois me dei conta de que era uma maneira de exprimir solidariedade com quem estava em dificuldade. Por que aquela palavra? Porque a força interior, aquela que provém do fundo da alma, ajuda a superar também as reais dificuldades físicas. É um modo de dizer que é preciso contar com o físico e que as maiores energias são aquelas que pertencem à esfera espiritual. Mas é, sobretudo, um convite a dar espaço para Deus, a fim de que você se dê conta da verdadeira força que provém dele. Nesse momento, você percebe que o verdadeiro companheiro de caminhada, aquele que permanece a seu lado passo a passo, o mais solidário de todos, é o Senhor. Se você ainda não fez essa experiência de peregrinação a pé, convido-o a fazê-la logo. Não tenha medo! Coragem!

29 de março

"Coragem, povo meu, memória de Israel!" (Br 4,5).

Não sei se você conhece as várias datas comemorativas, pelos quais nos lembramos, de modo institucional, dos eventos particularmente importantes. Em geral, os eventos

que lembramos fazem memória de fatos negativos e dolorosos para a história de um povo e de um país. Recordam-se
guerras, revoluções, mortes, massacres, horrores, e assim
por diante. Tais celebrações são muito importantes, porque
mantêm vivos na memória de um povo acontecimentos trá-
gicos que as novas gerações devem evitar, para não cair nos
mesmos erros cometidos pelas gerações que as precederam.
Eu, porém, me pergunto se não é o caso de instituir dias que
lembrem também eventos em que a humanidade expressou
ao máximo sua bondade. Datas que evidenciem acontecimentos positivos para a história de um povo, carregados de
amor, solidariedade e bondade. Na verdade, a Igreja, Povo
de Deus, já faz isso. Basta examinar seu calendário. Todos
os dias a Igreja comemora um santo, para nos mostrar a beleza de sua vida e encorajar as novas gerações de fiéis, mas
também de ateus, sobre a possibilidade de viver uma vida
positiva, honesta. Seria muito oportuno reter na memória
coisas belas e boas, ocorridas no interior das famílias. Coragem, então, a você, que é a memória de sua família! Busque,
conserve e transmita os eventos positivos que assinalaram a
vida dos seus antepassados, e que merecem ser lembrados.

30 de março

> "Não tenhas medo, pois eu quero tratar-te com fidelidade, por
> amor a teu pai, Jônatas" (2Sm 9,7).

Com frequência – tristemente, é preciso admiti-lo –, as relações se rompem entre as pessoas, também entre parentes e amigos. Como é possível que, justamente aqueles que por definição deveriam permanecer unidos, se tornam por vezes estranhos ou até inimigos? Você me dirá que, evidentemente, isso acontece por motivos muito graves e bem específicos. Pode parecer estranho, mas quase sempre não é por esses motivos que alguém se afasta, mas pelo medo de enfrentar a situação. Às vezes, pode haver motivos válidos para se romper com uma pessoa querida; entretanto, quando se ama alguém, tudo pode ser superado, se houver coragem de dizer a verdade. Mas o medo bloqueia e leva à fuga. Por vezes nem mesmo é possível dizer quais foram os motivos que destruíram um afeto. Simplesmente se rompem as relações e se passa a imaginar coisas ruins sobre a outra pessoa. Começa-se a pensar tão mal, que nasce a convicção de que na outra pessoa só existam más intenções e ódio. É assim que sobrevêm as incompreensões e os medos. Esta frase que hoje comentamos pode lhe ser útil para superar um eventual problema de relacionamento afetivo. Talvez seja dirigida exatamente a você por aquela pessoa querida, da qual está fugindo, a qual quer tratá-lo com bondade, não obstante tudo, por amor ao seu pai, se não ao pai terreno, certamente ao Pai celeste. Não tenha medo! Podemos superar qualquer divisão. Abra seu coração, deixe entrar nele o amor de Deus, e reabra as portas àquela pessoa que lhe quer bem.

31 de março

"Resolvi, outra vez, nestes dias, fazer o bem a Jerusalém e à
casa de Judá! Não temais!" (Zc 8,15).

Deus é solícito em fazer-lhe o bem, ainda que você seja
ateu ou um fiel ingrato, que vive como se Deus não existisse... Ainda assim ele cuida de você. No passado, embora
tenha permitido que o mal entrasse em sua vida, ele lhe fez
o bem e continua a fazê-lo também agora, nos dias atuais.
Onde? Como? Quando? Vejamos: provavelmente ele o tenha
feito ainda ontem. Você acabou de abrir os olhos de manhã
e a primeira coisa que viu foi seu quarto. Você sabe quantas
pessoas vivem sem teto? Se não sabe, passe uma noite andando pela cidade e verá quanta gente dorme nas ruas, nas
marquises, nas estações rodoviárias ou debaixo de pontes.
Depois de levantar-se, você pôde tomar um banho quente,
degustar o café da manhã, ir à escola ou ao trabalho; então
almoçou, encontrou-se com amigos, navegou na internet,
ouviu um pouco de música... Depois jantou, conversou, talvez tenha rezado, foi dormir, entrou debaixo de cobertas lim-
pas e quentinhas, e assim se passou outro dia. Esta manhã
você despertou e lhe foi dada nova possibilidade de viver
mais um dia. Você sabe que isso não são "favas contadas",
não! Muita gente, neste dia, não recebeu mais esse dom. Talvez, se você estivesse doente e precisasse ficar de cama, po-

deria fazer uma lista de coisas boas que foram feitas a você, com solicitude. Deus cuida de você todos os dias, através da vida que ele continua a doar-lhe e do amor das pessoas que ele pôs a seu lado. Não tenha medo!

ABRIL

1º de abril

> "Não tenhais medo dessa gente! Pensai no Senhor, grande e temível" (Ne 4,8).

Muitas vezes ouvi crentes dizerem que Deus é grande, sobretudo por ocasião de uma notícia alegre, por um acontecimento feliz. Mas raramente ouvi dizer que Deus é terrível, que faz tremer, que mete medo. De fato, prefere-se pensar sempre num Deus bondoso. Mas precisamos lembrar que a bondade de Deus jamais pode ser desligada da verdade. E a verdade, sim, por vezes faz tremer, porque abala os sistemas fundamentados em falsidade que não raro se criam e sobre os quais se arrisca fundamentar a vida. Por isso, exatamente porque Deus é bom, às vezes ele nos faz tremer, mas de modo salutar, para que possamos perceber o mal rumo ao qual estamos seguindo. Bem-vindo, portanto, esse medo! É como a febre. Quando temos febre, é porque não estamos bem e pensamos de imediato que seja algo ruim. Ainda que não seja muito alta, nos faz tremer de frio. E se depois de alguns dias ela não passa, começamos a nos preocupar e a temer que seja algo de grave. O que aconteceria se não fosse a febre? Jamais perceberíamos ter um vírus no corpo e poderíamos até morrer. A febre é, pois, um alerta de que é preciso recorrer a um médico. Pois bem, quando nossa alma necessita de uma santa febre que nos faça tremer, pois nos arriscamos a morrer, não tenhamos medo! Deus é grande, sobretudo, quando nos permite sentir essa febre, porque ela vem para nos salvar.

2 de abril

> "O próprio Deus disse: 'Eu nunca te deixarei, jamais te abandonarei'. De modo que podemos dizer com ousadia: 'O Senhor é meu auxílio, jamais temerei; que poderá fazer-me o homem?'" (Hb 13,5-6).

Certa vez ouvi um testemunho esplêndido de uma moça, muito tenaz e corajosa, diante de uma plateia importante. Essa jovem tinha um problema físico nas pernas e caminhava com muito sacrifício. Ela explicou que aquela deficiência era resultado de uma tentativa de aborto da mãe. A interrupção da gravidez não foi bem-sucedida, mas no seu corpo permaneceram os sinais daquela agressão. Ela não devia ter nascido. Mas nasceu. Foi concebida, mas não foi aceita por seus genitores. Não obstante, nasceu e foi mais uma vez rejeitada. Imagine quantas pequenas criaturas são diariamente rejeitadas e abandonadas por seus genitores pela prática do aborto! Essa moça disse que tinha conseguido, com a graça de Deus, superar a ferida do abandono. Sentia-se totalmente filha de um Pai que nunca a havia abandonado. Era por isso que ela não temia enfrentar a vida, nem mesmo aquela plateia de acadêmicos. Com muita simplicidade, teve coragem de dizer a verdade sobre a questão do aborto e que sua própria vida era, e devia ser, um incentivo à conscientização. Se de qualquer modo, na sua pequenez, você se sente abandonado, não tenha medo, porque Deus não o abandonará e lhe servirá de apoio. O abandono é uma realidade dolorosa que cedo ou tarde é preciso enfrentar. Mas se você sabe que Deus está a seu lado e nisso se compraz, então poderá superar a dor e, consequentemente, o medo de viver.

3 de abril

"Esquecerás teus sofrimentos ou recordá-los-ás como a água que passou" (Jó 11,16).

Não se preocupe, são águas passadas! Esse modo de falar pertence à sabedoria popular e provém da Bíblia. O livro de Jó, neste versículo, busca levar a refletir que, se você orientar o coração para Deus, poderá superar tudo e deixar as aflições no passado. Com a ajuda de Deus, poderá fazer escorrer as águas das preocupações, das mágoas, dos rancores e dos males inesperados, de modo a não contê-las em seu coração. A água, fonte de vida, quando fica estagnada, torna-se putrefata, fétida, venenosa, fonte de morte. Mas se você a faz escorrer, volta novamente a ficar potável, fresca e límpida. Continuar a preocupar-se não adianta nada, senão para piorar as coisas, como quando no mar as ondas se agitam, com risco somente de afogamentos. Nesse caso, convém aquietar-se, deixar-se levar e esperar que alguém venha salvá-lo. Pode até não ser nenhuma das pessoas que você conhece e das quais espera ajuda, mas certamente o Senhor está na fonte da água agitada e delicadamente o ajudará a resolver seus tormentos e o salvará. O seu rio de amor levará embora todo rancor que permaneceu em seu coração e lhe permitirá permanecer sereno toda vez que se lembrar dos acontecimentos desagradáveis que foram vividos. E quando encontrar aquela pessoa que você já não conseguia mais olhar nos olhos, dirá: "Não tenha medo, já são águas passadas".

4 de abril

"Não os temas: eu os entreguei em tuas mãos" (Js 10,8).

É com esta frase que Deus encoraja Josué antes de uma batalha contra o inimigo. É estranho pensar num Deus como aquele que sustenta um povo em guerra contra outro povo. De fato, gosto de interpretar esta frase à luz dos Evangelhos.

Eles nos ajudam a reler as passagens do Antigo Testamento com os olhos de quem recebeu a plenitude da Revelação. Deus colocou nas mãos do Filho os seus inimigos, os perseguidores e os pecadores, a fim de que estes ficassem sob o seu poder. Porém, o poder de Cristo é diferenciado, é um poder que não se exerce com violência nem com prevaricação, mas com um amor acolhedor. É sobre a cruz que Cristo manifesta seu poder, abrindo os braços para acolher aqueles que o mataram e, com eles, toda a humanidade. O Pai nos entregou nas mãos do Filho, e o Filho se entregou a nós. Também a nós Deus entrega nossos inimigos, não para destruí-los, e sim para cuidar deles, a fim de que se salvem. Isso significa não retribuir o mal com o mal, mas com o bem, com a oração, oferecendo a outra face, até a própria vida. É possível dar a vida pelos inimigos? Raramente alguém pode dar a vida pelos amigos. É verdade, isso é muito difícil. Mas os santos mártires nos deram prova de que é possível. Portanto, tenha coragem! Não tenha medo de seus inimigos, porque eles estão em suas mãos. Com a ajuda de Cristo, você pode amar e salvar não somente sua vida, mas a vida deles também.

5 de abril

"Não vos apavoreis, não temais!" (Is 44,8).

"Mãe do céu, que angústia!" Já lhe aconteceu em alguma ocasião de dizer algo assim? Isso pode suceder quando você se encontra sobrecarregado de coisas a fazer; quando está pressionado por coisas urgentes e importantes; quando os outros esperam de você o máximo e você não quer desiludi-los; ou, ainda, quando sempre quer ser protagonista em tudo. Em determinado momento as forças começam a falhar, os nervos ficam à flor da pele e você teme perder o controle da situação. Surge então a ansiedade, aquela inquietação horrível que não somente o impede de fazer o bem que se havia proposto, mas também aquele pouco que poderia realizar. A ansiedade ofusca a mente, cega os olhos, pesa no coração, e por isso você não consegue mais distinguir as coisas realmente importantes daquelas secundárias, as coisas essenciais das supérfluas. Não se pode realizar tudo na vida. O importante é fazer aquilo que agrada a Deus, o bem que ele pensou para você e para aqueles que lhe confiou, a sua vontade, com amor, da melhor maneira possível e até onde for capaz. O resto, ele providenciará. Se aquilo que você está fazendo é de fato importante para Deus, ele o levará a termo. Porém, não fique ansioso, acalme-se, fortaleça-se, repouse e reze, a fim de recuperar a quietude, de modo a ser possível compreender quais são as verdadeiras prioridades. Depois de ter feito tudo aquilo que podia, se não conseguiu chegar à perfeição, paciência! Que aquela sua exclamação "Mãe do céu, que angústia!" se transforme em "Mãe do céu, que coisa bela!".

6 de abril

"Eu estou contigo e te guardarei em todo lugar aonde fores" (Gn 28,15).

A frase do livro do Gênesis pode parecer fora de lugar quando somos surpreendidos com notícias de desastres naturais, que matam ou deixam centenas de desabrigados, com os quais Deus parece não se importar e manter-se distante. As perguntas diante de tais situações são sempre as mesmas: onde está a proteção de Deus? Aqueles que ficaram debaixo dos escombros dos terremotos, que se afogaram nas inundações, que tiveram suas casas levadas pelos furacões eram cristãos, filhos de Deus, e alguns tinham grande fé. Como é que Deus não os socorreu? Deus não é um titereiro que nos manipula como marionetes ou tira a sorte de nossa vida nos dados, de modo que alguns afortunados se salvam e outros não. Também não é um bombeiro que vai pelo mundo esperando chegar a tempo para salvar a todos que estão em perigo e lhe pedem socorro. Deus está ao nosso lado, ou melhor, dentro de nós, sempre, também quando não o reconhecemos. Tenho certeza de que, quem se dá conta dessa maravilhosa verdade, sobretudo nos momentos dramáticos, percebe a presença de Deus. Precisamos aprender a pensar que a proteção de Deus não é somente para uma vida boa, mas também para uma boa morte. Essa proteção é sempre eficaz, sobretudo quando, próximo da morte e para além da morte, se experimenta a companhia do Senhor. Você já rezou para obter uma boa morte? Prepare-se cada dia para o encontro mais importante de sua vida, o do último respiro. Aprenda a reconhecer a presença do Crucificado a seu lado. E jamais tenha medo!

7 de abril

"Que vossas mãos sejam firmes. Sede fortes!" (2Sm 2,7).

Depois da morte do rei Saul, àqueles que o tinham sepultado, Davi disse essas palavras de encorajamento. Era um momento em que eles podiam desanimar. Esse convite pode ser útil também para você, quando se sente um pouco perdido. Agarre a coragem com as mãos! O que quer dizer isso? As mãos são a parte do corpo que nos permitem trabalhar, criar uma obra de arte, modelar um vaso, pintar uma obra-prima. Com as mãos você pode cozinhar e quebrar uma pedra; escrever poesias e jogar tênis; acariciar a pessoa amada ou dar apoio a quem está cansado para caminhar. Pelas suas mãos passa tudo, de um pente a documentos, da colher ao celular, do jornal à Bíblia. As mãos do ser humano são instrumentos de laboriosidade e das relações interpessoais. E quando elas se juntam, tornam-se oração. Agarrar a coragem com as mãos quer dizer retomar a vida com força e determinação, alavancando suas capacidades e aquilo que pode realizar a si mesmo e aos outros, mas sem se esquecer de Deus. Foi ele quem lhe permitiu ser aquilo que você é. Coragem, seja forte, não tenha medo de se cansar para construir algo de bom, de trabalhar duro e de lutar por aquilo que lhe parece justo. Mas não se esqueça de confrontar-se sempre com o Senhor, a fim de compreender se aquilo que você pensa é justo, e para que suas mãos possam sempre fazer o bem!

8 de abril

"Os guardas tremeram de medo dele e ficaram como mortos"
(Mt 28,4).

Os guardas que vigiavam o túmulo de Jesus de repente depararam-se com um anjo do Senhor. Estava acontecendo algo extraordinário: a ressurreição de Cristo. Mas os guardas do exército romano, no lugar dos quais penso que todos gostaríamos de estar, crentes ou não, sentiram um medo tão grande que desmaiaram. Foram de tal modo tomados de espanto, que perderam o acontecimento mais belo e decisivo de suas vidas. O que sentiram quando viram o túmulo vazio? O Evangelho não diz. Mas conta-se que eles foram relatar o acontecimento aos chefes dos sacerdotes e que receberam grande soma de dinheiro para dizer a todos que o corpo de Jesus tinha sido roubado pelos seus discípulos. Contudo, eles deveriam ter contado a verdade, ou seja, que se encontraram diante de um ser fulgurante. Não tinham visto nada mais. Mas de novo o medo de serem acusados diante do governador, por não terem cumprido direito seu dever, os condicionou a se venderem. Será que esses guardas não sentiram remorso pelo resto de suas vidas? Teriam por acaso confidenciado a alguém, revelando sua experiência? Eles acreditaram na ressurreição de Jesus ou permaneceram na dúvida? E você? Em qual versão você acredita? Não se deixe bloquear pelo medo de encontrar o Ressuscitado. Ah! Quase me esqueci: ninguém lhe pagará pelo fato de crer.

9 de abril

> "Não tenhas medo, pois são mais numerosos os que estão conosco do que os que estão com eles" (2Rs 6,16).

Hoje, as pessoas que creem e são praticantes constituem uma minoria da população, nós o sabemos. A missa dominical – dizem as estatísticas – é frequentada por um número bem pequeno de cristãos. E, se nos concentrarmos na parcela mais jovem, vamos descobrir que esse percentual é ainda muito menor. Tudo isso nos leva a perguntar sobre as motivações dessa queda de participação e a fazer um sério exame sobre a própria ação pastoral. Toda a Igreja, o Papa, os bispos e cada fiel leigo devem, certamente, esforçar-se para anunciar o Evangelho às pessoas de hoje, o mesmo Evangelho de sempre, mas com uma modalidade mais missionária, menos autorreferencial e mais capaz de compreender as reais necessidades da atualidade. Sobretudo a pastoral da juventude é chamada a encontrar caminhos que favoreçam o encontro dos jovens com a pessoa de Jesus Cristo, com a beleza exigente e radical do Evangelho e com o amor fraterno que provém dele. Tudo isso é verdadeiro, mas é preciso lembrar que na Igreja nenhum esforço humano é colocado em prática sem a condução de seu chefe, o qual parece ter sido colocado como minoria sobre a cruz. Jesus sabia, porém, que de sua parte ele tinha todo o paraíso. Quando você participa da missa, ainda que sejam poucos os participantes, ali está presente uma legião de almas, as dos santos e as dos falecidos que acreditaram em Cristo. Não tenha medo: ali estão também os seus entes queridos.

10 de abril

"Não tenhas medo deles" (Jr 1,17).

Quando adolescente, eu jogava basquete. Lembro-me de que os momentos que precediam o jogo eram cheios de dúvidas e preocupações a respeito do time adversário. Durante o aquecimento, pouco antes de se iniciar a partida, com frequência eu examinava com o olhar os meninos do outro time, para ver como eles jogavam, e por vezes ficava impressionado com a bravura ou com a altura de alguns deles. Se eu via algum garoto muito alto, o medo aumentava, porque achava que perderíamos todos os lances, tanto no ataque quanto na defesa, pois seria difícil marcá-lo e seríamos terrivelmente derrotados. Quando começava a partida, porém, eu me dava conta de que na maioria das vezes poderíamos lutar pela vitória ou pelo menos para não fazer feio. Isso porque, o que parece de imediato evidente, nem sempre é o que acontece. Descobríamos que o adversário muito alto tinha também pontos fracos, era lento e atrapalhado no jogo. Com frequência podíamos roubar-lhe a bola e vencê-lo na velocidade. Os problemas da sua vida, as dificuldades das suas relações, os obstáculos que você encontra, os inimigos que por vezes surgem insidiosos, os exames que tem de superar, enfim, as aparências, podem parecer enormes a ponto de amedrontá-lo. Não tenha medo. Lembre-se de que a coisa mais importante é invisível aos olhos. Deus é amor, e não o vemos. Mas ele o ajuda a vencer sempre, mesmo quando você perde.

11 de abril

> "Não vos preocupeis com o dia de amanhã, pois o dia de amanhã terá sua própria preocupação. A cada dia basta o seu mal" (Mt 6,34).

Aproveite o dia! Conhece esse ditado? A frase que hoje comentamos, segundo o Evangelho de Mateus, parece ser um tanto semelhante. Entendamos: se aproveitar o dia significa não construir nada na vida; não se preocupar com nada em relação ao futuro, não buscar o projeto ou a missão a que se é chamado a realizar, mas aceitar passivamente as coisas conforme elas acontecem, deixando a responsabilidade para os outros e contentando-se com uma vida medíocre, sem grandes metas a atingir, eu diria que isso não está de acordo com o Evangelho. "Não vos preocupeis com o dia de amanhã!", diz Jesus. Significa que não devemos ficar ansiosos com o futuro. O Senhor nos diz para não contarmos apenas com as próprias forças, não nos prender a objetivos falsos e inadequados, não procurarmos fazer tudo sozinhos, não termos medo de mudar, de deixar-nos ajudar por ele, de abandonar-nos à sua vontade, sem pretender ter tudo sob controle. Em outras palavras, você nem sabe se amanhã estará vivo, porque isso está nas mãos de Deus. Ao contrário, preocupe-se em fazer bem, com responsabilidade, aquilo que hoje lhe pedem, segundo a sua vocação; e coloque as bases para realizar sua missão que, com certeza, dará muitos frutos no futuro – e destes ficarão sinais mesmo após sua morte. Não tenha medo! Faça hoje com amor aquilo que puder e deixe a Deus, com toda confiança, aquilo que não consegue fazer.

12 de abril

"Eu me abrigo à sombra de tuas asas" (Sl 57,2).

Lembro-me de que, quando criança, uma das minhas brincadeiras preferidas era construir uma casinha. Certa vez consegui, com meus amigos, construir, no quintal, um verdadeiro refúgio, feito com pedaços de pau, de papelão e de plástico. Lembro-me da alegria que experimentamos ao entrarmos na casinha, o nosso lugar, no qual nos sentíamos seguros. Ontem, num beco, vi uma barraca muito parecida com aquela que fazíamos quando pequenos. Porém, não vi nenhuma criança brincando dentro dela, mas dois pobres sem-teto. Todos precisamos de um refúgio, não somente quando nos encontramos em situação de precariedade absoluta, como a daqueles dois pobres, mas também quando estamos serenos, como quando brincávamos dentro da casinha. Nossa vida nasce no doce refúgio do seio materno, desenvolve-se e termina, ao menos assim esperamos, no calor da proteção da família. Há situações, porém, em que toda proteção desaparece e você se encontra sozinho e apavorado. Nessas circunstâncias se dá conta de que, pela primeira ou enésima vez, o refúgio mais importante é Deus. À sombra de suas asas, você pode sempre encontrar a melhor proteção. Em Deus sua alma encontra conforto, cuidado, proteção, repouso, de forma a adquirir a força para enfrentar qualquer cilada. E tudo isso não para fugir da vida, mas para vivê-la em plenitude.

13 de abril

"Que teus pensamentos não te perturbem" (Dn 5,10).

O pensamento é próprio do ser humano e o caracteriza de modo peculiar em relação às demais criaturas. Ele está na base de toda cultura e organização social. Serve para projetar e construir, buscar e inovar. Ajuda o desenvolvimento da humanidade, estimula o progresso com as descobertas científicas e tecnológicas, alimenta a fé e sustenta a oração. O indivíduo, enquanto ser que pensa, é capaz de avaliar o que é justo, de agir para o bem, de enfrentar e superar todo obstáculo. Enfim, pensar é um ato que o ajuda e favorece. Mas às vezes também o assusta. Eis por que em certos casos algumas pessoas preferem não pensar. Talvez a você também tenha ocorrido de assustar-se diante de certos pensamentos que lhe passaram pela cabeça. Pode até ser que um pensamento maligno tome conta do seu cérebro, a ponto de provocar preocupação, ansiedade excessiva. A sua mente pode alimentar pensamentos bons e positivos ou pensamentos maus e negativos. De onde eles vêm? De você mesmo, da sua consciência, da sua experiência, daquilo que se passa ao seu redor, mas também pode vir de Deus. Quando os pensamentos vêm de Deus, não lhe causam medo. Ao contrário, o iluminam e lhe mostram o caminho a seguir. Os pensamentos de Deus, é certo, podem invadi-lo e colocá-lo em crise, porque em geral são muito diferentes dos seus pensamentos, mas eles lhe abrem a mente e, por fim, lhe dão segurança e paz. Coragem! Não tenha medo de confrontar-se com eles!

14 de abril

> "De quem tiveste receio ou medo, pois que mentiste e não te lembraste de mim, nem te preocupaste comigo?" (Is 57,11).

Quando adolescente, ali pelos meus quinze anos, também tive um período marcado pela crise da fé. Na verdade, eu ainda acreditava em Deus, mas tinha me afastado da vida da Igreja e dos sacramentos. Não ia mais à missa aos domingos, porque eu não tinha mais meu próprio grupo de referência paroquial, e frequentava outro grupo de amigos muito bons, mas não praticantes. Às vezes, eu imaginava que seria muito bom ir à missa, mas tinha medo de me expor diante dos amigos. Tinha medo do julgamento deles, e assim me tornei de fato um "infiel". Por sorte, esse período de afastamento de Deus durou apenas dois anos e voltei com grande alegria a participar não somente da missa, mas também da vida da minha comunidade paroquial. Voltei sozinho, por minha livre vontade, consciente de estar fazendo a melhor coisa, ainda que sem o apoio dos meus amigos, nem mesmo da minha família. Entretanto, há muitas pessoas que permanecem bloqueadas pelo medo de serem malvistas como crentes, como se a fé diminuísse seu valor ou sua inteligência. E você? Tem medo de sentir-se diminuído, se acreditar em Deus? Espero que não! Mas se temer os juízos dos outros, lembre-se de que o Senhor não diminui nada em você. Ao contrário, se ele lhe tira algo, é exatamente o medo, substituindo-o pelo amor. Quanto mais aumenta sua fé nele, mais você se sente amado, mais ama e mais inteligente é, ou seja, capaz de interpretar a vida.

15 de abril

"Não vos inquieteis com nada" (Fl 4,6).

Sabe quando você tem que se encontrar com algum parente ou amigo somente por educação, mas contra sua vontade? Isso acontece raramente, mas você bem que gostaria de poder evitar, porque, em vez de expressões de alegria pelo fato de reencontrarem-se após tanto tempo, você ouve somente queixas. Você é obrigado a ouvir uma lista das coisas ruins que aconteceram desde a última visita, das coisas que não vão bem e das doenças, numa espécie competição para ver quem ficou mais doente por culpa do colesterol, da glicemia, dos triglicérides e assim por diante. Certamente não faltarão relatos de desavenças entre parentes e as supostas ofensas causadas pelos ausentes, que são sempre os culpados. E quando se fala de questões econômicas, a luta é para dizer quem está pior, quem tem mais dívidas, maiores custos de aluguéis ou taxas a pagar, porque nunca se sabe quando alguém poderá pedir um empréstimo. Enfim, para ampliar o discurso e sair do âmbito familiar, passa-se às reflexões de caráter político: "Governo corrupto!". Que coisa chata, não? Ah, como seria bom não precisar participar desses irritantes compromissos familiares! Por favor, fuja dessas armadilhas, dessas lamentações contínuas, pelas quais você se contraria e onde se fala mal de todos! Não se angustie por circunstâncias como essas, mas apresente a Deus seus pedidos mediante orações, súplicas e ação de graças. E que a alegria esteja sempre com você!

16 de abril

"Não retenhas a palavra quando ela pode salvar" (Eclo 4,23).

Existe um pudor positivo que faz com que nos calemos diante de confrontos com os outros, a fim de evitar inoportunas ingerências em assuntos que não nos dizem respeito e, também, para não comprometer o bom nome deles. Contudo, quando em situações em que falar é não somente um dever, mas uma necessidade para salvar alguém, então estamos diante de um falso pudor. Nesse caso, não é o respeito que nos obriga a calar, mas o medo de comprometer-nos. O livro do Eclesiástico, no versículo citado, alude à tentação a que estavam sujeitos os hebreus: o de ocultar sua fé perante os outros povos. É uma tentação que persiste ainda hoje, sobretudo entre os cristãos. Não se deve falar de Cristo em público, fora da igreja, sobretudo quando se está na presença de não cristãos. Dizem que é por respeito. Mas posso respeitar uma pessoa que considero incapaz de acolher-me assim como sou, com tudo o que penso e creio? Acaso estou respeitando alguém, se não lhe digo os motivos pelos quais o faço? Respeito de verdade os outros, quando não denuncio uma injustiça ou opressão? Pode-se falar realmente de pudor quando não se propõe à sociedade uma visão do ser humano inspirada pela própria fé? Propor o Evangelho à inteligência e ao coração de alguém é sempre lícito, porque apela à liberdade e não impõe nada a ninguém. Se você ama e é sincero, não tenha medo. Fale!

17 de abril

> "De nada tenho medo, pois Iahweh é minha força e meu canto" (Is 12,2).

Quando eu era adolescente, antes de iniciarem-se as aulas, eu ia trabalhar numa vinha para ganhar algum dinheiro. As mulheres trabalhavam ligeiras na vinha, cortando os cachos de uva, e os homens, a quem eu ajudava, carregavam as uvas num carrinho motorizado e, depois, as descarregavam num caminhão. Apesar do cansaço da vindima, as mulheres cantavam e exprimiam seu estado de ânimo, às vezes alegre, às vezes melancólico. De fato, o canto ajuda a expressar o que sentimos no fundo da alma. Os grandes cantores são reconhecidos quando conseguem comunicar com a alma tudo aquilo que de importante se encontra dentro de nós, inclusive Deus. Quem canta bem, reza duas vezes, dizia Santo Agostinho. E mais ainda, ajuda os outros a rezar, a sintonizar a própria alma com as frequências do paraíso. É bonito cantar, sobretudo quando se canta o amor. Mas pode-se, por acaso, não cantar a Deus, que é o amor por excelência? Como seria bom ouvir no rádio músicas inspiradas na fé! É raro isso acontecer e, no entanto, há muitos jovens talentos que têm coragem de cantar o amor pelo seu Senhor e o fazem com grande profissionalismo. Se você possui uma bela voz, cante a oração e verá como há de sentir-se mais forte. Mas, se você é desafinado, cante igualmente, talvez debaixo do chuveiro. Se a alegria do Senhor invade sua alma, cante essa alegria!

18 de abril

"Estabelecerei a paz na terra e dormireis sem que ninguém vos perturbe" (Lv 26,6).

A paz é condição necessária para que a pessoa seja feliz. Entretanto, constatamos que muita gente é infeliz e não tem paz, nem paz interna nem externa. A paz externa não é representada simplesmente por ausência de guerra, mas pela condição que permite a cada pessoa e a cada povo estabelecer relações serenas. Não basta que um povo não esteja em guerra civil para dizer que aí reina a paz. Requer-se uma cultura que eduque para o respeito à pessoa, à legalidade, à justiça e à liberdade. A mesma coisa vale para a paz entre os povos. João Paulo II, na mensagem para a 35ª Jornada Mundial para a Paz, em 2002, dizia: "Não há paz sem a justiça, e não há justiça sem o perdão". Ele colocava como condição essencial, portanto, a justiça, que não se baseia na vingança, mas no perdão. De fato, enquanto perdurar o círculo vicioso da lei do talião, pelo qual uma ofensa se paga com igual ofensa, a paz continuará a ser um valor abstrato para pobres iludidos. Mas existe uma paz interior, que diz respeito a cada pessoa e sem a qual é muito difícil que haja paz externa. E se você não está em paz com sua alma, como estará em paz com os outros? Como você pode ter a alma em paz se não se abrir com Deus, que é a fonte da paz? Agarre-se a essa fonte de paz e nada o perturbará!

19 de abril

"Quando ouvirdes falar de guerras e de rumores de guerras, não vos alarmeis" (Mc 13,7).

O mundo sempre foi marcado pelos horrores de guerras, e assim continua a ser. A cada dia nos chegam notícias de velhos e novos conflitos: guerras civis, guerras de libertação, guerra santa, guerra pela paz, pela democracia, pelo petróleo, da ONU, da OTAN, dos ditadores, contra os ditadores, norte-sul, leste-oeste, no Oriente Médio, de religiões, por razões étnicas e assim por diante. Jesus sabia muito bem que, por causa dos pecados humanos, pelos quais ele pagou com o próprio sangue, as guerras continuariam mesmo depois que ele partisse. Ele disse-nos que não temêssemos o fim do mundo toda vez que surgisse uma guerra, assistindo passivamente aos eventos, mas que cuidássemos de nós mesmos, buscando dar testemunho pessoal da paz. Os cristãos, e todos aqueles que querem inspirar-se em Cristo, são chamados a não retribuir o mal com o mal, mas sim com o bem, a ponto de oferecer a própria vida. Estar dispostos a morrer não para tirar a vida, mas para dá-la aos outros: foi isso que Jesus nos ensinou, permanecendo pregado na cruz. Se todos aprendêssemos, em nosso pequeno mundo, a imitá-lo, o mundo seria cheio de profetas da paz, e, perante rumores de guerras, não ficaríamos alarmados, fechados em nossa indiferença, mas de prontidão, a fim de dar nossa contribuição. É um risco, certamente. Mas se você quiser levar a paz a dois amigos, é óbvio que deve pôr-se entre eles, procurar fazê-los raciocinar e, é claro, ponderar tanto de um lado quanto de outro. Utopia? Não, coerência!

20 de abril

"Não temas em teu coração" (Jt 10,16).

Um rapaz veio até mim, já faz algum tempo, afirmando ter medo de rever um amigo querido, porque estava convencido de que o relacionamento entre eles já não tivesse como ser recuperado. Quando lhe perguntei os motivos que o tinham levado a essa conclusão, ele me respondeu que esse amigo seguramente não queria mais vê-lo, porque havia se comportado mal com ele. Visto que eu conhecia esse seu amigo, fui perguntar-lhe se isso era verdade. Sabem qual foi sua reação? Caiu das nuvens. Jamais tinha posto em discussão o relacionamento com esse seu querido amigo. Ao contrário, perguntava-se por que ele andava afastado. Eu o ajudei a esclarecer a situação e tudo foi resolvido de maneira positiva. E se eu não tivesse intervindo? É possível que se possa pôr em risco uma belíssima relação por causa de um medo estúpido? Quem sabe já aconteceu também a você de começar a imaginar sobre as possíveis reações dos outros e, depois, ter-se dado conta de estar enganado. Existem medos que nascem no coração da pessoa sem nenhum motivo real. Com frequência, são consequências de um sentimento de culpa, de insegurança pessoal ou de pecados cometidos, que podem gerar a convicção de sermos recusados por aqueles que amamos. Quase sempre, basta apenas falar, abrir o coração, e o medo se esvai. Não tenha medo em seu coração! Comunique-se com o outro!

21 de abril

"Sede corajosos. Trazei produtos da terra" (Nm 13,20).

Moisés mandou – conforme a prescrição que recebera de Deus – um homem de cada tribo de Israel para explorar a terra de Canaã, da qual eles deviam tomar posse. Nesse reconhecimento, eles tinham de observar o povo que aí habitava, se era forte ou fraco, se as cidades tinham acampamentos ou fortalezas, e, sobretudo, deveriam ter coragem de colher frutos. É como se quisesse dizer que, para avaliar a situação de uma terra, o mais importante era avaliar a qualidade dos seus frutos. Parece-me que, para avaliar uma pessoa ou um grupo, também é preciso avaliar com sabedoria seus frutos. Com frequência, observamos os outros com olhos cheios de preconceito, com o intuito de captar algo de negativo e generalizá-lo, de forma a usar isso como critério absoluto de avaliação. Isso sucede em todos os âmbitos, por vezes até em ambientes eclesiais. Acontece de certa característica de uma comunidade ou de um movimento, por exemplo, ser tomada como um todo daquela realidade, e assim se descuram os muitos frutos espirituais nascidos e crescidos nela, em termos de fé e de caridade. Quantas pessoas são injustamente rotuladas apenas por um defeito ou um erro, deixando de lado os muitos frutos com os quais contribuíram por seu modo de ser e por seu empenho. Se você quer ser uma pessoa realmente corajosa, não julgue ninguém, seja honesto e avalie muito bem os frutos.

22 de abril

> "Desde o que traz a púrpura e a coroa, até o que se veste com linho cru, não é senão furor, inveja, perturbação, agitação, medo da morte, ressentimento e lutas" (Eclo 40,4).

Em minha vida, já encontrei pessoas de todo tipo e condição social: de milionários que vivem em mansões a pobres que moram na rua; de artistas famosos a jovens aspirantes; de diretores de empresa a operários; de católicos praticantes a ateus convictos; de sadios a doentes; de gente muito hábil a menos hábil; de jovens a anciãos; de professores a alunos; de sacerdotes a anticlericais; de freiras a prostitutas. Quem é padre tem essa grande oportunidade de conhecer a humanidade em todas as suas facetas, sobretudo quando visita as famílias para dar a bênção nas casas ou quando atende alguém em confissão. Pois bem, todas essas pessoas que já encontrei, apesar das diferenças óbvias, nas questões que dizem respeito à alma são muito semelhantes. Estamos todos "no mesmo barco", pelo fato de experimentarmos, como diz o Eclesiástico, os sentimentos de desdém, inveja, perturbação, agitação, medo da morte, divisões e brigas. Alguns mais, outros menos, todos temos tais sentimentos, que são típicos da miséria humana e consequência do pecado. Com frequência pensamos que, quem é rico, famoso ou poderoso, vive sempre em segurança e livre de todo medo. Posso dizer-lhes que não é verdade. Todos experimentamos a miséria humana, porque todos somos pecadores. Quem faz a diferença é Deus. Quando o deixamos entrar em nossa vida, a miséria se transforma em santidade.

23 de abril

> "Não tenhais medo algum! Acaso estou no lugar de Deus?"
> (Gn 50,19).

Esta frase é de José, dita a seus irmãos, após a morte de seu pai Jacó. Estes estavam seriamente preocupados porque, após a morte do pai, José poderia vingar-se de todo o mal que tinha sofrido por causa deles. A resposta é clara. Da parte de José, não somente inexiste vontade alguma de vingança, mas também a máxima confiança em Deus. E por isso ele sabe com certeza que o mal sofrido fora transformado, pelo desígnio providencial de Deus, em bem para todo o povo de Israel. A humildade leva José a não tomar presunçosamente o lugar de Deus. Os problemas entre irmãos são frequentes em quase toda família. As brigas, os conflitos, o ciúme, os desaforos e os males podem estar presentes também nas melhores famílias do mundo, que não existem senão na publicidade fantasiosa de alguma marca comercial. Os irmãos de sangue podem chegar a prejudicar-se, sobretudo quando os problemas crescem com a idade. Só há um modo de sair dos possíveis rancores gerados no coração das relações familiares, e é aquele que José nos ensinou: não se colocar no lugar de Deus. Não sei se você tem irmãos ou irmãs. Em todo caso, a frase que acabamos de comentar vale para toda relação familiar ou amiga. Lembre-se de que qualquer mal que você venha a receber, colocado nas mãos de Deus, pode sempre se transformar em bem, desde que não se deixe levar pela sedução da vingança.

24 de abril

> "Tão somente sê de fato firme e corajoso, para teres o cuidado de agir segundo toda a lei que te ordenou Moisés, meu servo" (Js 1,7).

Muita gente pensa que não respeitar a lei de Deus seja sinal de grande força, liberdade e emancipação. Com frequência ouço dizer que observar os mandamentos é coisa de criança e de velhos, de pessoas fracas. Será mesmo? Eu acho que, ao contrário, quando uma pessoa se afasta da lei de Deus, o faz por medo de não conseguir observá-la. Quando se compreende bem o significado do que Deus lhe pede, a primeira coisa que se pensa é em fugir. Deus pede tudo, e isso causa medo. Pede que sejamos fiéis e o amemos acima de todas as coisas; que sejamos verdadeiros e respeitemos o próximo; que não sejamos egoístas nem invejosos; que sirvamos; que não roubemos, mas nos doemos; que não odiemos, e sim perdoemos; que não apostemos na riqueza deste mundo, mas na humildade do espírito.

Ademais, Jesus nos pede que amemos os inimigos. Pensa que para realizar tudo isso basta pouca coragem? Que é coisa de gente de mente fraca? Que nada! Antes de tudo, é preciso uma grande convicção sobre tudo aquilo que é certo e necessário para a felicidade, mas a simples convicção não basta. É indispensável superar o medo de não conseguir fazer isso e ter a coragem para lançar-se numa aventura divina. Pense nos santos e nos mártires. Eles provaram com a própria vida quanta força e liberdade possuíam. Coragem! Não tenha medo e não fuja diante do pedido de Deus. Seja forte e muito corajoso!

25 de abril

"Considerai, pois, aquele que suportou tal contradição por parte dos pecadores, para não vos deixardes fatigar pelo desânimo" (Hb 12,3).

Libertar-se de uma opressão é sempre um grande acontecimento. Neste dia, a Itália comemora a libertação do nazismo e Portugal recorda a "Revolução dos Cravos", celebrando ambos o advento da democracia. O Brasil e outros países da América Latina também sofreram muito durante os períodos de ditadura militar, com a supressão das liberdades civis, a prisão e o assassinato de milhares de pessoas. Por isso, lembre-se sempre da sorte de viver em um regime democrático, enquanto ainda tantos sofrem em muitas partes do mundo por não poderem expressar livremente suas ideias, suas convicções políticas e religiosas. Agarre-se a essa liberdade, portanto. Mas existe uma liberdade ainda maior, interior, aquela que Cristo concedeu-lhe aceitando suportar a infâmia da cruz, a libertação da escravidão do pecado. O Filho de Deus aceitou ser crucificado por nós, pecadores, a fim de nos conceder o perdão. Agarre-se a esse perdão, a esse tesouro precioso. Sempre que você se sentir cansado sob o peso dos seus pecados, recorra ao perdão libertador que Cristo concedeu a todos nós. Vá ao confessionário! Aquele original, onde o segredo é sagrado. Você o encontra na igreja e não num estúdio de televisão. Sempre que os pecados dos outros o afligirem, contemple o Crucificado e lembre-se de como ele suportou a traição, os cuspes, os insultos, os açoites e o sofrimento da cruz. Lembre-se especialmente desta frase: "Pai, perdoa-lhes!". Uma vez perdoado por Deus, você estará sempre livre para perdoar os outros. Assim, jamais perderá o ânimo e, depois de cada revés, recomeçará a caminhar livremente. Coragem, então! Não tenha medo!

26 de abril

> "Não temais! Sei que estais procurando Jesus, o crucificado. Ele não está aqui, pois ressuscitou, conforme havia dito" (Mt 28,5-6).

Maria de Mágdala e a outra Maria, assustadas diante do túmulo vazio de Jesus, ouviram um anjo dizer-lhes que seu Mestre e Senhor tinha mantido sua promessa: havia verdadeiramente ressuscitado. Deus cumpre sempre aquilo que diz. Por isso o anjo revela àquelas mulheres assustadas, e hoje também a nós, homens e mulheres do terceiro milênio: "Não temais!". Frequentemente, perante a morte de um ente querido, as pessoas me perguntam se podemos ter certeza da ressurreição dos mortos. Existe mesmo o paraíso? Existe mesmo algo após a morte? Podemos ter certeza de que vamos rever nossos entes queridos? E se não for verdade? Eis o maior medo, a dúvida atroz que recai até sobre os mais crentes. Com certeza eu não posso responder com demonstração matemática, mas com a fé da Igreja, que mantém de geração em geração o anúncio da ressurreição de Cristo a partir daquelas duas mulheres e de outros discípulos que o viram vivo após sua morte. Depois eu respondo com minha pequena fé, que me faz dizer com a mente e o coração: "Minha mãe vive, porque Cristo está vivo!". Cristo manteve sua promessa. Não nos deixou sozinhos, deu-nos o seu Espírito e, em particular, a Eucaristia. E por meio deles, podemos encontrá-lo vivo na sua Igreja. Querido leitor, não tenha medo! Busque com sinceridade a Jesus e você verá que ele mesmo lhe dará a resposta.

27 de abril

> "Em Deus eu confio: jamais temerei! Que poderia fazer-me o homem?" (Sl 56,12).

Há pessoas que vivem obcecadas com o que os outros possam lhe fazer. Ao seu redor veem apenas inimigos, rivais e ameaças potenciais. Talvez já tenham dito também a você para não confiar em ninguém porque todos agem com segundas intenções. Esse modo de pensar é perigoso porque, por um lado, arrisca a criar sérios problemas de relacionamento e levar ao isolamento afetivo; por outro, alimenta um medo que pode corromper sua estabilidade e sua paz interior. O que podem fazer contra você? O que você arrisca ao relacionar-se com o seu próximo? É evidente que em todo relacionamento interpessoal corre-se o risco de ser magoado e frustrar-se, porque as pessoas trazem em si uma dose maior ou menor de egoísmo. Também você, às vezes, ao relacionar-se com os outros, faz valer mais os seus interesses pessoais, as suas vantagens, o seu sonho, o seu projeto, a sua comodidade, o seu prazer, o seu desejo de fazer valer o seu argumento, a sua motivação, o seu porquê, o seu modo de pensar... em uma palavra: o seu bem-estar. Não é verdade? Sim, me responderá, e por isso mesmo não confio nos outros, porque conheço a mim mesmo e o mal que posso fazer aos outros. Só há uma saída para tudo isso, não confiar em si mesmo nem nos outros, mas somente em Deus. Se você confiar no Senhor, ficará livre de todo medo, receberá o melhor que os outros podem lhe dar e aceitará também o que houver de ruim.

28 de abril

> "Não penses nisso, nem te inquietes por causa deles, minha irmã. Um bom anjo o acompanhará, lhe dará uma viagem tranquila e o devolverá são e salvo" (Tb 5,21-22).

Esta frase é de Tobit, que procura assegurar a sua esposa que a viagem do seu filho Tobias seria realizada com êxito. Lembro-me imediatamente da preocupação de minha mãe, que me esperava acordada, para assegurar-se da minha chegada em casa, são e salvo. Lembro-me também de milhões de mães que todas as noites aguardam, ansiosas, com medo de que aconteça algo ruim aos filhos que estão fora. Por vezes, lembro-me ainda da dor atroz de tantas mães que não mais viram os filhos voltarem vivos para casa, por causa de acidentes, geralmente no sábado à noite. E no entanto, muitas delas rezaram, pedindo ao Senhor que enviasse o anjo da guarda para guardar seus filhos. Os anjos estavam presentes, mas não os livraram da morte precoce. Agora, muitas dessas mães estão com raiva de Deus, e eu as entendo. Caríssimo leitor, convido você a rezar comigo por todas as mães que dia após dia olham para a foto de seus filhos falecidos e derramam lágrimas amargas de saudade. Que elas possam ser consoladas por Deus e perceber que o anjo da guarda estava presente naquela viagem que os filhos fizeram para o céu. Convido você também, sobretudo se for jovem e ousado, a ter mais prudência quando, à noite, estiver na rua divertindo-se com amigos. O seu anjo da guarda não poderá impedi-lo de prejudicar a você e aos seus colegas, incluindo sua própria mãe, se não procurar evitar certos riscos inúteis. Se quer alegrar-se de fato, deixe de lado os excessos.

29 de abril

"E tu, Jacó, meu servo, não temas nem te apavores, Israel. Porque eis que te salvarei de terras distantes, e teus descendentes da terra de seu cativeiro" (Jr 30,10).

Penso em tantos refugiados, constrangidos a deixar a própria terra de origem por causa da guerra. Pessoas assassinadas às centenas, como se fossem animais. Penso também nas centenas de jovens que, por causa da miséria, deixam os seus entes queridos em busca de um futuro melhor. Penso no meu pai, que foi obrigado a deixar nossa família para trabalhar como mineiro no exterior, logo após a Segunda Guerra Mundial. E penso também nos jovens que ainda hoje são obrigados a emigrar para encontrar um trabalho adequado à sua formação cultural. Deixar a própria família, a própria terra e as próprias raízes causa muita dor, porque leva a pessoa a viver em uma situação de precariedade. Quando então, em outro país, com outro povo, é evidente o risco de fragmentar a própria identidade. Isso jamais aconteceu no caso de Israel, porque, através das várias vicissitudes, o povo de Deus sempre conseguiu reencontrar sua própria identidade cultural, religiosa e também política. A libertação do exílio é uma típica intervenção da parte de Deus em relação ao seu povo durante toda a história da salvação narrada na Sagrada Escritura. Mas existe uma libertação que Deus promete a todos: é a libertação do exílio a que somos chamados a viver, quais peregrinos nesta vida. Deus quer libertar-nos também da distância em relação a ele e, por isso, nos acompanha rumo à casa que ele preparou para todos. Não tenha medo!

30 de abril

> "Decidimos, confiados em nosso Deus, anunciar-vos o Evangelho de Deus, no meio de grandes lutas" (1Ts 2,2).

Ao escrever à comunidade de Tessalônica, São Paulo não esconde as dificuldades que surgem quando se anuncia o Evangelho. Ele se refere aos ultrajes sofridos na cidade de Filipos, onde foi até apedrejado e encarcerado. E você sabe por quê? Por ter libertado do espírito maligno uma jovem escrava, que fazia adivinhações. Você vai me dizer: "Isso é um absurdo!". De fato, é um absurdo. Mas o patrão daquela escrava não pensava assim, porque ela deixou de fazer as adivinhações que lhe garantiam um bom dinheiro. Anunciar o Evangelho e agir em nome de Cristo é inconveniente a muitos, sobretudo àqueles que lucram com o sacrifício dos outros. O bem realizado incomoda-os, porque interfere em seus interesses pessoais escusos. Por exemplo, hoje a Igreja luta em nome do Evangelho, e o faz com insistência, em favor da vida e da liberdade. Mas é uma batalha difícil, porque há muitos interesses econômicos em jogo, rios de dinheiro enriquecendo advogados e multinacionais, além do egoísmo radicado na cultura e no estilo de muitas pessoas. Mas no Deus da verdade encontra-se coragem para ir contra a corrente. Não tenha medo!

MAIO

1º de maio

"Tende confiança, sou eu, não tenhais medo!" (Mt 14,27).

"Não tenham medo! Ao contrário, escancarem as portas a Cristo!" Esta frase é uma das frases mais conhecidas de João Paulo II, que se apresentou ao mundo convidando todos – crentes e ateus – a não terem medo de acolher Cristo. Esse papa, certamente, inspirado no Evangelho, convidava com frequência, sobretudo os jovens, a não terem medo. A frase que comentamos aqui é do Evangelho de Mateus e foi a que Jesus disse aos discípulos, quando eles o viram andando sobre as águas. Pedro e seus companheiros gritaram de medo, julgando ser um fantasma. Mas a palavra de Jesus os tranquilizou: "... sou eu, não tenhais medo!". Penso ter acontecido também a você, caro leitor, de ouvir ou dizer: "Sou eu" à porta de casa, diante da pergunta: "Quem é?". Você não se preocupa, pois sabe que se trata de uma pessoa íntima, confiável, que lhe quer bem e não lhe faria mal. Que lindo isso! Jesus chega em sua casa e diz: "Sou eu! Quero entrar!". E isso não é uma fábula, é a pura realidade. Jesus vem a você de verdade. Só que ele não toca a campainha, mas usa o Evangelho. Quanto mais você o lê, mais o conhece. E quanto mais o conhece, mais íntimo, familiar ele se torna. Assim, você se sente em segurança porque sabe que é o próprio Deus que o aconselha, guia e conduz para o que for melhor. Coragem, ouça o que Jesus lhe diz: "Sou eu, não tenha medo!".

2 de maio

"Tem confiança, filho!" (Tb 8,21).

Querido leitor, escrevo-lhe no dia seguinte à beatificação de João Paulo II. O coração de milhões de fiéis está cheio de gratidão a Deus, por haver dado à Igreja e ao mundo o grande papa e modelo de santidade. Hoje também celebro meu aniversário de ordenação sacerdotal e sou muito grato a Deus pelo dom do sacerdócio. É uma gratidão imensa, porque foi justamente João Paulo II quem me ordenou, a mim e aos meus companheiros de seminário, na basílica de São Pedro. Foi a sua última ordenação sacerdotal. Guardei no coração aquela missa solene, a imposição de suas mãos sobre minha cabeça e o mútuo abraço de paz, em que senti um forte encorajamento da parte dele. O papa permaneceu sentado, pois não conseguia manter-se de pé, e eu, ajoelhado diante dele, apoiei as mãos nos braços da cadeira em que ele estava sentado. Não me disse nada, porque tinha dificuldade de falar, mas pousou as mãos sobre as minhas, apertando-as com força. Toda vez que recordo esse fato, parece-me ouvir sua voz a dizer: "Coragem, filho, não tenha medo!". Essa lembrança me faz retornar sempre à origem da minha vocação e me dá força para enfrentar as dificuldades do sacerdócio. E sua vocação? Coragem! Não tenha medo de vivê-la plenamente. Se Deus o chama para realizar algo grande na vida, certamente ele não deixará de ajudá-lo.

3 de maio

> "Não tenhas medo deles, nem te apavores diante deles"
> (Ez 3,9).

Estar diante de certas pessoas pode, às vezes, provocar medo, não é verdade? Lembro-me do dia em que defenderia minha tese de doutorado e do medo de fracassar diante da banca examinadora. Você também é impressionável assim? Quem são as pessoas que você tem medo de enfrentar? Há quem tenha medo de estar num palco, diante de uma plateia cheia de gente, por causa da timidez. Há quem se envergonhe diante de pessoas que não conhece, mesmo que sejam poucas. Há quem tenha receio de encarar um professor, quem tema ser fotografado, por medo de não estar com boa aparência, quem se envergonhe diante de uma filmadora. Há quem não consiga lidar com pessoas que considera muito importantes, quem não consiga exprimir aquilo que pensa por medo de ser julgado, quem se abale com a presença do chefe e se humilhe em tarefas servis. Há quem tenha medo de dizer a verdade, temendo a reação dos outros, quem não tenha coragem de enfrentar aqueles que pensa serem mais fortes, quem sofra nas mãos daqueles de são agressivos e dissimulados, quem tema chorar diante dos outros. Há os que têm medo de ler em público, os que não têm coragem de olhar-se no espelho, e assim por diante. Por mais que alguém queira fugir do palco da vida, não consegue evitar estar diante de alguém. Até mesmo o eremita está certamente diante de um tu, Deus. Se você aprender a ficar diante de Deus, terá sempre a liberdade de estar diante de quem quer que seja.

4 de maio

"Não tenhas medo das palavras que ouviste" (2Rs19,6).

Às vezes as palavras inspiram medo, sobretudo quando carregadas de ódio ou rancor. Jesus disse claramente que com a língua se pode matar. Acho que todos nós, ao menos uma vez na vida, fomos vítimas de alguma palavra que nos feriu o coração como uma lança. As palavras podem pesar como pedra, mesmo quando não são necessariamente vulgares ou ofensivas. Basta que nos sejam lançadas por alguém com agressividade ou em tom ameaçador. É só pensar no choro de uma criança, quando um adulto ralha com ela. O tom de voz e a expressão do rosto podem assustar mais do que as próprias palavras. É claro que o medo aumenta ainda mais quando, além do modo agressivo, se acrescentam palavras ofensivas. Se essas palavras forem ditas por uma pessoa que amamos, as feridas que elas causam são ainda mais profundas, porque causam surpresa. Não esperamos palavras ameaçadoras de pessoas que amamos. Há também palavras que fazem mal porque são proferidas pelas costas e mostram a triste realidade de certos relacionamentos que se apoiam na hipocrisia ou em segundas intenções. E as palavras de Deus? Bem, elas também podem assustar, não por serem violentas, mas por serem infinitamente belas e verdadeiras. Coragem! Não tenha medo de acolher as sábias palavras de vida que Deus lhe quer falar. Com elas no coração, as violentas palavras de morte não poderão surpreendê-lo. Não tenha medo!

5 de maio

> "Não serás entregue nas mãos dos homens, diante dos quais tu tremes" (Jr 39,17).

"Boi, boi, boi da cara preta, pega este menino que tem medo de careta." Esta cantiga, que minha mãe cantava para mim quando eu era criança, me fazia dormir. Agora, adulto, bem distante daquele tempo, não me agrada a ideia de que um boi de cara preta possa ameaçar uma criança. Apesar disso, tenho como positivo o sentido de proteção que essa canção de ninar exprime. De fato, minha mãe segurava-me ao colo e me dizia, com aquela canção, que há situações perigosas, mas, com ela, eu estaria em segurança. Quando você se sente amado, sabe que está protegido e que ninguém poderá tirar-lhe a paz. Crescendo, entendi que devemos buscar a proteção, sobretudo, em Deus, que está sempre presente, mesmo que nossa mãe já não nos acalente. Deus nos ama de verdade e já nos demonstrou isso ao máximo. Pense que ele se entregou à morte por mim e por você, para que pudéssemos estar a salvo. Ele se entregou em nosso lugar. Quando se sentir desprotegido, abrace o crucifixo, como fazia São Francisco, e vai ver como se sentirá mais amado do que nunca. Entregando-se a Deus e amando-o de todo o coração, terá a certeza de que, em toda parte e nas mãos de quem quer que seja, você jamais perderá a paz.

6 de maio

"Não se perturbe o vosso coração. Credes em Deus, crede também em mim" (Jo 14,1).

Jesus disse estas palavras aos seus discípulos durante o discurso de adeus, antes de morrer. Estava para começar a viagem de retorno ao Pai. Sabia que aqueles que o haviam seguido e amado passariam momentos difíceis com a separação. Mas Jesus os tranquilizou, dizendo que lhes prepararia um lugar no céu. Na morada eterna de Deus há lugar para todos. Também para os seus entes queridos. Também para você. Quem acolhe pela fé essa extraordinária promessa, obtém paz no coração. Durante certos funerais, tudo isso emerge com muita clareza. Quem tem fé na ressurreição de Cristo sabe que a morte não tem a última palavra. Portanto, a dor causada pela morte de uma pessoa querida não leva ao desespero. Seu coração dói, mas está em paz. Quem possui o dom da fé sabe que pode enfrentar tudo na vida e, portanto, não teme atravessar os momentos difíceis da sua existência. Quem acredita de verdade sofre, como todos os demais, mas seu coração não se perturba, de modo a tirar-lhe a felicidade. Se você espera não ter nenhum problema para ser feliz, nunca o será. A vida é assinalada por muitos e inevitáveis transtornos. A felicidade consiste na certeza de que sempre poderá superar cada um deles. Essa felicidade é a mesma que Jesus preparou e quer para cada um de nós. Como está seu coração? Coragem! Não tenha medo! Creia somente!

7 de maio

> "Encorajados pelas palavras de Judas (...), os judeus resolveram não continuar acampados, mas tomar bravamente a ofensiva" (2Mc 15,17).

Não é fácil abandonar nossa zona de conforto, em que limitamos as próprias possibilidades. Cada um de nós tem sua história, sua família, sua educação, seus estudos, suas competências, sua vocação, seus talentos, seu caráter, seu modo de ver as coisas, sua conta bancária, suas possibilidades materiais, suas atividades, suas seguranças e seus medos. Para ultrapassar esses limites e avançar na vida, é preciso coragem. Um casal de noivos, ambos com cerca de trinta anos, interrogados por mim a respeito da data de seu matrimônio, responderam-me que ainda não havia chegado o momento de casarem-se, porque não tinham condições para isso. As condições de trabalho não eram as ideais, a cidade onde iam morar era também incerta, pois estava atrelada ao trabalho deles, e o dinheiro de que dispunham não era suficiente para cobrir as despesas. Enfim, era preciso aguardar que tudo entrasse nos eixos. Eu lhes disse, então, que jamais se casariam se continuassem presos a essas expectativas. Para fazer uma coisa importante, conforme a vontade de Deus, não se pode esperar infinitamente. É preciso ter coragem de decidir a própria sorte e buscar, o máximo possível, ajustar as demais coisas aos objetivos fundamentais da vida. Aquele casal decidiu corajosamente a data do casamento e muitas coisas que eles estavam esperando foram acontecendo aos poucos, ao longo dos meses. Use a cabeça, seja prudente, reze, mas, em dado momento, arrisque-se.

8 de maio

> "O Senhor é meu auxílio, jamais temerei. Que poderá fazer-me o homem?" (Hb 13,6).

Hoje, enquanto escrevo, celebra-se o Dia das Mães. Meus parabéns a todas as mulheres que tiveram filhos e puderam dedicar-se a eles. Um augúrio especial vai para as mães falecidas, que lembramos especialmente na oração. A elas nosso obrigado! Quando crianças, tínhamos certeza de que nossa mãe nos ajudaria, e por isso, toda vez que alguém ou alguma coisa nos assustava, corríamos para ela, a fim de nos sentirmos protegidos. Deus é Pai! Mas é também Mãe, como disse o Papa João Paulo I. Por isso, quando recorremos à proteção de Deus, podemos desfrutar ao mesmo tempo do abraço seguro do Papai e também da Mamãe. Nessas condições, o filho amado pode dizer com certeza: "Não terei medo! Que mal pode fazer-me o homem?". Enquanto éramos crianças, tudo isso estava claro para nós. Mas depois de crescidos, nós o esquecemos. Como pode? Talvez porque os problemas aumentam e as forças da mamãe diminuam, até desaparecer. Então começamos a pensar que precisamos agir sozinhos. E está certo! Ai de nós se não tivéssemos esse sadio desapego da saia da mãe! O problema é que esquecemos sempre de recorrer à paternidade e à maternidade de Deus. Com Deus acontece o contrário: mais os problemas crescem, mais temos possibilidade de experimentar a sua força salvífica. Quando obtemos essa força, o medo passa, inclusive o de enfrentar o envelhecimento e a morte da mãe.

9 de maio

"Não temais! É verdade que cometestes um grande erro. Somente não vos afastei de Iahweh, mas servi-o com todo o vosso coração" (1Sm 12,20).

Tempos atrás, surpreendeu-me um acontecimento triste: a fuga de um jovem após um acidente de carro. Era ele quem dirigia o veículo e acreditava ter causado o acidente. Fugiu por medo das consequências. Na realidade, o acidente não fora tão grave, e o pobre fugitivo acabou morrendo de frio no meio da mata onde se escondera. A despeito desse caso extremo, penso que a atitude de medo e de fuga, em relação a um mal cometido, seja uma coisa muito difundida entre nós. Quando éramos crianças, todos tínhamos medo de não sermos mais amados por nossos pais, depois de termos feito uma travessura. Amedrontados por um provável castigo, nos escondíamos, julgando não mais merecer afeto. Após a inevitável repreensão, porém, espero que todos tenhamos feito a experiência do abraço de reconciliação e readquirido a certeza do amor de nossos pais. Deus, que conhece essa nossa atitude, hoje nos diz para não nos afastarmos dele jamais, mesmo quando tivermos feito algum mal. Sem dúvida, devemos afastar-nos do mal; porém, precisamos reconhecer tê-lo cometido, assumir a responsabilidade e afastar-nos dele. Se você errou, saiba que Deus o ama mesmo assim e pode ainda servir-se de você no seu Reino. Não tenha medo!

10 de maio

"Então lhe falaria e não teria medo" (Jó 9,35).

Numa comitiva, em geral algumas pessoas caminham em silêncio, ao passo que outras não param de falar. A quem se mantém quieto, parece-lhe não ter nada em comum com quem fala sempre. Mas, na realidade, todos têm algo em comum: o medo. Muitos não conseguem dizer aquilo que pensam ou desejam, porque ficam amedrontados pelas possíveis reações de quem caminha com eles. Trata-se do medo de serem julgados ou recusados. Perante esse medo, preferem se calar, engolindo também as decisões que os outros tomam e com as quais não concordam plenamente. Quem fala sem parar, ao que parece, não tem esse tipo de problema, porque aparentemente é muito seguro de si. Entretanto, eles sofrem do mesmo medo, de não estarem à altura da situação e, por medo de serem reprovados, buscam com mil palavras mostrar-se simpáticos, fortes e inteligentes. Mas quem o é de verdade não precisa ostentar-se. Em ambos os casos, o medo tolhe a liberdade. Acredito que nessas duas atitudes caímos todos nós, de algum modo. Por vezes temos medo de falar livremente, para não correr o risco de perder alguém ou alguma coisa. Por isso mesmo, compreende-se que não estamos amando de verdade. Quem ama sabe falar ou calar no momento certo. Pois desejo a você que, tal como Jó, consiga falar livremente com todos, inclusive com Deus.

11 de maio

"Não tenhas medo dele nem das suas palavras" (Ez 2,6).

Tempos atrás, correu uma notícia desastrosa, segundo a qual aconteceria um terremoto tremendo em Roma. Pela internet e na mídia, falou-se muito dessa previsão, em alguns casos, com a pretensão de possuir elementos científicos favoráveis a essa tese. A notícia foi tão divulgada, que muitos me perguntavam: "Padre, o que o senhor acha? É verdade que no dia 11 de maio vai acontecer um terremoto em Roma?". Eu respondia que não sou um sismólogo nem um mago. Pelo que sei atualmente, a ciência não tem condições de prever terremotos; entretanto, bastam algumas conversas fiadas de alguns charlatães para incutir medo nas pessoas. Até pensei que seja próprio de pessoas crédulas acolherem tais notícias. Damos crédito às palavras falsas do mal. Mas, quando se trata de aceitar boas notícias, palavras verdadeiras de bem, permanecemos desconfiados e incrédulos. Nessa notícia falsa de terremoto, caíram também pessoas cultas, que me disseram: "Eu não acredito! Mas nunca se sabe!". Como é que as palavras que provocam medo fazem tanta pressão sobre as pessoas? Por que é que tantos se deixam levar pelas palavras de mágicos e adivinhos? Por que é que tanta gente dá peso à fala de aproveitadores sem escrúpulos? Acredito que a resposta esteja contida no medo que temos presente no coração. Entretanto, prefiro dar crédito às palavras de Deus. E você?

12 de maio

"Iahweh revogou a tua sentença, eliminou o teu inimigo"
(Sf 3,15).

Nos meus colóquios, acontece-me muitas vezes ouvir desabafos de pessoas que sofreram muitas desventuras, sobretudo quando são sucessivas: doenças, perda do emprego, acidentes, furtos, lutos, dívidas, separações, insucessos, e assim por diante. Nesses desabafos, muitas vezes se manifesta certa raiva contra Deus, no sentido de que ele não fez nada para impedir tais desgraças: "Senhor, eu já sofri muito, agora chega!". É o que eu ouço muitas vezes devido aos desencontros da vida. Em momentos críticos, de certo modo todos desabafamos, queixamo-nos, pedindo a Deus que nos demonstre sua existência com uma intervenção que interrompa a série de acontecimentos negativos. Mas Deus não é um rei despótico, que comanda nossas vidas a seu bel-prazer, enviando-nos desventuras de vários gêneros. Ele não está comodamente sentado num trono, jogando nossa sorte num palácio real, nem se diverte pressionando botões para determinar nosso futuro. Deus é um rei que se preocupa com seu povo. Vive no meio desse povo e suja as mãos por ele. Enviou-nos seu Filho, e o fez para compartilhar nossas desventuras e carregar nossos fardos. Ele não nos promete que durante nossa vida não nos acontecerá nenhuma desgraça, mas que estará sempre perto de nós quando isso acontecer. Por isso, não tenha medo! Que você possa sempre dizer, como São Paulo: "Tudo posso naquele que me fortalece!" (Fl 4,13).

13 de maio

> "Ei-lo, o Deus da minha salvação: sinto-me inteiramente confiante, e de nada tenho medo" (Is 12,2).

Estamos em maio, mês em que rezamos de modo especial a Nossa Senhora. Hoje se faz grande festa em Fátima. E toda a Igreja celebra as aparições de Maria Santíssima aos pastorzinhos. O Papa João Paulo II, que em 13 de maio de 1981 sofreu um grave atentado na praça São Pedro, era muito ligado à Mãe celeste. Ele salvou-se por um milagre, atribuído à intercessão de Nossa Senhora de Fátima. Mas a devoção desse Papa a Nossa Senhora não está ligada exclusivamente a esse fato. Durante toda sua vida, ele teve como referência a Mãe de Jesus. Maria viveu em plenitude a frase que hoje comentamos. Ela confiou em Deus, aceitou lançar-se a uma aventura decididamente muito maior do que ela e não teve a menor dúvida em enfrentar as consequências dolorosas da sua maternidade. No calvário, ao pé da cruz, aceitou corajosamente o sofrimento do Filho, e ainda a responsabilidade de tornar-se Mãe de toda a humanidade. A força e a coragem de Maria tornam-se para nós motivos de alegria. Sabemos que podemos voltar-nos a ela e a seus exemplos a fim de aprendermos a viver. Sob o seu manto experimentamos a doçura de sua proteção materna. A ela podemos suplicar que reze por nós pecadores, agora e na hora de nossa morte. Desejo que você, se ainda não tem, mantenha uma relação especial com Nossa Senhora. Junto dela, que é nossa Mãe, nunca mais teremos medo!

14 de maio

"Tu alargaste meus passos sob mim, e meus tornozelos não vacilaram" (2Sm 22,37).

Qual é meu caminho? Que via devo percorrer em determinadas circunstâncias? Que direção tomar em certas encruzilhadas da vida? Um caminho leva a outro ao longo da minha existência? E se o caminho que empreendi, ainda que seja o certo, for cheio de obstáculos? Que farei? Volto atrás? Sigo adiante? E se meus pés vacilarem? Quando alguém caminha por uma montanha a fim de chegar ao topo, deve percorrer trilhas difíceis que em geral já são batidas, ou seja, já percorridas por outros, que dessa forma nos prepararam o caminhar. Às vezes, mesmo que o trajeto já esteja traçado, o viajante pouco experimentado pode defrontar-se com situações perigosas. Com a montanha não se brinca, não se pode ser presunçoso, mas sim colocar-se humildemente atrás de alguém que conhece bem o caminho e, com sua experiência, aplaina a estrada. Também com a vida não se pode brincar. Ninguém pode prescindir de um guia experimentado que nos oriente e nos coloque em condições de caminhar com segurança. Jesus se apresentou como o caminho por excelência, aquele que nos conduz à felicidade sem fim. Ele não nos iludiu dizendo que, ao segui-lo, não teríamos dificuldades, mas garantiu-nos que, ao segui-lo, aprenderíamos a superá-las. Muitos puseram sua confiança nesse guia. E você? Coragem! Experimente segui-lo e não tenha medo!

15 de maio

"Não temas, porque tiveste um filho" (1Sm 4,20).

A mãe, tendo dado à luz e tomado o filho nos braços, esquece o sofrimento e toda a dor do parto. Ainda que estivesse em perigo de morte, ela não sentiria medo, pela alegria imensa de ter dado a vida a seu filho. Toda vez que uma criança vem ao mundo, percebemos que a vida é mais forte do que a morte. Seria tão bom se pudéssemos lembrar o momento em que nossa mãe nos pôs no mundo! Quem sabe o que sentiríamos nesse momento! Que sensação teríamos ao sentir os braços amorosos da mãe, sentir seu perfume, estarmos agarrados a ela no primeiro aleitamento! Não podemos lembrar-nos desses momentos, mas podemos pedir a nossa mãe que nos conte, se ainda estiver viva. Acredito que a melhor maneira de festejar nosso aniversário seja recordar o nosso nascimento. É bom lembrar, ao menos uma vez ao ano, que alguém nos deu a vida. É muito bom imaginar as dores que nossa mãe teve de suportar para que pudéssemos nascer. É lindo bendizer a Deus por nos ter pensado e querido no seio de nossa mãe. Muito lindo também é refletir sobre o mistério extraordinário da vida, cuja grandeza jamais conseguiremos compreender completamente! Hoje é meu aniversário e quero partilhar com você a alegria que sinto pelo dom da minha vida. Deus seja louvado!

16 de maio

> "Procuro Iahweh e ele me atende, e dos meus temores todos ele me livra" (Sl 34,5).

Quando sentimos medo, em geral procuramos algo que o faça passar. Há quem cante, quando está sozinho no meio da noite numa rua escura; há quem se preocupe com o que fazer para se distrair; há quem tente se divertir de maneira exagerada; há quem recorra a um medicamento para dormir; há quem procure uma escapatória para não enfrentar aquilo que a amedronta; há quem busque alguma gratificação material. Há ainda quem peça ajuda a uma pessoa para superar a situação, e há aqueles que buscam a Deus, a fim de serem libertados. Existem muitos caminhos para superar os próprios medos, mas um só nos livra definitivamente. Deus não é como uma droga que faz esquecer em instantes aquilo de que temos medo; não é uma estratégia que inventamos para atenuar o medo; nem é uma pessoa querida que simplesmente procura nos proteger; tampouco é um psicólogo que nos acompanha em terapia. Deus é amor em estado puro, aquele que jamais deixa você sentir-se sozinho; é a plenitude da verdade, a verdade que o torna livre. Deus é um Pai que o ama na verdade e o liberta com amor, e se compromete até a dar a vida de seu Filho por você. Jesus, o Cristo, o Filho de Deus, é também verdadeiro homem. É o único que venceu o pecado, que é a fonte de todo seu medo. O Espírito de Deus, o seu amor, é o único remédio capaz de fortalecer o seu espírito. Coragem, então! Busque o Senhor!

17 de maio

"Praticai o bem e não vos deixeis dominar pelo medo" (1Pd 3,6).

Você sabe o que são minas – aqueles dispositivos terríveis escondidos no solo que são detonados quando as pessoas inadvertidamente pisam sobre eles? As minas são invenções cruéis e desumanas do mundo moderno. São utilizadas durante as guerras, mas escondem consequências perigosas também em tempos de paz. As maiores vítimas são as crianças, por anos a fio, após o término da guerra. As minas constituem uma contínua ameaça para a vida diária da população civil em muitos países do mundo, para a qual outros tantos países contribuíram, ao produzirem, esse tipo de artefato. Isso me leva a pensar que as pessoas hoje se sentem continuamente ameaçadas, e, no entanto, em vez de diminuir tais ameaças, ao contrário, com suas atitudes as reproduzem. Com frequência nossa vida assemelha-se a um campo minado, e isso nos dá medo de tudo e de todos. Temos medo do imigrante, do vizinho, do colega de trabalho, do motorista e de cada pessoa que provoca suspeita. O problema é que suspeitamos de todos, pensando que os outros, também os familiares, constituem uma ameaça para a nossa vida. Talvez eu esteja exagerando, mas, pensando bem, bem cedo, já desde crianças, as pessoas se tornam más. Dessa forma, não podemos viver bem. Contudo, em vez de pensar no mal que os outros nos possam fazer, procuremos não sermos nós a fazer o mal. Ao contrário, busquemos praticar sempre o bem. É melhor morrer fazendo o bem do que viver bloqueados pelo medo de pisar num terreno minado.

18 de maio

"Sou eu. Não temais!" (Jo 6,20).

O mar estava agitado. As ondas revoltas ameaçavam afundar o barco onde estavam os discípulos. Mas Jesus foi-lhes ao encontro, andando sobre as águas. A forma usada por Jesus para tranquilizá-los – "Sou eu" – evoca o nome divino: "Eu sou", nome esse com o qual Deus se manifestou a Moisés, no monte Horeb. Logo, Jesus se apresentou aos discípulos com o nome de Deus, porque é Deus, e o demonstra andando sobre as águas. O mar revolto é símbolo bíblico do mal. Jesus mostra que é capaz de vencer os poderes malignos, que, ao agitarem-se como as ondas do mar, incutem medo nas pessoas. Invocar o nome de Jesus com fé significa pedir a intervenção de Deus, a fim de enfrentarmos com êxito o mal. E seu poder é real. Já vi tanta gente invocar para tantas coisas a intervenção poderosa de Deus! As únicas vezes em que tais intervenções se concretizaram, porém, foram aquelas em que se pediu para vencer o mal, sobretudo o mal interior. Vi o poder de Jesus no confessionário, libertando a alma do pecado. Eu o vi agir nas relações familiares conflituosas, com o dom do perdão. Vi seu poder na conversão de pessoas que tinham o coração endurecido pelo mal; vi também na paz interior, conquistada por aqueles que viviam numa inquietação contínua. Algumas vezes vi também sua intervenção física contra o mal físico, em algumas pessoas que receberam o milagre e se curaram e naquelas que morreram em paz. Coragem, então! Invoque a Jesus!

19 de maio

"Não temas!" (1Sm 28,13).

O rei Saul dirigiu-se, com esta frase, a uma necromante, pedindo-lhe para falar com o falecido profeta Samuel. Queria pedir-lhe conselho num momento de desespero. Alguém que se afasta de Deus, como fizera o rei Saul, nos momentos de provação arrisca-se a buscar práticas perigosas ligadas ao ocultismo. Ainda hoje, muitos, especialmente jovens, deixam-se levar e enganar por realidades duvidosas, como as seitas satânicas; outros, também os adultos, procuram os adivinhos para que "leiam" o futuro. Essas coisas servem apenas para explorar a boa-fé e arrancar o dinheiro das pessoas. Aparições não se buscam. Elas acontecem por acaso, inesperadamente, e em raríssimas ocasiões. Foi o que aconteceu a Santa Bernadete, na gruta de Lourdes, enquanto ela buscava lenha nas margens do rio, a fim de vendê-la. Nossa Senhora apareceu repentinamente, assustando-a. A jovenzinha Bernadete, ignorante, de família paupérrima, buscava alguma coisa que lhe permitisse ganhar o pão, e não falar com o além. Aquela que se apresentou a ela como a Imaculada não lhe prometeu nada nesta vida terrena, mas pediu-lhe que rezasse pelos pecadores. Se você ainda foi a Lourdes, vá, mas não para ver o ultraterreno, e sim para rezar, para experimentar o amor de Deus pelos homens e mulheres, sobretudo quando são frágeis.

20 de maio

> "Cuidado, mas fica tranquilo! Não tenhas medo, nem te deixes abater" (Is 7,4).

Estar atento e, ao mesmo tempo, tranquilo parece uma contradição. De fato, quando alguém sugere que a pessoa preste atenção, geralmente a induz a ficar ansiosa e preocupada, em vez de tranquila. Não sei se já lhe aconteceu de dirigir um automóvel com uma pessoa que, a seu lado, lhe diz continuamente: "Cuidado!". É difícil permanecer tranquilo nessa situação. Ao contrário, essa atitude causa inquietação, porque percebe que essa pessoa não confia em você ao volante. Quando um amigo o adverte sobre alguém com quem decidiu jantar, dizendo-lhe que tenha cuidado, pois essa pessoa pode ser perigosa, você está arriscado a passar uma tarde inteira inquieto. A advertência que Deus faz nesse versículo de Isaías, ao contrário, diz respeito a uma virtude muito importante: a prudência. Essa virtude coincide com a sabedoria prática. A prudência é uma virtude de discernimento e decisão, e implica o envolvimento das faculdades espirituais da pessoa, ou seja, a inteligência e a vontade. A prudência é a virtude que guia todas as demais, inclusive a fortaleza, e que nos ajuda a superar os medos, a ira, a apatia, a preguiça e a inércia, e ainda nos ajuda a lutar contra as adversidades, sem nos deixar levar por elas, a esperar e crer que o bem é mais forte do que o mal. De tudo isso nasce a tranquilidade, que não significa indiferença ou fuga perante as situações difíceis. Não tenha medo! Seja prudente e você ficará forte, manso, doce, paciente e tranquilo.

21 de maio

> "Não tenhais medo do seu número, nem vos desencorajeis ante seu ímpeto" (1Mc 4,8).

Estamos numa sociedade de números. Todas as coisas são medidas e quantificadas. As pesquisas de opinião e as estatísticas sobre cada tema são realizadas diariamente pelos meios de comunicação. Políticos e partidos preferem confiar nas agências de pesquisa do que em seus valores e ideias; os programas de televisão são avaliados pela audiência e não com base em seus conteúdos e na sua qualidade artística; as empresas buscam lucro confiando mais no número das bolsas de valores do que na produção dos bens e serviços; os sindicatos preocupam-se mais em aumentar o número dos filiados do que em lutar pela dignidade dos trabalhadores; quem organiza uma manifestação tem mais interesse no número dos participantes que a imprensa vai divulgar e não tanto em conseguir finalidades bem determinadas. Também a Igreja por vezes se deixa levar pela lógica dos números, buscando mais um consenso numérico sobre a participação dos fiéis aos sacramentos do que o crescimento da fé consciente e coerente com as escolhas de vida. Talvez eu esteja exagerando, mas a verdade é que todos nos preocupamos em buscar um consenso que não nos deixe ficar sozinhos, também quando afirmamos nossas ideias e nossos valores. Certamente os números têm sua importância numa democracia, e é correto que se busque criar uma maioria acerca dos valores que compartilhamos. Porém, Deus nos convida, antes de tudo, a combater de maneira justa, sem medo de estar entre a minoria.

22 de maio

"Não fiques com medo, pois contigo está Iahweh teu Deus, que te fez subir da terra do Egito" (Dt 20,1).

Quem não conhece o Senhor como seu Deus, como aquele que de algum modo o fez experimentar o abandono de vários tipos de escravidão, terá dificuldade para compreender uma frase como esta. Mas pode confiar em alguém que viveu essa experiência de libertação. O povo de Israel é testemunha disso, como de tantos outros passos bíblicos, mas esse testemunho nos dão ainda hoje muitos fiéis que se puseram seriamente em busca de Deus e o conheceram concretamente na pessoa de Jesus Cristo. Tiveram experiências de escuta e de meditação da Palavra de Deus e de vivência de celebrações, de oração e de concretude de caridade, de silêncio e de alegre fraternidade, de conhecimento de si mesmos e de encontro com o próximo. E através dessas experiências, puderam compreender a dimensão de sua escravidão, entregá-la a Cristo e receber dele a libertação. Tudo isso lhes aconteceu não agindo sozinhos, mas como Igreja, povo de Deus a caminho pelas estradas do mundo. Com frequência nos dizem sobre a Igreja tantos despropósitos, sublinhando também seus inegáveis aspectos negativos, mas sem tê-la jamais percebido como a companhia confiável que nos leva ao encontro do Salvador. Desejo-lhe que possa viver plenamente a experiência de Igreja, porque, lá onde duas ou mais pessoas estiverem reunidas em nome de Jesus, Deus também está. Você poderá então dizer que não tem medo algum, nem dos males que estão fora nem daqueles que estão dentro de você.

23 de maio

> "Não vos rebeleis contra Iahweh nem tenhais medo do povo daquela terra" (Nm 14,9).

Certa vez, uma mãe veio dizer-me que tinha um filho rebelde. Aquela mulher não conseguia educar o filho e não sabia mais o que fazer em relação a ele. Descobri que seu marido, um militar, era muito rígido no relacionamento com o filho, com quem falava somente em termos de regras, deveres e obrigações. Enfim, esse pai bancava o general em casa. Regras são úteis, sobretudo no contexto atual, mas é evidente que se um filho, ao invés de ter um pai tem um tirano, facilmente se torna rebelde. A rebelião é sempre reação a uma opressão. Quando um povo é oprimido por um regime autoritário, cedo ou tarde se revolta e explode uma guerra civil sanguinolenta e com efeitos devastadores. Lembro-me dos vários países nos quais, geralmente iniciadas pelos jovens, houve rebelião contra governos ditatoriais e exigiu-se democracia e liberdade. Foram rebeliões positivas, algumas das quais reprimidas com muito sangue. Mas às vezes alguém é rebelde devido a opressões de natureza interior, provocadas não por um tirano, mas por um mal-estar e por medos pessoais. Quando alguém se rebela contra Deus, erra não porque tenha ousado levantar a voz contra ele, mas porque não o considera por aquilo que é, ou seja, um Pai que, na verdade, nos torna livres. O indivíduo só é livre se for libertado por um libertador. O rebelde precisa de um aliado. E Deus é o melhor aliado que alguém pode ter. Não tenha medo!

24 de maio

"Não temas. Crê somente, e ela será salva" (Lc 8,50).

Eu já falei de Jairo, o chefe da sinagoga que foi a Jesus pedir-lhe que salvasse sua filha única, de doze anos de idade. Enquanto iam a caminho, vieram avisar Jairo que sua filha havia morrido. Nessa situação, Jesus disse a Jairo que tivesse fé, que não se desesperasse. De fato, Jesus ressuscitou aquela menina e devolveu-a viva a seus pais. No entanto, muitas crianças, apesar da grande fé de seus pais, morrem e são subtraídas bem cedo do afeto de seus familiares. Basta dar uma volta pelo setor de oncologia pediátrica dos hospitais para perceber isso. Quero contar a você um episódio em que a fé de uma mãe realmente salvou o filho da armadilha letal da droga. Esse garoto estava em situação de desespero, toxicodependente e soropositivo. Ninguém, nem mesmo a família, acreditava em sua recuperação. Em um abismo profundo, vivia pelas ruas à espera de mais uma dose de heroína que o levaria à morte. Entretanto, a mãe não desistiu de acreditar no milagre de sua recuperação. Continuava a rezar e a ter fé em Deus, até o último instante de sua vida. E o milagre aconteceu, quando aquele jovem, inesperadamente, logo depois da morte da mãe, decidiu pedir ajuda e ser internado numa comunidade de recuperação para toxicodependentes. A grande fé de sua mãe levou-o a acreditar no Evangelho da vida e a receber a salvação de Cristo.

25 de maio

"Em Deus eu confio: jamais temerei!" (Sl 56,5).

Na era da comunicação digital, em que predominam as imagens, a palavra escrita está notavelmente redimensionada. Livros e jornais são pouco lidos, pois a palavra escrita é deixada de lado. Na televisão e no rádio, a palavra tem ainda sua importância, porque apresentadores e repórteres falam de modo agradável. Também na música a palavra ainda tem relevância. O problema é que, num palavreado sutil e agradável, pode não haver nada de concreto. Algumas vezes, raramente, há também um falar elegante e requintado, mas nem sempre nesse falar erudito há algo de valor. Poucas vezes as palavras veiculam ideias, valores e promessas. Sim, promessas! Antigamente se usava a expressão "ser pessoa de palavra" para indicar a atitude de quem era capaz de cumprir o prometido, a palavra dada.

Naquele tempo já distante, para fazer um acordo não era preciso assinar um contrato, bastava a palavra dada. Hoje, com frequência, nem mesmo os contratos assinados e registrados são cumpridos, o que torna realmente difícil confiar em alguém e esperar a realização das promessas feitas. E isso acontece em todos os âmbitos, do futebol ao matrimônio. A frase que hoje comentamos nos diz que podemos louvar a Palavra de Deus, pois é palavra que realiza aquilo que significa. Deus mantém a promessa contida na sua Palavra. Não tenha medo!

26 de maio

> "Não temais! Eis que vos anuncio uma grande alegria, que será para todo o povo" (Lc 2,10).

Hoje a Igreja comemora um grande santo, um dos meus preferidos: São Filipe Néri. Ele é considerado o santo da alegria. Dedicou-se com grande paixão aos pobres e jovens, criando para eles, entre outras coisas, os oratórios, nos quais se ofereciam brilhantes lições espirituais, acompanhadas de música e canto, e desenvolviam-se obras de caridade. E tudo isso marcado por um contagiante espírito de alegria. Essa alegria de São Filipe não estava ligada ao seu caráter jocoso e simpático, mas a uma felicidade que lhe foi concedida como dom por Deus e ao qual ele teve acesso após um longo e fatigante caminho de busca vocacional. De fato, foi ordenado aos 36 anos, em 1551, o que naquele tempo era considerada uma idade avançada. Filipe cantava a alegria da fé, anunciando aquele amor que lhe tinha literalmente irrompido no coração. Quando cada um de nós se deixa contagiar pelo amor de Deus, não pode senão experimentar alegria em estado puro. E então sente necessidade urgente de envolver também os outros nesse círculo virtuoso que impulsiona continuamente para Deus e para as pessoas. O serviço em prol dos pobres, a generosidade, a humildade, a alegria, o cuidado com os jovens e com os que estavam longe de Deus eram atitudes que, em Filipe, brotavam da sua íntima relação com Deus e da sua fé na ressurreição. Ele repetia sempre a palavra "Paraíso", com a alegria de quem sabe que essa palavra exprime uma realidade. Se você não tem fé, assim mesmo eu lhe anuncio uma grande alegria: o paraíso existe!

27 de maio

> "Conserva-te afastado do homem que tem o poder de matar,
> e não experimentarás o temor da morte" (Eclo 9,13).

"Afaste-se das más amizades." Era o que minha mãe me repetia com frequência. Ela fazia bem em dizer-me isso, porque, de fato, sobretudo na adolescência, corre-se o risco de deixar-se arrastar por certas amizades perigosas. Nesse período da vida, um amigo pode exercer grande influência na nossa personalidade, muito maior do que a que recebemos de familiares. Eu me pergunto o que teria sido da minha vida se, quando menino, eu não tivesse um amigo como o que tive e que será sempre meu melhor amigo. No ensino médio, eu poderia ter outros amigos, também aqueles que depois percorreram o caminho do mal, da droga e da delinquência. Mas, graças a Deus, tornei-me o que chamam de "um bom menino". Eu ia bem na escola e era educado. Esse amigo e eu nos tornamos uma dupla exemplar e continuamos a nos ver mesmo depois, quando fomos para escolas diferentes. Nossa amizade foi sempre equilibrada, jamais fechada e sufocante, mas aberta também aos outros. Nós nos divertíamos, mas não faltavam conversas sobre coisas sérias. Certa vez, caminhando pelo centro da cidade, comentávamos sobre o mau comportamento de muitos de nossos colegas e dizíamos: "Quem é diferente: nós ou eles?". Hoje posso dizer com certeza que nossa amizade nos tornou melhores. A ele, neste dia de seu aniversário, vai o meu agradecimento.

28 de maio

> "Vós que temeis o Senhor, tende confiança nele, e a recompensa não vos faltará" (Eclo 2,8).

Aquele que teme a Deus não tem medo dele, mas o reconhece como seu Criador. Como criaturas que somos, sabemos poder confiar nele, na sua proteção e misericórdia. No momento de provação, confiamos nele, com a certeza de que nos ajudará de alguma forma. Conheço um homem que, na juventude, não temia a Deus e confiava apenas em si mesmo. Conseguiu uma ótima posição profissional, comprou carros luxuosos, uma bela casa, casou-se com uma moça atraente e com ela teve filhos lindos e sadios. Na sua presunção, esse homem pensava poder desafiar o mundo e cometeu muitos erros, sendo o pior deles não escutar nenhum bom conselho. Ingrato com seus pais, não os respeitava e só fazia exigências. Deus não tinha lugar na sua vida. Até que um dia aconteceu uma desgraça. Perdeu tudo aquilo que havia conseguido com seus esforços. A mulher saiu de casa, seus negócios faliram, perdeu suas propriedades e teve de cuidar sozinho de seus filhos, em situação de pobreza. Nesse ínterim, seu coração finalmente se abriu para Deus. Começou a confiar nele. Essa conversão levou-o a ser humilde, a confiar na ajuda dos outros, a pedir e ouvir conselhos, sobretudo de seus irmãos, que muito o amavam. No momento mais difícil de sua vida, chegou a ajuda providencial de Deus e ele se reergueu. Por isso, coragem! Não tenha medo e confie sempre em Deus!

29 de maio

"Ficai em paz e não tenhais medo!" (Gn 43,23).

Quem vive em paz não teme nada. O medo é um sintoma que revela um estado interior de falta de paz. Quando nosso coração está em paz, significa que estamos equilibrados, isto é, não nos angustiamos com os acontecimentos, mas nos sentimos seguros e temos a sensação de poder enfrentar qualquer coisa. Esse estado de espírito é uma conquista pessoal, estreitamente ligada à nossa maturidade. Geralmente, com a experiência se adquire a consciência do que é realmente importante e são relativizadas muitas coisas que eram consideradas indispensáveis na adolescência. A inquietude costuma nascer da ausência de um ponto de referência, quando nos sentimos dominados pelo humor e pelas contingências. Com a maturidade deve-se compreender que tudo passa, tanto a alegria quanto as tristezas, as mudanças de humor e as coisas ao nosso redor. Tudo passa, exceto o essencial. E o essencial tem a ver com o eterno, com o Amor, com Deus. Se experimentamos o Amor dentro de nós, nosso coração fica em paz. Se comunicamos este Amor, nossos relacionamentos com os outros serão, em geral, pacíficos. Às vezes, os outros podem ser agressivos, mas nosso coração permanecerá em paz e não temerá tais ataques. Quando perdemos nossa estabilidade interior em virtude de um afastamento de Deus, começamos a temer os outros e, para nos defender, passamos a agir agressivamente também e o medo aumenta. Por isso, fique em paz com Deus e não temerá nada.

30 de maio

Não sucedeu o mal que temia (Tb 8,16).

Jamais apreciei os pessimistas e, quando topo com um deles, sinto desprazer. Um pouco porque sou otimista e um pouco pelo fato de achar estranho que um cristão possa ser pessimista. O Evangelho é uma Boa Notícia, e o discípulo de Jesus acredita no final feliz. Por isso, custa-me muito me reconhecer cristão quando começo a pensar negativamente no que possa acontecer, e não positivamente no que já existe. Por vezes, mesmo que objetivamente não haja motivos para sentir medo, tememos que o pior nos possa acontecer. Um amigo conhece outra pessoa e tememos perder sua amizade. Fazemos um prova, depois de estudar dia e noite, e tememos ser reprovados. No jogo de tênis, faltando um ponto, temos medo de perder a partida. Não recebemos notícias de uma pessoa querida que está viajando e tememos que lhe possa ter sofrido um acidente. Vemos um grupo de pessoas rindo e pensamos que é de nós. Escutamos alguma coisa que nos diz respeito e tememos um complô contra nós. Vemos um caroço em alguma parte de nosso corpo e tememos uma doença grave. Com frequência, é exatamente nosso comportamento pessimista que acaba gerando o mal que tememos. Se você confia naquele que nos mostrou que depois da morte não existe o nada, jamais temerá o pior.

31 de maio

"Não temas e não desanimes!" (Js 8,1).

Ultimamente tenho me defrontado frequentemente com pessoas que acabaram de descobrir que têm câncer. É difícil dizer alguma coisa nesses casos. Falar parece inútil e fora de lugar. Assim como é complicado consolar os parentes nos funerais de um jovem ou, pior ainda, de uma criança. Nesses momentos, as pessoas encontram-se literalmente abatidas, porque à dor se acrescenta o medo de não poder suportá-la. É fácil dizer: "Coragem! Não se deixe abater! Não tenha medo! Continue a lutar!". Quando não vivemos esse drama, quando não se sofre a dor lancinante, quando não se deve conviver com a certeza de ter apenas poucos meses de vida, é fácil falar. Quem sofre tem necessidade de consolo e de palavras de encorajamento das pessoas com as quais convive, mas há momentos em que nenhuma palavra humana é suficiente. Um homem doente veio procurar-me há alguns dias, dizendo-me que tinha necessidade de conversar. Procurou um sacerdote porque buscava a Deus. Queria uma palavra mais autorizada do que a palavra humana. Há momentos em que somente Deus pode dizer: "Não tenha medo, não se deixe abater!". Aquele homem queria sentir-se ainda vivo e desejava voltar a relacionar-se com o autor da vida. Eu não pude fazer outra coisa senão remetê-lo a Deus, indicando-lhe o caminho da oração. Quer você tenha fé, quer não, saiba que, nos momentos mais difíceis de vida, somente Deus poderá dar-lhe coragem.

JUNHO

1º de junho

> "Não tememos se a terra vacila, se as montanhas se abalam no fundo do mar" (Sl 46,3).

Eu tinha nove anos de idade quando fui pela primeira vez a Turim. Foi durante as férias de final de ano. Eu me lembro de três acontecimentos daquele dia, que ficaram impressos em minha memória: a viagem de carro, a partida de futebol entre Turim e Bolonha e o susto pelo terremoto. Para mim foram três grandes acontecimentos que jamais tinha vivido. Eu estava num apartamento, quando senti o tremor sob os pés. Vi o lustre oscilar e, pela primeira vez, tive medo de verdade. Todos descemos correndo pela escada, com o coração na boca e com muita confusão. Felizmente, não foi um tremor muito forte, mas experimentei uma sensação jamais vivida antes, a de sentir-me completamente vulnerável. Passei por outros terremotos durante a vida, mas felizmente sempre de modo muito leve, pois vivia longe da zona sísmica. Toda vez, porém, também depois de adulto, eu revivi aquela primeira experiência dos meus nove anos. Quando a terra treme sob seus pés, inevitavelmente voltará a sentir o medo como quando era criança. A terra é onde apoiamos nossa vida física, é a nossa segurança primária, sem a qual vacilamos e sentimos nossa extrema fragilidade. Entretanto, porquanto pequenos e frágeis em relação à grandeza dos montes, que também oscilam no fundo do mar, nós, seres humanos, podemos conquistar uma extraordinária estabilidade, porque Deus está dentro de nós.

2 de junho

"Meu temor não deverá intimidar-te" (Jó 33,7).

Eliú é um jovem que, no duelo dramático entre Deus e Jó, toma a defesa de Deus. Segundo ele, a desgraça de Jó teria sido causada pelos seus pecados, e Deus justamente o punia. Mas se você ler todo o livro de Jó, verá que não é assim. Jó é um homem justo, e Deus não quer absolutamente puni-lo. Eliú, portanto, mostra uma visão errada. Mas ele não é mau, apenas procura de boa-fé ajudar a Jó. Por isso, dá-lhe um conselho que lhe parece justo e que visa ao seu bem: "Meu temor não deverá intimidar-te", esclarecendo que não lhe quer fazer mal com sua argumentação. Eis que me vem à mente que, com certa frequência, tomamos essa mesma atitude quando alguém não aceita nosso pensamento, mas, ao contrário, o rejeita. Não suportamos que alguém nos diga que estamos errados, achamos que tem algo contra nós ou que não nos queira bem e que não nos ouve. A clássica afirmação acerca disso é: "Se você me ouvisse mesmo, me daria razão, porque entenderia as minhas motivações".

Ora, independentemente do fato de termos ou não razão, deveríamos sempre apreciar quem sinceramente procura ser objetivo conosco e não nos diz sempre sim. Você não deve temer aqueles que têm coragem de dizer-lhe aquilo que realmente pensam, de modo transparente. É melhor suspeitar daqueles que sempre lhe dão razão, pois talvez não o queiram bem de verdade.

3 de junho

"Tem ânimo, meu filho, os teus pecados estão perdoados"
(Mt 9,2).

Jesus disse esta frase a um paralítico levado por um grupo de amigos até ele, deitado numa maca. Vendo a fé daqueles homens, amigos ou parentes daquele paralítico, Jesus decidiu intervir, operando uma cura não somente física, mas principalmente interior. De fato, Jesus curou o corpo daquele homem para mostrar a todos que ele pode operar a cura das almas, fato esse que não é externamente verificável. A ele interessa, antes de tudo, a salvação da nossa vida interior, que frequentemente está doente a ponto de impedir a felicidade que tanto buscamos. E a salvação de que estamos falando se chama perdão. Eu sempre pensei o perdão como um "dom para", um ato de amor gratuitamente recebido a fim de poder doar amor aos outros; uma libertação daquela doença perigosa chamada egoísmo, para sermos capazes de viver reconciliados com nós mesmos e com os outros. Amados para amar, libertados para libertar, pacificados para pacificar, curados para curar. O dom do perdão é o único remédio que nos permite vencer certos tipos de doença invisíveis aos nossos olhos e, por isso mesmo, muito perigosos. Por isso, quando perceber ter descuidado demais da sua saúde interior, tome coragem e não consulte um clínico geral, mas o especialista da alma. Não tema o sacerdote. Na "sala de cirurgia", Jesus precisa de um assistente.

4 de junho

"Não temais, animais do campo! Porque reverdeceram as pastagens da estepe" (Jl 2,22).

Quando eu era bem pequeno, lembro que em casa tínhamos um cachorrinho. Ele fazia parte da família e era muito bem tratado por todos nós. Brincávamos com ele, dávamos comida e banho para mantê-lo limpo. Enfim, era o clássico bicho de estimação do qual os donos cuidam bem. Às vezes eu pensava como ele era sortudo por estar conosco, porque não lhe faltava nada, diferentemente dos vira-latas que tantas vezes encontrava pela rua. Esses cães me davam medo, porque, amedrontados e abandonados numa vida certamente sofrida, eram agressivos. De vez em quando acontecia de encontrar um deles morto na rua, de fome ou atropelado por um carro. Só mesmo uma sociedade incivilizada é capaz de abandonar os animais pela rua. Depois penso que nas ruas, nessas mesmas condições, morrem também pessoas, e isso deveria causar-nos muita tristeza. Se as pessoas não são capazes de cuidar umas das outras, imagine se vão se importar em abandonar um cachorro na rua! No entanto, nosso Criador provê as necessidades primárias de suas criaturas. Basta pensar nos animais selvagens que vivem nas florestas ou nas matas. No seu hábitat natural, encontram sempre o que comer. Também a nós humanos não falta o essencial. Temos terra em abundância, sol, água, mar, animais e plantas. Se alguém morre de fome, alguma coisa está errada.

5 de junho

> "Se contra mim se acampar um exército, meu coração não temerá" (Sl 27,3).

Em junho de 1989, na China, um rapaz desconhecido teve coragem de enfrentar, sozinho e desarmado, uma fila de tanques do exército durante um protesto na praça Tienanmen, em Pequim. Essa foto rodou o mundo inteiro, e aquele jovem tornou-se símbolo da indignação contra a tirania. Quando alguém carrega no coração o propósito de seguir a verdade e atingir objetivos justos, encontra em si mesmo coragem e força extraordinárias, que levam até mesmo a dar a própria vida. Aquele jovem foi condenado à morte pelo governo chinês por causa daquela atitude, mas vive ainda na minha lembrança, assim como tantos outros. Certamente se pode dizer que é uma das pessoas que mudaram a história do século XX. Em função do ateísmo do Estado chinês, aquele rapaz provavelmente não acreditava em Deus, mas estou certo de que sua luta pacífica pela liberdade foi abençoada por Deus. Penso em tantos outros jovens cristãos que dizem ter fé, mas vivem abrigados em seu ninho. Em relação àquele jovem chinês, deveria haver uma manifestação a mais graças à fé em Jesus Cristo, o maior especialista em revoluções pacíficas. Penso, porém, também nos muitos jovens, leigos ou consagrados, que em nome de Cristo ofereceram e continuam a oferecer a vida pela promoção da dignidade do ser humano. Espero que você tenha um ideal para levar adiante, pacificamente, também perante um exército. Nesse caso, que Deus esteja com você! E que seu coração não tenha medo!

6 de junho

"Não temas este carrasco!" (2Mc 7,29).

Uma mãe pronunciou esta frase para o último dos seus sete filhos, após ter visto morrer os outros seis. Isso devido à violência do sanguinário e perseguidor rei Antíoco, que os matou por se recusarem a transgredir a lei do Senhor. Essa mãe poderia ter salvado a vida do filho mais jovem, se o tivesse convencido a aceitar o compromisso com o tirano. Os dois ainda se teriam enriquecido e teriam uma vida cômoda.

Mas, como tinha feito com os outros filhos, também a ele essa mulher corajosa teve coragem de aconselhar o caminho da fidelidade a Deus até a morte. Antíoco matou primeiro o filho, depois a mãe. Porém, não foi o vencedor. Neste momento, ocorre-me espontaneamente comparar a mãe dos sete filhos macabeus, de que fala a Bíblia, com tantas mães de hoje. É claro que não quero generalizar, nem pretendo que todas as mães tenham coragem do martírio. Contudo, ver certas mães que aconselham seus filhos a condescender com compromissos escusos em troca de dinheiro e notoriedade, creio que seja preocupante. Há mães e pais que não veem problema algum se a seus filhos for pedido algo imoral, contrário à dignidade da pessoa. Diante da oportunidade de um bem-estar futuro a seus filhos, sentem-se no direito de não revelar quaisquer compromissos degradantes. Basta percorrer as seleções dos vários concursos de beleza ou as quadras de esporte dos times juvenis. Exagero? Oxalá fosse!

7 de junho

"Mantendo os meus passos, meus pés não vacilaram nas tuas pegadas" (Sl 17,5).

Caro leitor, a este ponto de nossas considerações você poderá dizer que, não obstante os constantes conselhos para não ter medo, e embora busque estar sempre seguindo a Deus, o medo desaparece por pouco tempo, mas sempre volta. Isso acontece quando não seguimos a Deus com firmeza.

Também aquele que caminha na fé há muito tempo, de vez em quando, se arrisca a perder de vista Jesus, mestre e guia, e se deixa levar por outros caminhos. Acontece mais ou menos como numa trilha na montanha, quando alguém decide ir por um percurso diferente do indicado pelo guia. Certa ocasião, também tive a pretensão de fazer um caminho diverso daquele traçado pelo guia. Muito rapidamente me deparei com um perigoso precipício. Senti medo e tive grande dificuldade para retornar ao grupo, que a essa altura eu já tinha perdido de vista. Se você crê, saiba que não basta dizer que tem fé para não sentir medo. Deve permanecer firme na fé. Seguir a Jesus de vez em quando não adianta nada. Você deve escolher permanecer no seguimento de Cristo, conhecê-lo sempre mais, rezar todo dia e não somente quando tem vontade, receber os sacramentos com regularidade, aprofundar os conteúdos da fé, ouvir os ensinamentos dos seus pastores. Entretanto, se você não crê, saiba que ser cristão é coisa séria, para gente humilde e fiel. Se quiser seguir Jesus e não ter mais medo, jamais saia de seu caminho, mesmo quando ele se tornar difícil.

8 de junho

> "Não vos espanteis! Procurais Jesus de Nazaré, o Crucificado. Ressuscitou, não está aqui" (Mc 16,6).

Quando um peregrino cristão vai a Jerusalém, deseja visitar a igreja do Santo Sepulcro, onde se encontra o túmulo em que foi sepultado Jesus. O túmulo está vazio, e isso indica que é preciso buscar Jesus noutro lugar. O cristão sabe que Jesus ressuscitou, está vivo, e que pode encontrá-lo nos sacramentos, em qualquer parte do mundo. Há muitos anos minha vida é marcada por contínuos deslocamentos. Já mudei de cidade, de casa, de paróquia, e sempre sinto a alegria de estar com o Senhor em lugares diferentes. Sei que, em qualquer lugar aonde eu vá, sempre haverá um pedaço de pão, a Eucaristia, diante da qual posso ajoelhar-me para desfrutar da presença do Ressuscitado. Sei que, em qualquer lugar onde esteja, poderei sempre ouvir a viva voz do Senhor através do Evangelho. Sei que, em qualquer comunidade eclesial a que for enviado, encontrarei a presença viva de Cristo. Não tenhamos medo das mudanças de casa, de trabalho, de cidade, de comunidade. Deus não está somente no lugar onde você nasceu e cresceu, nem somente no lugar ao qual você está ligado afetivamente. Muitos jovens descobrem essa maravilhosa realidade nos encontros das jornadas mundiais da juventude, durante os quais eles partilham a alegria da fé com seus coetâneos procedentes de todos os continentes. Se seguir Jesus, ele estará sempre com você em qualquer parte e se sentirá bem em qualquer lugar aonde for, mesmo onde nunca esteve antes.

9 de junho

"Descansarás sem temor, e, deitado, o sono te será suave" (Pr 3,24).

"Depois de uma boa noite de sono, você verá como seus problemas passarão." Esta frase me foi repetida muitas vezes, sobretudo no meu tempo de criança, quando me assustava por alguma coisa. De fato, uma boa noite de sono me fazia esquecer o medo. Também depois, quando adulto, muitas vezes experimentei que dormir bem me recuperava não só fisicamente, mas também do ponto de vista psicológico e espiritual. Quando o corpo está cansado, também o psíquico e o espiritual se ressentem. Essa situação se complica quando você se deita com a intenção de dormir bem e, ao contrário, não consegue conciliar o sono ou tem um sono agitado. Por vezes, pode até acontecer de ter medo de ir dormir. Não sei se já aconteceu a você de deitar-se à noite, começar a pensar em problemas e, sem conseguir dormir, se percebe sozinho consigo mesmo e com seus medos. Se está muito cansado fisicamente, também pode acontecer de, repentinamente, acordar com o coração batendo forte e com tanto medo que chega a pensar que sofrerá um infarto. Pode ser que uma situação como essa jamais tenha acontecido com você, mas imagino que também já tenha experimentado algum medo de dormir, se não por outro motivo, ao menos por medo do escuro. Saiba, contudo, que se você estiver em paz com Deus, seu sono será sempre doce.

10 de junho

"Não tenha medo diante deles" (Dt 7,21).

Há um momento durante o ano em que todos os estudantes têm de enfrentar as provas semestrais ou finais. Penso naqueles que o fazem pela primeira vez, sobretudo se for uma prova importante. Durante a semana anterior, eles se dedicam com afinco, se preparam. Fechados em casa, estudam intensamente até tarde da noite, enquanto cresce neles o medo. Enfim, chega o dia tão temido, quando a tensão está no auge. Já na universidade, lembro-me bem do dia, do momento fatídico de encontro com a banca examinadora, composta dos professores já conhecidos, mas que naquela ocasião nos pareciam vilões terríveis, que tinham como principal objetivo meter medo em mim e nos meus colegas. À medida que as provas iam se sucedendo, trocávamos informações sobre os professores mais temíveis, o que só fazia crescer nosso medo. Em dado momento, aprendi que a melhor coisa a fazer é ficar sozinho, talvez rezar e colocar nas mãos de Deus todo o esforço da preparação para as provas, rogando pela paz necessária para enfrentá-las. Se você estudou, fez o possível para se sair bem e tem o Senhor a seu lado, não tenha medo. O importante não é saber tudo, mas ter se empenhado o máximo possível. Então poderá dizer com serenidade: "Senhor, seja feita a tua vontade".

11 de junho

"Sede fortes e corajosos!" (2Sm 13,28).

Hoje, dois jovens que conheço há tempos se casaram. A missa foi muito bonita e participativa. É comum que as celebrações dos matrimônios sejam um pouco "frias", porque há pouca participação dos convidados, que muitas vezes não são frequentadores habituais dos sacramentos. Mas hoje se percebia que o matrimônio envolvia não apenas um rapaz e uma moça que seguiam um caminho de fé, mas toda uma comunidade reunida para dar graças ao Senhor. Foi um lindo dia de festa. E também um belo testemunho de coragem para quem não crê no sacramento do Matrimônio. Meu desejo para este casal, para todos os jovens que decidem unir-se pelo vínculo indissolúvel do matrimônio e para todos os casais que sinceramente querem dar esse passo, mas têm medo, é: "Sejam fortes e corajosos!". É preciso coragem para casar-se, e mais ainda para continuar casados. É preciso ser forte para permanecerem fiéis às promessas feitas em alguns segundos. O "sim" dito em um átimo deve depois ser construído em um "sim" cotidiano que dura a vida toda. A todos os jovens casais desejo que sejam fortes e, portanto, fracos. Cara esposa, se quer ser forte, não siga o mito da Mulher-Maravilha perfeita, mas permita que seu marido a proteja. Caro marido, se quer ser forte, não tente dominar sempre, mas demonstre à sua mulher também a sua fragilidade. Assim, ambos se sentirão encorajados!

12 de junho

"Contanto que peça com fé, sem duvidar, porque aquele que duvida é semelhante às ondas do mar, impelidas e agitadas pelo vento" (Tg 1,6).

O que precisamos pedir com fé, sem hesitar? A sabedoria! Ou aquela prudência que não advém apenas com a idade e pelas experiências da vida, mas diretamente de Deus. Uma pessoa pode tornar-se sábia com o próprio esforço, mas não pode tornar-se sapiente sem a intervenção de Deus. A sabedoria é a capacidade de compreender que tudo o que não vem de Deus é vão. É a humildade de quem busca observar o mundo com os olhos do Criador. É a inteligência de quem quer adentrar a realidade para compreender-lhe a origem, mas sabe que, para ir até o fim, deve confiar em Deus, a inteligência superior que se abre para o infinito. É aquela atitude que nos permite entrar na lógica de Deus para dar sentido pleno à própria existência, também àquelas realidades que humanamente não têm sentido. É ainda um dom de Deus para nossa felicidade. Enfim, é uma Pessoa: Jesus Cristo. Não hesite em pedir esse dom, não tenha medo de acolher com fé a Jesus, de conhecê-lo e amá-lo. Muitas pessoas, em relação a Jesus Cristo, são como as ondas do mar, movidas e agitadas pelo vento. Em certos aspectos, são fascinadas por ele e pelo seu ensinamento, mas sabem pouco acerca dele. E do pouco que sabem, colhem apenas aquilo que lhes convém. Muitos hesitam, não confiam, têm medo de perder alguma coisa, se aderirem plenamente a Cristo, como se isso fosse contrário à própria liberdade. Não tenha medo, busque a sabedoria, peça com fé esse dom e todas as suas qualidades humanas serão aperfeiçoadas.

13 de junho

> "Sê firme e corajoso, porque farás este povo herdar a terra que a seus pais jurei dar-lhes" (Js 1,6).

Neste versículo, Deus encoraja Josué, de quem se serve para fazer o povo de Israel entrar na terra prometida. Deus o encoraja porque a missão que lhe foi confiada não é nada fácil. Consignar a alguém um dom prometido é um encargo difícil e de grande responsabilidade. Penso nos ministros de um governo que devem cumprir as promessas feitas pelos líderes políticos a seu povo. Eles estão obviamente sob a observação e a mira da crítica de todos. Também os ministros de Deus com certeza estão sob observação, porque são chamados a realizar seu serviço no respeito à promessa que Deus fez a seu povo, ou seja, a vida eterna. O sacerdote, não por mérito próprio, distribui a graça de Deus através dos sacramentos. É essa a sua principal missão. Talvez estejamos habituados a ver na televisão muitas cenas fictícias de padres que fazem de tudo, desde ofício de detetive até o de assistente social, menos o ofício de sacerdote. O mundo, talvez, prefira isso, mas tem necessidade da graça de Deus. Nós sacerdotes somos chamados primeiramente a celebrar bem a Santa Missa, a pregar o Evangelho, a oferecer o perdão de Deus no sacramento da Reconciliação, a levar o conforto aos doentes e aos moribundos, a ajudar as almas a se encontrarem com o Senhor Jesus para experimentar a mesma vida de Deus. Hoje, querido leitor, se me permite, dirijo este convite a nós, sacerdotes, para que não tenhamos medo de ser aquilo que somos.

14 de junho

> "No mundo tereis tribulações, mas tende coragem: eu venci o mundo!" (Jo 16,33).

Em certos momentos, é preciso mesmo coragem para viver. Penso num pai de família que deve lutar cotidianamente com um mundo que não lhe garante um trabalho com que possa sustentar seus filhos. Penso num jovem que, apesar de todos os seus estudos, não consegue encontrar emprego nem fazer projetos para uma vida futura. Penso num idoso que tem de enfrentar sozinho seus problemas de saúde, sem a proteção dos entes queridos. Penso num divorciado, que diariamente precisa encarar o próprio fracasso afetivo. Penso num filho que não consegue ter uma relação serena com os pais separados. Penso numa mulher abandonada pelo marido, no momento em que descobre ter uma doença grave. Penso em quem vive nas ruas e não sabe como conseguir dinheiro para comprar alguma coisa para comer. Penso em todos aqueles que, esmagados pelas tribulações deste mundo, não conseguem esperar um futuro melhor. Penso em todos que perderam o gosto pela vida e não encontram mais força para ir adiante. Neste mundo há muito sofrimento e injustiça perante os quais nos sentimos impotentes. Hoje o Senhor nos convida a ter esperança, a não temer o mal deste mundo, porque ele já o venceu com seu amor. Diante das tribulações dos outros, tenhamos coragem de doar-nos por amor, porque cada um de nós é a resposta de Deus às necessidades alheias.

15 de junho

> "Perseguireis os vossos inimigos, que cairão à espada diante de vós" (Lv 26,7).

Esta frase é uma das bênçãos que Deus dirige a seu povo e está inserida no final do livro do Levítico. À luz dos ensinamentos de Cristo, sabemos que somos chamados a amar nossos inimigos, e não a persegui-los e matá-los. Portanto, não podemos interpretar esse versículo ao pé da letra. Em que consiste, pois, esta bênção? Deus nos convida a não ter medo dos nossos inimigos, os quais caem por terra se nós os perseguirmos corajosamente com a espada do amor. A bênção de Deus equivale à promessa de que não teremos mais inimigos, mas estaremos em paz com todos. Diante do amor, a inimizade esvaece, assim como a vingança e o ódio. Enfim, não é preciso fugir dos inimigos, mas sim enfrentá-los sem medo, com a determinação de quem sabe que tem consigo a arma mais poderosa de todas, que é o amor de Deus. Outro convite que encontro nesse versículo é o de combater os inimigos interiores: os pecados, os vícios, os medos, os sentimentos de culpa, os remorsos, os rancores, as ansiedades, as inseguranças, as dependências, as falsidades, os desvalores, os projetos e pensamentos contrários ao bem. Também a esses inimigos podemos perseguir com determinação e afugentá-los com a espada do amor de Deus. Quem são seus inimigos? Coragem! Deus o abençoa se você observar seus mandamentos e colocá-los em prática. Experimente viver assim, tal como Jesus nos convida no Evangelho, e verá que todo inimigo desaparecerá.

16 de junho

"O Senhor nunca renuncia à sua misericórdia" (Eclo 47,22).

Certa vez, durante um momento de oração, eu estava sentado no fundo da igreja, para atender à confissão. Um jovem se aproximou para fazer-me uma pergunta, mas foi logo dizendo: "Olha, eu não pretendo confessar-me, viu?". Por trás desse pedido, percebi que havia um desejo de confessar-se e de receber o perdão, ainda que aquele jovem não entrasse numa igreja havia muitos anos. Porém, havia ali também o medo de ser condenado. Começamos a conversar e o seu coração, muito devagarzinho, foi-se abrindo para a misericórdia de Deus. No final, sentiu-se feliz por receber a absolvição de seus pecados. O medo de confessar-se não é apenas daqueles que estão longe dos sacramentos por muitíssimo tempo, mas às vezes é também dos praticantes que julgam não merecer o perdão de Deus por algum pecado do qual se envergonham. Deus jamais recusa seus dons, a começar pelo seu amor por nossa miséria. De fato, Cristo morreu não por causa dos nossos méritos, mas sim pelos nossos pecados. Deus não nos ama apenas quando somos bons. Ele nos ama sempre como somos, ama até mesmo nossas misérias humanas. Não tenha medo, então! Deus não o condena se você se voltar para ele com o peso dos seus pecados, mas alegra-se e festeja com você e com todos os anjos do paraíso.

17 de junho

"Não deixes mal nenhum me dominar" (Sl 119,133).

Muitos casos são submetidos aos exorcistas, mas raríssimas vezes acontece de a pessoa estar realmente possuída pelo demônio. Entretanto, a despeito dos casos extraordinários, todos podemos estar sob o domínio do mal muito mais do que possamos imaginar. Um mal nos domina quando nos bloqueia, nos impede de dirigir nossa vontade para o bem e nos condiciona a ponto de não enxergarmos mais o lado positivo. Por exemplo, quando um vício se enraíza em nós, temos muita dificuldade de nos livrar dele. Você sabe que há escravidão e dependência de diferentes gêneros. Não existe só a dependência do álcool ou de droga, mas também a dependência do videogame, da pornografia, da internet e das redes sociais. Há também a dependência afetiva, que abrange todos os relacionamentos vividos de maneira não livre e libertadora, mas de forma doentia. Eu diria mais: há aquelas pequenas atitudes pessimistas que denotam um domínio do mal e não do bem sobre nós. Por exemplo, há dias em que uma simples dor de cabeça pode condicionar tudo o que fazemos e nos leva a ter uma atitude negativa. Com frequência, uma preocupação domina de tal forma nossa mente, que nos faz esquecer as mil coisas lindas que vivemos. Se nos deixamos dominar por tantas coisas às vezes até banais, por que temos tanta dificuldade de deixar que Deus seja o nosso *Dominus*, o Senhor? Deixe que ele seja o Senhor da sua vida e você não terá mal algum a temer!

18 de junho

"Não abandonarás minha alma no Hades" (At 2,27).

Os cristãos, se forem conscientes do credo que professam, sabem que podem contar com uma certeza: Cristo desceu aos infernos. Essa verdade de fé é geralmente subestimada, apesar da sua grande importância. O Filho de Deus, no humilde rebaixamento da sua condição divina para a condição humana, aceitou fazer-se homem como nós e, mais ainda, a fazer-se nosso servo, a ponto de morrer na cruz. Nessa sua descida, Cristo não se deteve, mas foi levado a tocar o fundo dos infernos a fim de libertar todos que ali se encontravam. Exatamente por isso podemos dizer que a salvação trazida por Cristo ao mundo é para todos. Também para o último dos últimos, o mais pecador dos pecadores, existe a esperança de não ser deixado no abismo do desespero. Todos têm a possibilidade de levantar-se, erguer-se e salvar-se, se deixarem-se tomar pela mão de Cristo. Há muitas pessoas que podem dar testemunho, ainda hoje, de sua experiência de libertação dos infernos. Penso, por exemplo, nos muitos jovens libertados do abismo das drogas, porque foram tocados pelo amor de Cristo. Mas cuidado! Não é preciso chegar necessariamente ao fundo dos infernos, situação extrema, para receber a salvação. Em que consistem seus "infernos"? Na solidão? Na falta de confiança em si mesmo? Na preguiça? Na derrota? No medo? Não tema! Deus não o abandona jamais!

19 de junho

"Não temais a injúria dos homens" (Is 51,7).

Se fizermos uma avaliação dos atuais programas de televisão, parece-me, sem exagero, que a maioria das transmissões é um insulto à inteligência do telespectador. Nos vários *talk shows*, muitas vezes o insulto não é somente tolerado, mas decididamente programado. Há personagens que, francamente, construíram sua popularidade sobre a agressão verbal e são convidados por vários programas em vista da audiência. Lamentavelmente, esse modo de agir está se disseminando cada vez mais. Sentimos dificuldade em debater certos pontos de vista com a família, entre os amigos, no trabalho, na escola ou na rua. As pessoas se ofendem com extrema facilidade. No ônibus ou no metrô, veem-se cenas de agressividade, desde a falta de educação para com os mais velhos, até o insulto gratuito por uma incompreensão banal. Com frequência, reage-se a uma ofensa atacando de maneira ainda mais agressiva. Também Jesus foi insultado após sua prisão. Foi zombado e humilhado durante o caminho para o calvário, pelas ruas de Jerusalém. Foi ofendido em sua dignidade. Sua reação foi o silêncio, aquele de que é capaz quem não tem medo, silêncio que grita mais alto do que o berro. Jesus não temeu os insultos porque trazia em seu coração a aprovação do Pai, não a das pessoas. Aprendamos, nós também, a comportar-nos como o Senhor Jesus. Não tenhamos medo dos insultos de ninguém. Preocupemo-nos mais em agradar a Deus.

20 de junho

> "Para afastar de mim sua vara e rechaçar o medo de seu terror" (Jó 9,34).

Jó era um homem justo, que, perante uma situação desastrosa da vida, não aceitou considerar a Deus como um patrão que aterroriza seus escravos, que promete punição exemplar como consequência dos erros deles. Jó não aceitou a teoria da retribuição, segundo a qual Deus distribuiria prêmios ou condenação, conforme o bom ou o mau procedimento das pessoas. Para Jó, não existe necessariamente uma relação de causa-efeito nos acontecimentos da vida. Por exemplo, não é preciso explicar o sofrimento de alguém como efeito de seus pecados. Jó recusou-se a considerar sua desgraça como pena enviada por Deus por causa de eventuais culpas suas. Ao contrário, quis entrar em diálogo com Deus, a partir de seus sofrimentos. Buscava em Deus não um patrão a ser temido, mas um Pai com o qual poderia desabafar e buscar consolo. Ainda hoje são muitos os que pensam que é Deus quem envia sofrimentos. Quando descobrem uma doença, fazem-se a clássica pergunta: "Por que eu? Que fiz de errado para merecer isso?". Quando estiver doente, busque em Deus não um inimigo com o qual você tira satisfação, mas um aliado com o qual partilhar sua dor. Não busque forçosamente uma resposta para tudo. Na vida há coisas que você não saberá explicar e que não poderá sempre atribuir a Deus. Não fique bloqueado na armadilha de sua lamentação. Vá em frente!

21 de junho

"E habitastes em segurança" (1Sm 12,11).

Assisti outro dia a uma entrevista com alguns sobreviventes do terremoto que houve em Abruzzo, na Itália, em 2009. Pelas palavras deles, compreendi que a dor que sentem jamais desaparecerá de suas almas. Dor por tudo a que assistiram com os próprios olhos ao verem ruir suas casas, por aquilo que tiveram de suportar ao se encontrarem em meios aos escombros e pelo pesar de haver perdido seus entes queridos. Falaram do sentimento de culpa que surge ocasionalmente, dos pesadelos que os fazem acordar no meio da noite assustados e da sensação de vazio que jamais será preenchida. Entretanto, percebi neles uma paz interior e uma tranquilidade que, em geral, não se encontram em quem nunca sofreu uma desgraça desse tipo. Ao dizer isso, não quero parecer insensível nem desrespeitoso perante a dor dessas pessoas. Simplesmente percebo como o sofrimento sentido na própria pele, vivido de certo modo com dignidade e com fé, pode levar as pessoas não ao desespero ou à raiva, mas a uma serena atitude construtiva perante os percalços da vida. Naqueles sobreviventes pude perceber, enquanto ouvia seus testemunhos, a força e a sabedoria de quem quer seguir a verdade e a justiça, em relação à responsabilidade pelos desabamentos e pelas vítimas que se podiam e se deviam evitar. E isso, eles o faziam com uma admirável serenidade. Não tenha medo! A tranquilidade é uma conquista sempre possível.

22 de junho

"Tranquiliza-te. Ele está bem" (Tb 10,6).

Esta frase foi dita por Tobit a Sara, sua mulher, que estava preocupada com a sorte do filho em viagem. Tobit também estava preocupado, mas não conseguia suportar a dor de sua mulher, envolvida em pensamentos negativos que a levavam a ver diante de si somente o pior, a morte do filho. Na realidade, Tobias estava muito bem, apenas atrasado com o cronograma da viagem que estava fazendo, devido a um imprevisto feliz. Você sabe, o livro de Tobias foi escrito há cerca de 2.200 anos, e naquele tempo não havia os meios de comunicação atuais. Hoje bastaria que Tobias enviasse um SMS para tranquilizar sua mãe. Entretanto, também em nosso tempo, e talvez mais do que naquele tempo, os pensamentos negativos assaltam a mente de muitas pessoas. De vez em quando, é aconselhável dizer a nosso cérebro: "Cale-se!". É claro que é bom pensar, mas, quando os pensamentos são exagerados, a ponto de fazer-nos perder todo contato com a realidade, é preciso dar um basta! Existe muito medo infundado que se avoluma em nossa mente. Quando isso acontece, é o caso de recorrer a uma espécie de antivírus, ou seja, o silêncio interior. Como é difícil fazer silêncio em nosso mente e em nosso coração! É uma arte dificílima, que exige muito exercício e um verdadeiro aprendizado. Todos temos necessidade de aprender essa arte na escola da oração, onde podemos aprender alguns segredos, entre os quais o da autoironia. Os santos, que foram mestres de oração, nos são de grande ajuda. Coragem, então! Não fique preocupado! Aprenda a rezar!

23 de junho

"Sede firmes, ponde isso em prática e Iahweh estará lá com a felicidade" (2Cr 19,11).

Há certas manhãs em que se levantar para começar um novo dia de estudo ou de trabalho exige uma força de vontade imensa. Em geral, antes de iniciar o trabalho a preguiça costuma prevalecer. Levar adiante um compromisso cotidiano requer constância e um esforço que por vezes nos falta. Lembro-me de que, quando eu ia à escola, toda vez que tinha de fazer a lição de casa era um sacrifício decidir sentar-me à escrivaninha e começar a estudar. Nada mudou durante o tempo da universidade e quando comecei a trabalhar. Ainda hoje, no meu ministério sacerdotal, sempre que devo empenhar-me em alguma coisa, como, por exemplo, escrever a meditação diária para este livro, sinto dificuldade para começar. Acredito que essa dificuldade seja comum a todos nós. O que nos pode ajudar a superar essa preguiça de pôr-nos ao trabalho? Certamente, a obrigação de fazê-lo, mas isso não é suficiente. Quando não há ninguém que nos constranja a fazer alguma coisa, não somos capazes de fazê--lo sem dificuldade, se não houver outra coisa que nos encoraje. Um estímulo importante é o prazer, mas isso também não é suficiente. De fato, nem sempre conseguimos concluir as atividades que nos agradam. O impulso fundamental é o amor ao bem. Se você ama o que é bom, cada dia se porá ao trabalho, a fim de realizá-lo com a bênção de Deus. E depois de tanto esforço, poderá dizer: "Que bom! Estou feliz!".

24 de junho

"Não temas, Zacarias, porque tua súplica foi ouvida" (Lc 1,13).

Zacarias e Isabel não tinham filhos. Eram ambos idosos e Isabel, estéril. Não havia, pois, possibilidade de terem filhos. Mas não haviam nunca deixado de rezar. Foi num momento de oração no templo que Zacarias recebeu a visita do anjo Gabriel, especialista em boas notícias. É o mesmo anjo que anunciou a Maria que ela seria mãe do Salvador. Aqui também o anúncio diz respeito ao nascimento de um filho, o de Isabel, prima idosa de Maria. Aqui também a impossibilidade se torna realidade pela intervenção milagrosa de Deus. A oração de Zacarias foi ouvida, e ele se tornou pai de João Batista, o último e maior de todos os profetas de Israel, aquele que preparou o povo para a vinda do esperado Messias, o Filho de Deus, nascido da Virgem Maria. A história de Zacarias e Isabel ensina-nos que é preciso não deixar jamais de crer no poder da oração. Talvez em alguma ocasião você tenha se desiludido porque seus pedidos não foram atendidos por Deus. Não tenha medo! Continue a rezar, pedindo a Deus que se faça a vontade dele. Zacarias estava rezando quando recebeu a visita do Anjo. Ele já não esperava um filho, e provavelmente havia deixado de pedi-lo, mas jamais tinha deixado de rezar. Se você se entregar nas mãos de Deus, também receberá um alegre e inesperado anúncio. Coragem!

25 de junho

> "Iahweh é minha luz e minha salvação: de quem terei medo?" (Sl 27,1).

"Luz dos meus olhos!" Ouço com certa frequência essa expressão entre namorados e da parte das mães, em relação a seus filhos. Ela não somente exprime a ternura típica daqueles que, por amarem-se, trocam frases afetuosas. Por trás dessa afirmação existe também a consciência de que a pessoa amada é o ponto de referência da vida, a luz capaz de iluminar o futuro, o porto seguro no qual aportar. É a pessoa capaz de dar sentido a cada dia, o motivo que permite enfrentar os obstáculos cotidianos, a consolação nos momentos de grande dor. É ainda a esperança de obter êxito na vida, a palavra de salvação sem a qual a pessoa se sente perdida. Quando temos essa luz nos olhos, sentimo-nos tão fortes que não temos medo de nada. Entretanto, devo dizer também que já ouvi esta outra frase: "Era a luz dos meus olhos!". Por detrás dessas palavras não está somente a desilusão e a desorientação de quem perdeu essa luz, mas também uma realidade. Criatura alguma, por mais importante que seja em nossa vida, pode ser a nossa salvação. Somente Deus é capaz de nos dar sempre tudo de que precisamos. É evidente que, quando colocamos nas costas de quem amamos a responsabilidade de ser aquilo que jamais poderá ser, só poderá haver uma grande desilusão. Que você possa ter a luz de Deus nos seus olhos, para ver aqueles que ama com os olhos dele. Então, sim, não terá nada a temer!

26 de junho

"Sê forte! E mãos à obra!" (1Cr 28,10).

Acabei de ver numa reportagem da televisão que certa cidade nos arredores de Nápoles não está conseguindo manter uma escola por falta de professores. Ninguém se dispõe a ensinar lá porque está localizada em um local perigoso. A responsável afirmou, na entrevista, que nenhum professor fica por muito tempo. Ela, ao contrário, permanece com grande paixão, para lutar por uma causa justa, pelo bem das crianças, que têm direito à instrução mesmo que sejam "difíceis". É tão lindo saber que ainda existem pessoas que se empenham no trabalho com coragem e amor pelos mais fracos, e que não têm medo de envolver-se para servir ao próximo. Nossa sociedade precisa de professores missionários, que vivam seu trabalho como uma vocação. Exatamente hoje comemoramos o aniversário de morte de Pe. Lorenzo Milani, que conseguiu fundar, com muita paixão, uma escola para os filhos de famílias pobres espalhadas pelos montes de Mugello, município da região da Toscana, aonde chegou em 1954. Ele descobriu um método de ensinar a ler, a escrever e a pensar para crianças que de outro modo ficariam excluídas do currículo escolar. Todas as pessoas têm direito a ser instruídas e educadas. Mas não bastam programas do ministério de Educação. Precisamos de educadores dedicados que tenham coragem e muito amor. Precisamos de você. Não tenha medo! Ao trabalho!

27 de junho

> "Ele não permitirá que o Exterminador entre em vossas casas para vos ferir" (Ex 12,23).

Hoje vivemos entrincheirados dentro de nossas casas. Sobretudo nas grandes metrópoles, as portas de nossas residências são trancadas não somente quando estamos fora, mas também quando estamos dentro de casa. Quando eu era criança, lembro que a porta de casa ficava sempre aberta, e durante o dia os vizinhos entravam tranquilamente. Hoje isso não acontece mais, nem mesmo nas cidades pequenas. O medo e a desconfiança prevalecem sobre o desejo de acolher. De fato, os perigos que vemos pela televisão são muitos: ladrões, estupradores, assassinos, trapaceiros. No entanto, deixamos que entrem em nossas casas coisa muito pior: o mal que invisivelmente se insinua em nossas famílias, os desentendimentos que provocam a divisão das relações interpessoais, das amizades, dos casais, das famílias. A família é o fundamento do indivíduo, da sociedade. Se uma criança cresce numa família unida, onde reinam o amor, o diálogo e o respeito, ela adquire uma estabilidade que lhe permite construir relações serenas e equilibradas ao longo da vida. E isso tem consequências benéficas para a sociedade. Solidez da família significa solidez social, econômica e política. Deixe o Senhor entrar na sua casa e verá que o mal nunca vai abalar os alicerces de sua família.

28 de junho

"Confia, mulher! Não temas em teu coração!" (Jd 11,1).

Costuma-se dizer que a mulher é o sexo frágil. Holofernes, comandante de um grande exército, homem disposto a destruir o povo inteiro de Israel, disse a Judite – hebreia, viúva – que ficasse tranquila, não tivesse medo. Na verdade, era Holofernes que devia ter medo, porque foi ele quem acabou sendo decapitado por essa mulher. Para salvar seu povo de um iminente perigo, Judite armou-se de coragem e, com astúcia, conseguiu entrar na tenda do perigoso comandante. Quando as mulheres põem na cabeça um objetivo, sabem ser muito convincentes. Elas são muito fortes! Que sexo fraco, que nada! É o que provam as mulheres grávidas; as que trabalham com determinação; as que estudam com resultados superiores aos dos homens; as separadas que conseguem, sozinhas, criar os filhos; as viúvas, que superam o luto muito melhor que os homens. As mulheres têm grande sensibilidade, que por vezes é confundida com fraqueza, mas não é. Em meu ponto de vista, é um ponto de força. Essa sensibilidade as ajuda a partilhar seu estado de ânimo, a chorar com os que choram, a rir com os que riem, a cuidar de quem precisa, a aprofundar-se nas coisas, a buscar o amor na intimidade da alma. Às vezes essa sensibilidade pode degenerar em ansiedade e depressão. Nesse caso, as mulheres tornam-se extremamente frágeis. Mas com a ajuda de Deus, tal como aconteceu com Judite, elas sempre conseguem reerguer-se. Sempre!

29 de junho

"Não tenhas medo! Doravante serás pescador de homens"
(Lc 5,10).

Hoje é dia de festa para a Igreja. É a solenidade dos santos Pedro e Paulo. O Apóstolo dos gentios, Paulo, após o encontro com aquele que perseguia – Jesus Cristo –, dedicou-se ao anúncio do Evangelho aos pagãos. Simão, chamado Pedro, por vontade de Cristo ficou encarregado de ser, para todos os discípulos do Senhor em todos os tempos, a pedra segura, o ponto de referência da unidade. Simão pescava no lago de Tiberíades, quando encontrou Jesus pela primeira vez. Nesse dia, foi chamado a uma vocação difícil, mas muito linda: a de ser pescador de homens. O Senhor pediu-lhe que o seguisse, que deixasse tudo a fim de aprender a pescar não os peixes do mar, mas pescar do mal os homens. Ainda hoje o Senhor chama particularmente os jovens para irem com ele a pescar. Deixe-se pescar, deixe que o Senhor possa tirar você do mal, dos seus medos, dos seus pecados! Aprenda a conhecer Jesus, a segui-lo, ouvi-lo, conviver com ele, para que possa fazer a experiência pessoal que o leve a dizer: "Eu o encontrei!". E depois de ter encontrado aquele que enche de sentido sua vida, a Verdade que liberta, o Amor que perdoa, a Esperança que salva, ou seja, a pessoa de Jesus Cristo, então sentirá naturalmente o impulso de dizer, com alegria: "Eu o encontrei!". Só então será capaz de pescar. Cristo fez a felicidade de Pedro. Não tenha medo, pode fazer a felicidade também para você, lá onde ele o chama, seja na vida matrimonial, seja na vida consagrada.

30 de junho

> "É ele que nos mantém vivos e não deixa tropeçarem nossos pés" (Sl 66,9).

Como você veio ao mundo? Quem o chamou à vida? Há quem diga que você é fruto do acaso. De algum modo, não se sabe como, você é resultado de uma combinação casual de células. Outros acham que você está no mundo por causa de um preciso procedimento biológico surgido do encontro de um espermatozoide e um óvulo. Em ambas as visões, prevalece uma concepção materialista da vida. Você é apenas uma combinação, casual ou determinada, de células? Basta para você apenas a explicação biológica do seu ser vivo? Ainda que aceitasse apenas a resposta biológica, não conseguiria jamais encontrar o porquê da sua vida; descobriria o como, mas não a causa. Ficaria por explicar de quem ou por que surgiu a matéria. Em todo caso, olhando-se no espelho, você consegue entender-se apenas em termos da matéria? Não acha que existe algo mais em você, que seja imaterial e não sujeito à experimentação? Você percebe que seus pensamentos, seus raciocínios e o seu modo de agir perante certas situações são diferentes dos de outras pessoas? Como cada um de nós é único e irrepetível? Nem mesmo um clone seria exatamente igual a você. O que há além? Quer você creia, quer não, alguma coisa está na origem de tudo, também na sua. Não se pode chegar a Deus somente com a razão experimental, mas com a espiritual, com a inteligência da fé. É Deus quem o mantém vivo entre os viventes. É ele quem mantém viva sua alma e a dos seus entes queridos falecidos. Não tenha medo!

JULHO

1º de julho

> "Deixo-vos a paz, a minha paz vos dou: não como a dá o mundo. Não se perturbe nem se intimide vosso coração" (Jo 14,27).

Você já recebeu alguma vez um presente de Deus pelo seu aniversário? Pense em Jesus vindo a sua festa para cumprimentá-lo. O que ele poderia lhe dar? O que você lhe pediria? O que lhe poderia causar admiração? Imagine o Senhor indo ao shopping para comprar um presente para você. Acredito que ele teria as mesmas dificuldades que nós nessas circunstâncias. Todas as vezes que desejamos presentear uma pessoa querida, tentamos descobrir o que poderia dar-lhe prazer ou ser-lhe útil. A dificuldade é maior quando essa pessoa já tem tudo. Então vamos em busca de algo novo que surgiu no mercado e que esteja dentro de nossas possibilidades. O mundo consumista em que vivemos nos oferece muitas possibilidades de presentes para comprar, mas sabemos que nenhum objeto será o certo, se não for acompanhado de um dom de natureza imaterial. E Deus sabe qual o presente de que precisamos, pois ele conhece melhor do que ninguém nossas necessidades. Ele não nos presenteia do mesmo modo como faz o mundo. Ele nos oferece dons espirituais que não têm preço, tal como a paz, a sua paz, que ninguém nos pode tirar, e nos faz manter o coração sereno e nos ajuda a enfrentar destemidamente a aventura da nossa vida. Por isso, no dia de seu aniversário, procure festejá-lo com Jesus e verá que ele lhe dará esse belíssimo presente!

2 de julho

> "Ri-se do medo e nada o assusta, e não recua diante da espada" (Jó 39,22)

Estamos no centro do discurso que Jó fez a Deus sobre sua sabedoria criadora, que está na origem de tudo. Quem pode dar força a um cavalo enquanto ele corre impetuoso pelo campo de batalha? Como não ter medo e não retroceder diante da espada? De onde lhe vem essa coragem? Com esses simples exemplos, relativos às criaturas, Deus realça seu poder criador perante o qual, cada um de nós, juntamente com Jó, nos devemos conscientizar humildemente de nosso lugar na criação. Por um lado, temos de entender que não podemos explicar nem controlar tudo aquilo que acontece; por outro, precisamos ter consciência da existência de uma força da qual temos de nos apropriar para enfrentar e vencer todo medo. Se Deus deu coragem ao cavalo, por que não deveríamos tê-la também? Não somos as criaturas mais próximas de Deus, feitas a sua imagem e semelhança? E não somos os primeiros colaboradores de Deus no processo de criação que continua ainda hoje, graças à nossa contribuição? De vez em quando temos necessidade de nos lembrar quem somos, redescobrir nossa dignidade, tomar consciência das nossas fragilidades de criaturas, mas também do enorme potencial dentro de nós. Talvez você não conheça a fundo quão grandes dons Deus lhe concedeu, quais forças interiores possui, que coragem poderia manifestar. Coragem! Não tenha medo! Comece a agir e creia em si mesmo.

3 de julho

> "Não temerás o terror da noite nem a flecha que voa de dia" (Sl 91,5).

A noite sempre foi perigosa e normalmente provoca medo por causa da escuridão. As ruas ficam desertas, em geral, porque as pessoas estão em casa dormindo. A noite é a situação ideal para um crime não ser descoberto, é o momento em que as pessoas se sentem mais frágeis e em risco, sobretudo se estiverem sozinhas. Hoje, porém, sobretudo nos centros das cidades, a escuridão noturna não impede muitos jovens de permanecer fora de casa; ao contrário, é a ocasião mais que propícia para divertirem-se. Há as baladas que duram até o dia amanhecer, justamente em horários em que as pessoas, em geral, dormem. Em certos lugares, a vida noturna é tão intensa que as ruas são mais movimentadas do que em pleno dia. Isso deveria fazer com que tivéssemos menos medo da noite. Mas não é assim. Pelo que relatam os noticiários, parece que quase toda noite acontecem situações desagradáveis, por causa de bebidas alcoólicas e drogas. Brigas, agressões e violência tornam-se corriqueiras, portanto, há muito que temer. Durante o dia as coisas não são melhores. Basta pensar nos carros em alta velocidade, que voam quais flechas enlouquecidas, conduzidos por irresponsáveis. Que fazer então? Não tenha medo, saia quando for preciso! Mas procure evitar situações perigosas. A proteção divina existe, mas não deve eliminar nossa liberdade.

4 de julho

"Eleva tua voz, não temas!" (Is 40,9).

Falar em voz alta não fica bem, não é educado. Denota falta de respeito com quem ouve, a menos que se esteja falando a pessoas com problema de audição. Levantar a voz costuma ser uma tentativa de impor as próprias convicções, acentuar a própria força para mandar. Quando alguém grita, geralmente se está em meio a uma briga. Em suma, levantar a voz, na maioria das vezes, é inoportuno, é agressivo e sinal de falta de civilidade. Para o bem de todos, o mais certo é usar voz baixa ou quem sabe calar. É aconselhável aprender a ser moderado para manter boas relações, buscar o diálogo com todos e criar unidade. Tudo isso nos impõe o mandamento do amor para com os amigos e os inimigos. Só que o amor esvaziado da verdade não é amor, e a verdade, em alguns casos, deve ser dita em voz alta, isto é, publicamente. Quando está em jogo um bem fundamental, como a vida, a justiça, a liberdade, o bem comum, é oportuno gritar de cima dos telhados. Para tocar as consciências dos mercadores do templo que ofendiam a Deus usando os fiéis para enriquecer, Jesus gritou contra eles. Na esplanada de Agrigento, João Paulo II ergueu a voz, invocando a justiça divina, para denunciar os crimes da máfia e pedir aos malfeitores que se convertessem. O amor ao bem, em determinados momentos, deve levar-nos a dizer ao mundo aquilo que não está certo, que é contra a justiça. Não tenha medo! Se o faz com amor, erga a voz e grite em favor do bem!

5 de julho

> "Tem coragem e mostremo-nos fortes ao nosso povo" (1Cr 19,13).

O individualismo pode muitas vezes levar-nos a considerar a força como uma virtude necessária para finalidades estritamente pessoais. Os pais educam o filho no sentido de ser forte para enfrentar a vida; uma jovem conforta a amiga, dizendo-lhe que seja forte para superar uma desilusão amorosa; um sacerdote consola um fiel, afirmando-lhe que é preciso ser forte para aceitar a morte de uma pessoa querida. Parece-me que nos arriscamos todos a cair numa armadilha de egoísmo, pela qual cada um deve ser forte por si mesmo.

No máximo, seguindo a natural solidariedade familiar, pode-se ser forte em favor de um filho ou de um parente próximo. Por vezes, e raramente, as pessoas encorajam-se reciprocamente no interior de um grupo com interesses afins para que juntos sejam fortes. Um grupo pode, no entanto, ter mecanismos de solidariedade interna, para objetivos decididamente egoístas. É muito raro, hoje em dia, ver uma comunidade de pessoas que decidem estar juntas para realizar um bem comum. Uma associação, um sindicato ou um partido deveriam ser fortes para pôr em prática não somente as instâncias da categoria que representam, mas também o bem da coletividade. Também a Igreja não deve ser forte para si mesma, mas para o bem da humanidade inteira. Não tenha medo, então! Seja forte, por você e por sua família, por seu grupo, por seu povo e por todos.

6 de julho

"Por que andais preocupados com a roupa?" (Mt 6,28).

Dias atrás, encontrei uma jovem muito preocupada. Pobrezinha! Disse-me que nos próximos meses passaria por um grande estresse. Teria de participar de três casamentos de amigos. Perguntei-lhe: "Você não fica feliz por seus amigos se casarem?". Ela respondeu: "É claro que isso me deixa feliz! Mas...", respondeu-me. E seu rosto mostrou uma imensa preocupação. Pensei que estivesse passando por um problema grave. De fato, era isso mesmo. Ela, em condições econômicas muito limitadas, não podia comprar três vestidos novos. Eis sua grande preocupação e sofrimento: a roupa! Perguntei a mim mesmo: "É para rir ou chorar?". Fique tranquilo! Eu não ri, não! Aquela jovem tinha medo de fazer feio diante dos amigos. Como você sabe, não se vai a uma cerimônia de casamento com roupas usadas anteriormente. Isso é um mandamento para as mulheres. Lembro que também minha mãe tinha esse mesmo problema. Mas por que perder a paz por um problema tão banal? Por que criar problemas inúteis? Jesus ensina que são os pagãos que se preocupam com essas coisas, aqueles que são escravos dos ídolos. Espero que você esteja livre desse tipo de ansiedade. Desejo-lhe que seja capaz de alegrar-se pelo que é realmente importante. Não busque aparecer, mas preocupe-se em ser cada vez melhor.

7 de julho

"Por que deverei temer nos dias maus? (Sl 49,6).

Há vinte anos eu repito a todos que não tenham medo! Medo de nada, nem mesmo do mal nem da morte. Eu repito com frequência esta linda frase: "É feliz quem vive e aceita qualquer situação da vida". Ainda hoje estou convencido disso, mas, aos quarenta anos, me dou conta de que aquilo que eu dizia há vinte anos não é tão simples de se pôr em prática. Enquanto o mal não toca a sua pele, é fácil falar. O medo começou a tomar conta de mim quando me vi diante de problemas de saúde de meus entes queridos. Primeiro, os problemas de coração do meu irmão e, em seguida, do meu pai. Depois, fui eu que tive uma ameaça de infarto, o que me fez sentir, pela primeira vez, medo da morte. A minha fé de jovem me tornava presunçoso e me levava à convicção de que, com o Senhor ao lado, tudo se poderia vencer, também a morte. Hoje, mais do que nunca, estou certo disso, porém, para viver de verdade a minha fé, tive de passar por algumas provas dolorosas. Tive de enfrentar dias muito ruins. Assim, aprendi que os dias sofridos têm importância decisiva para nossa felicidade. Os difíceis dias da doença não devem ser temidos, porque eles nos põem à prova e nos fazem aceitar as condições da vida. Também a fé precisa desses dias sofridos para tornar-se sólida e amadurecida. Depois da morte de minha mãe, ouso dizer que tenho menos medo e sinto a eternidade do paraíso mais próxima. Não tenha medo do sofrimento. Se o viver na fé, você se tornará mais forte do que nunca!

8 de julho

> "Em todos os teus caminhos, reconhece-o, e ele endireitará as tuas veredas" (Pr 3,6).

Até aqui, já ultrapassamos a metade do livro. Quando comecei a escrever estas meditações, pensei que não conseguiria ser constante e chegar até o fim. No dia 1º de janeiro, com um ano inteiro pela frente, o caminho me parecia difícil como a escalada de uma montanha. O trabalho se mostrava árduo e exigente. Eu me perguntava se teria condições de encontrar todos os dias o tempo necessário para escolher a frase adequada, para rezar sobre o tema e escrever o que agora você está lendo. Depois das primeiras páginas, eu me questionava com certa angústia como conseguiria ser original, sem me repetir e demonstrando inspiração. Em determinado momento, senti medo de ter embarcado numa aventura maior que eu, porque continuava a me ver subindo por uma trilha íngreme. Assim, um passo depois do outro, dia após dia, coloquei-me à escuta da Palavra de Deus, até hoje, 8 de julho. O caminho ainda é longo, mas agora a trilha começa a descer. Sei que conseguirei percorrê-la, mesmo que a aproximação do fim possa criar-me algum problema de concentração. Por hora, ainda permanecem a preguiça e o cansaço diário a superar. Porém, tendo percebido a cada dia, a cada passo, como o Senhor aplainou todas as dificuldades da trilha, sei que não devo temer os próximos meses. Se os nossos passos forem dados com humildade, com o cuidado de manter a atenção voltada para Deus, nenhum caminho, nem mesmo o mais árduo, poderá incutir-nos medo.

9 de julho

"Coragem! Não morrerás!" (Est 5,1f).

Diante do rei Artaxerxes, Ester teve medo de ser morta, porque se tinha posto na presença do rei sem ser chamada. O rei a agraciou e com brandura a encorajou, afirmando-lhe que ela não seria morta. Pode um homem, por mais poderoso que seja, dispor da vida de uma pessoa? Pode um homem decidir sobre a vida e a morte? Quem tem medo de morrer, pode contar com um homem assim para viver sempre? Não, nós bem o sabemos. Até mesmo o melhor médico do mundo às vezes é obrigado a dizer a seu paciente que ele nada mais pode fazer, que a morte é iminente. Entretanto, todos temos necessidade de que nos digam que não morreremos. O fato é que somos feitos para a vida. Se temos medo da morte é porque em nós há uma inextinguível centelha vital que nos projeta a um futuro sem fim. O drama do ser humano consiste no fato de ser limitado no tempo e no espaço, mas ao mesmo tempo capaz de imaginar horizontes sem limites. Somos finitos, mas dotados do germe de infinito que nos torna irredutíveis somente à matéria. Daí surge o drama, mas também a beleza da vida humana. O ser humano não pode contentar-se com um horizonte finito. A história da humanidade o demonstra, através de contínuas descobertas que expandem limites de todo tipo. Isso acontece porque o coração humano traz inscrito o desejo de eternidade e, portanto, de Deus. Coragem, então! Deixe que Deus, e não uma pessoa, lhe diga que você não morrerá.

10 de julho

"Contra mim, ele não pode nada!" (Jo 14,30).

Estamos no clima da despedida de Jesus a seus discípulos. Nesse versículo, ele quer, por um lado, preparar aqueles que por longo tempo o seguiram de perto de que está de partida para o Pai e que eles devem iniciar a caminhada sem sua presença física na difícil missão que os espera, ou seja, anunciar ao mundo aquilo que aprenderam. Por outro lado, Jesus os tranquiliza dizendo que continuará presente entre eles através do Espírito Santo, e que não precisam temer diante dos grandes obstáculos. Você também, se quiser ser discípulo de Jesus, saiba que se vai deparar continuamente com o inimigo, que se insinua perigosamente na vida daqueles que escolhem servir ao Reino de Deus. O mal semeia dúvidas, alimenta divisões, suscita lógicas humanas àqueles que deveriam seguir as lógicas divinas e favorece os discípulos que se decidem pela glória pessoal ao invés da glória de Deus. Tudo isso o demônio faz, aproveitando-se dos pontos fracos de cada um, como os medos, as necessidades de satisfazer os vazios afetivos que todos devem enfrentar. Quando você se sente só, incompreendido e carente de reconhecimento e gratificação, é esse o momento em que está mais exposto aos ataques do mal. Tome consciência disso, mas não tenha medo! Lembre--se de que ele nada pode contra o Senhor Jesus.

11 de julho

> "No seu coração está a lei do seu Deus, seus passos nunca vacilam" (Sl 37,31).

O Salmo 37 fala sobre a sorte do homem justo e do homem ímpio. Quem é o justo? Aquele que respeita com sabedoria a lei do Senhor e, dessa forma, permanece no caminho do bem. E quem é o ímpio? É aquele que trama contra o justo.

O justo será premiado e o ímpio, castigado. Será que as coisas são mesmo assim? Essa visão é com frequência colocada em dúvida pela realidade. Muitos justos parecem sucumbir e tantos ímpios parecem prosperar! Se isso for verdade, surge espontaneamente a pergunta: "Vale a pena?". Vale a pena ser justo? Compensa observar a lei de Deus? Bem, se nosso relacionamento com Deus se assemelha àquele entre um funcionário do Estado e um cidadão, realmente não compensa. Se essa relação se basear no respeito formal à lei, é evidente que os espertos levam vantagem sobre os justos. Mas Deus não é um funcionário. Deus é um Pai que nos ama como filhos que somos. Nessa ótica, a lei não é uma obrigação, mas um dom de amor que todos somos chamados a acolher com plena liberdade. Cristo nos ensinou que a resposta que devemos dar ao Pai não deve apoiar-se na obrigação, mas no amor. Quem ama a Deus confia nele e acolhe suas sugestões, porque as considera úteis para o seu próprio bem, e também medita sua lei, a torna sua, a memoriza, a guarda no coração e a observa com cuidado. Quem se enamora de Deus, enamora-se também do seu modo de pensar e de agir. Ame e não tema!

12 de julho

> "Sua sombra protetora lhes foi tirada, ao passo que Iahweh está conosco. Portanto, não tenhais medo deles!" (Nm 14,9).

Quantas pessoas arrogantes existem neste mundo! Quem sabe entre elas nos encontremos por vezes também nós, sobretudo, quando nos sentimos fortes. O arrogante acredita ter um escudo protetor com o qual se protege em qualquer situação, e julga que possa atacar tudo e todos. A sombra protetora sob a qual tais pessoas agem é constituída por uma série de ídolos que elas adoram: o dinheiro, o poder, o sucesso, a força física, a beleza, o trabalho, os "amigos" importantes, as armas, o grupo de pertença, e assim por diante. Tais pessoas, em geral, incutem medo. Poucos se aventuram a se posicionar contra tais personagens poderosas. Em geral, busca-se estar do lado do mais forte, para obter benefícios à sombra protetora. Mas temos certeza de que seja conveniente buscar esse tipo de proteção? Penso nos empresários que são constrangidos a pagar alto preço por medo de um atentado. Penso naqueles que permitem ser pisados em sua dignidade, contanto que continuem ligados a um grupo de poder. Penso naqueles que chegam a vender até a própria alma, a fim de conquistar sucesso. Alguns chegam a encontrar forças para sair dessa lógica de escravidão, confiando na proteção de Deus. Se você quer se livrar da arrogância deste mundo, saiba que Deus está com você e que ele não o abandonará. Procure sua defesa em Deus e não terá medo de ninguém!

13 de julho

"Sê forte!" (2Sm 10,21).

Telefonei a um dos meus sete sobrinhos para cumprimentá-lo pelos seus 18 anos. Lembro com alegria quando me tornei maior de idade. Fazer 18 anos significa ter muitos sonhos a realizar, esperança para o futuro, uma vontade enorme de afirmar-se e, ainda, o reconhecimento oficial do Estado acerca da própria autonomia. A primeira coisa que me ocorreu então foi que, aos 18 anos, eu já podia votar nas eleições. E a primeira coisa que fiz foi tirar minha carteira de motorista. É claro que, nesse dia, após ter dito: "Finalmente, sou maior de idade!", a gente se dá conta de que nada mudou. Ficam apenas o medo e a fragilidade de um adolescente, bem como as dificuldades das escolhas de vida. Naquele tempo, aos 18 aos não se era independente do ponto de vista econômico, continuava-se a estudar e a viver numa espécie de limbo entre o mundo esperançoso e descuidado da juventude e o mundo adulto. Ainda hoje, a ansiedade e as excessivas preocupações dos pais não ajudam os filhos a alçar voo. De fato, existem muitos trintões que ainda vivem no mundo da adolescência. Por isso, o melhor desejo que posso expressar hoje a meu sobrinho e a todos que completam 18 anos é o de serem fortes e capazes, isto é, que assumam as próprias responsabilidades, sacrifiquem-se pelos outros, doem-se. Ser fortes significa prosseguir com determinação rumo à meta, aconteça o que acontecer. Que Deus seja sempre a sua meta!

14 de julho

"Disse-me o Espírito que os acompanhasse sem hesitação" (At 11,12).

O apóstolo Pedro foi repreendido pelos fiéis cristãos de proveniência judaica por ter entrado na casa de pagãos, incircuncisos e, portanto, impuros. Pedro não só os tinha batizado, como também abrira, pela primeira vez, as portas da salvação de Cristo a não judeus. Foi assim que a Igreja primitiva começou a acolher aqueles que hoje chamamos de não crentes, ateus, afastados. Essa abertura, pela mesma vontade de Cristo, estendeu-se durante dois mil anos até os confins da terra, a fim de que toda pessoa possa receber o anúncio do Evangelho, converter-se e acolher o dom do Espírito Santo para o perdão dos pecados. Pedro não teve medo de contaminar-se pelo contato com aqueles que eram considerados profanos e impuros, rompendo com a lógica sectária pela qual somente uns poucos seriam chamados a fazer parte do grupo dos eleitos. O cristianismo quebrou, então, a lógica das seitas e das castas, porque deu a conhecer ao mundo o Deus de Jesus Cristo, o Pai de todos os homens e mulheres. Pedro não teve medo de chamar de irmãos os pagãos, a fim de que, em Cristo, toda barreira de separação fosse destruída. Você sabe, certamente, que na origem do pensamento ocidental está a visão cristã que promoveu valores como a dignidade equivalente entre homem e mulher, a solidariedade, a igualdade, a liberdade e a democracia. No entanto, o mundo não tem coragem de reconhecer essa origem, e arrisca-se a perder a própria identidade. Coragem! Não tenha medo de suas raízes cristãs. Mas é preciso que as descubra!

15 de julho

"Fica, meu Senhor, fica comigo. Não temas!" (Jz 4,18).

Sísara, chefe do exército do rei de Canaã, após perder a batalha contra o exército de Israel, pôs-se em fuga. No caminho, encontrou uma mulher de nome Jael, que o escondeu de seus perseguidores dentro de sua tenda. Sísara confiou nela, entrou na tenda e escondeu-se debaixo de cobertas. Mas de repente essa mulher o golpeou na cabeça com uma estaca e o matou. Dessa forma, ela participou da libertação de Israel. Sem entrar no mérito da história, podemos dizer que ninguém pode correr sempre, sobretudo quando está em dificuldade; precisa parar a fim de ter repouso, ajuda e proteção. Parar diante de quem? Fiar-se em quem? Junto a quem se pode encontrar abrigo seguro sem ser enganado? Conheço muita gente que, ferida pelas desilusões, já não consegue pedir ajuda a quem quer que seja, nem mesmo às pessoas mais queridas, e já não expõe mais os pontos fracos por medo de ser atacada em suas fragilidades. Felizmente, também existem belas histórias de lealdade e muitas relações entre pessoas que se querem bem, sem medo de serem atraiçoadas. O problema é outro. Existe um descanso e um refúgio que ninguém nos pode dar, senão Deus. Não confiemos unicamente nas pessoas. Também o melhor amigo pode, na sua imperfeição, causar-nos uma desilusão. No dia a dia, firme-se em Deus para partilhar com ele suas alegrias e dores. Não tenha medo! Nele você pode confiar!

16 de julho

"Ousamos nos aproximar com toda confiança pelo caminho
da fé em Cristo" (Ef 3,12).

A extraordinária novidade que nos trouxe Cristo é que
nele podemos encontrar a coragem de nos aproximar de
Deus. Em Jesus Cristo – Filho de Deus feito homem – temos
liberdade para confiar sem medo algum de sermos repelidos.
Nele temos a possibilidade de dirigir-nos ao Onipotente na
qualidade de filhos. Cristo é nosso grande Mediador, aquele
que nos permite aproximar-nos confiantes do Inacessível.
Quem de nós poderia, com as próprias forças, conhecer a
Deus? É Cristo que nos apresenta a ele e nos permite ficar
íntimos dele. Portanto, conhecer melhor a Cristo significa
entrar cada vez mais nos mistérios mais profundos de Deus.
E por esse motivo devemos agradecê-lo a cada momento de
nossa vida. Entretanto, o que fazemos? Nós o crucificamos
e lhe voltamos as costas. Nossa ingratidão nos afasta dele
e, desse modo, nos afasta também de Deus. Aquele que se
tinha tornado próximo de nós, a nosso dispor, torna-se assim
inacessível. Daí a importância de Nossa Senhora. Na minha
infância, vivi o dia 16 de julho como festa da padroeira da
nossa cidade, Nossa Senhora do Carmo, com pouca consciência. A devoção mariana, com sua procissão, me parecia
mais um espetáculo folclórico do que o reconhecimento real

do papel de Maria. Hoje eu entendo! Nossa Senhora é quem nos encoraja a nos aproximarmos confiantes do seu Filho. Se você está distante de Deus, não tenha medo: recorra a Maria e ela o levará até o Mediador, Jesus Cristo.

17 de julho

"Sê para mim forte rochedo, casa fortificada que me salva"
(Sl 31,3).

Dizem os sociólogos que vivemos numa sociedade "líquida", ou seja, em contínua transformação, adaptando-se a uma realidade hodierna altamente mutável. Parece até que não temos estruturas de pensamento ou sistema de valores "sólidos", fortes e estáveis. Tudo aquilo que é sólido é também rígido, portanto, não se adapta a qualquer recipiente. Os pensamentos firmes, os valores estáveis, os pontos certos de referência são carentes de valor, para a cultura contemporânea. São considerados obstáculos que impedem a liberdade e o progresso. Nessa sociedade "líquida" tudo muda, não existem mais papéis definidos, limites e fronteiras definitivas. Numa vida pode-se ser tudo e também o contrário de tudo: homens e mulheres, pais e mães, casados e solteiros, avós e namorados, adolescentes e adultos. Pode-se ainda ser de direita e de esquerda, religiosos e agnósticos, sindicalistas e empreendedores, universalistas e nacionalistas, guerrilheiros e pacifistas. É preciso ser elásticos, flexíveis e disponíveis para mudar de convicção muitas vezes na vida. E tudo isso, conforme as condições do momento. A capacidade de se adaptar é certamente uma virtude importante, mas me pergunto se podemos viver sem uma espinha dorsal. Nosso corpo é, em grande parte, líquido, mas possui uma estrutura de suporte que sustenta o todo. Uma pessoa ou uma sociedade pode ser governada se não há nada de sólido em que se apoiar? Pode a pessoa ter uma vida digna sem um mínimo de estabilidade? Se você está se afogando no "líquido", não tenha medo: existe uma Rocha, o Cristo Senhor!

18 de julho

"Só prosperarás se observares e puseres em prática os estatutos e as normas que Iahweh prescreveu a Moisés para Israel. Sê forte e corajoso! Não temas, nem te amedrontes!" (1Cr 22,13).

Vencer! Ter sucesso! Não é isso que todos queremos? Quando pensamos em nossa realização pessoal, em geral, concluímos, equivocadamente, que tudo depende de nós. Mas há muita coisa cujo sucesso dependeu também da ajuda que outros nos deram, fazendo-nos seguir algumas normas. Lembro que, quando criança, eu não gostava de alguns alimentos, como carne, verduras e legumes. Mas comia com muito gosto o macarrão e as frutas. Minha mãe, obviamente, procurava fazer-me comer de tudo, para que aprendesse a me alimentar o mais corretamente possível. Com esforço, amor e determinação, ela me educou para o respeito às regras alimentares e, consequentemente, para a adaptação a qualquer situação. Graças a Deus! Ainda hoje, quando me sento à mesa, como de tudo, sem problema. As orientações de minha mãe, não somente em relação à comida, me ajudaram e me ajudarão sempre. A mesma coisa vale a propósito das leis de Deus, que amorosamente procura educar seus filhos para que possam vencer na vida. Um bom artesão aprende as regras do ofício com seu mestre e depois se torna um artista. Um bom atleta aprende as duras regras com seu treinador, e assim se torna um campeão. Procure aprender e praticar as leis de quem ama você, e depois as torne suas. Somente assim você se realizará! Seja forte e corajoso. Deixe-se educar por Deus e, com certeza, terá êxito!

19 de julho

"Tu mesmo lhe infundirás coragem!" (2Sm 11,25).

Muita gente coloca Deus no banco dos réus e o acusa de não intervir para resolver os problemas que afligem a humanidade. Por esse motivo, chegam a concluir que Deus não existe. Diariamente encontro quem me pede, em tom de provocação, para explicar a presumida ausência de Deus. Onde está Deus? Onde está ele quando uma criança sofre por ter câncer? Onde está Deus quando a miséria leva as pessoas a morarem na rua? Onde está Deus quando as pessoas morrem de fome? A resposta, um tanto provocadora, penso eu que possa ser dada, ainda que parcialmente, pelo versículo sobre o qual refletimos hoje. Não se preocupe demais em saber onde está Deus perante determinadas situações. Pense, ao contrário, onde está você! Experimente oferecer encorajamento a quem sofre, e talvez encontre Deus. Antônio, um homem de meia-idade que há anos dorme num banco de uma estação de trem, disse-me um dia desses: "Padre, acredite, apesar da situação em que vivo, todas as noites eu rezo o Pai-Nosso. É Deus quem me dá força e coragem para prosseguir na vida". Renato, um ancião encurvado pelo peso dos anos vivendo nas ruas, às vezes com as roupas muito sujas, já quase cego, quando me encontra dá um sorriso tão cativante que me deixa ansioso pelo próximo encontro. Não fique parado diante do mal. Siga adiante! Você mesmo vai dar coragem a todos aqueles que dela necessitam. E neles, ao abrir os olhos do coração, você encontrará a Deus.

20 de julho

> "Não temais! Ide anunciar a meus irmãos que se dirijam à Galileia. Lá me verão!" (Mt 28,10).

Em geral, anunciam-se notícias importantes que se deseja tornar públicas. Anúncios são feitos para vender, comprar ou procurar alguma coisa. Há também um tipo de anúncio com o qual são comunicadas belas experiências pessoais, as mais significativas para a vida de uma pessoa, as que enchem o coração de alegria a ponto de sentir a necessidade, quase física, de relatá-las. Assim que me sentei para escrever esta meditação, recebi um telefonema de uma senhora que me anunciava a alegria de ter acabado de chegar da peregrinação a Lourdes. Contou-me, com entusiasmo, alguns pequenos milagres que percebeu em si, do medo que superou e da paz que sentiu ao rezar no santuário. Sua alegria era tão contagiante, que me fez desejar voltar a Lourdes em breve. Pouco antes do telefonema recebi uma mensagem de outro lindo anúncio: "Nasceu! Pesa 3,9 kg". Uma amiga querida havia acabado de dar à luz o seu segundo filho e sentiu o desejo de partilhar com seus amigos a alegria de ter nos braços a criatura que carregou dentro de si por nove meses. Os protagonistas do versículo de hoje são as mulheres. Elas vivenciaram a mais bela experiência que um ser humano poderia ter, a de encontrar aquele que venceu a morte. Como se pode deixar de anunciar algo assim?

21 de julho

"Com estas palavras, ele os encorajou" (2Mc 8,21).

"Chega de palavras. Vamos aos fatos!" Com afirmações desse tipo, muito frequentemente atribuímos um significado irrelevante às palavras. É verdade, abusamos das palavras, sem lhes dar um caráter prático. Assim, anulamos o seu valor. Mas as palavras são importantes, e podem determinar o bem ou o mal. As palavras podem ferir de morte as pessoas, se voarem como flechas para lhes fazer mal; mas também podem fazer muito bem. Para começar, há a Palavra de Deus, com o seu imenso valor. Ela é viva e pode dar vida a quem a recebe. Também as nossas pobres palavras humanas têm grande valor e notável eficácia em termos positivos. Mediante a palavra, podemos ajudar, apoiar, encorajar, agradecer, bendizer, apreciar, proteger, defender, estimular, entusiasmar, motivar, aconselhar, acompanhar, partilhar e, acima de tudo, amar. Nossas palavras podem fazer bem a quem as escuta, muito mais do que possamos imaginar. Ontem encontrei uma pessoa que me lembrou exatamente disso. Eu a vi apenas uma vez, há algum tempo. Não me lembro do que lhe disse naquela ocasião. Entretanto, ela me disse que minhas palavras a ajudaram muito. Imagino que também a você terá acontecido algo semelhante. Por isso, digo a você: use a palavra para levar amor aos outros. Não tenha receio de dizer-lhes: "Não tenham medo!".

22 de julho

"Sim, o mundo está firme, jamais tremerá" (Sl 93,1).

Mas o que está acontecendo? O mundo está de cabeça para baixo! As pessoas vacilam o tempo todo. Onde está a estabilidade? Vamos dar um giro pelo mundo. Na América do Norte há bem-estar, mas basta um *crack* financeiro para levar milhões de pessoas à falência. Na América do Sul existem poucos ricos e muitíssimos pobres. A Europa está perdendo sua identidade e encontra-se em plena crise de valores. A África continua mal, precisando enfrentar o problema da fome e das guerras. O Oriente, na fase de desenvolvimento econômico, convive com o fundamentalismo dos terroristas. O mundo inteiro passa por crises, das econômicas às demográficas, e por fenômenos que criam instabilidades contínuas, como as ondas migratórias que levam milhões de pessoas a fugir do próprio país para um lugar onde se sintam mais seguras. Enfim, o mundo oscila! Estou exagerando? De fato, essa visão é catastrófica e não leva em conta a existência dos vários aspectos positivos. Mas não podemos negar que a humanidade, neste momento histórico, se caracteriza por uma grande instabilidade. O Salmo 93, porém, diz exatamente o contrário: o mundo é estável, não oscila, mas sob uma condição: se deixarmos que Deus reine. O problema é que o mundo se esqueceu de Deus e os homens quiseram tomar o lugar dele. E mesmo onde se age em nome de Deus, com certa frequência se faz dele um instrumento, por finalidades nada divinas. Não tenha medo! Se você deixar que o Criador ocupe o lugar que lhe compete, não haverá instabilidade.

23 de julho

"Não te perturbe o sonho nem sua interpretação" (Dn 4,16).

Certamente já lhe aconteceu de acordar assustado de um pesadelo. Por vezes os pesadelos parecem tão verdadeiros que perturbam qualquer um. E depois, fica o problema da interpretação, que pode causar medo. Algumas pessoas interrogam-se se certos sonhos podem ser presságio de algum acontecimento ruim. Todavia, alguns sonhos são belos, e sobre estes gostaria de chamar a atenção, sobretudo se forem sonhados de olhos abertos. Ter sonhos grandiosos pode causa medo, porque podem provocar ilusões com consequentes desilusões. Sobretudo na idade adulta, corre-se o risco de perder o entusiasmo diante de metas de alto nível e contentar-se com o mínimo. Usar de prudência, mantendo os pés no chão, é decerto uma virtude. É correto procurar atingir objetivos realistas ao longo da vida, em proporção às próprias capacidades, mas creio que seja mais importante manter sempre o olhar voltado para objetivos mais altos e belos. O Evangelho ensina-nos que o impossível pode tornar-se possível, quando se busca a vontade de Deus. Jesus Cristo nos encoraja a não nos contentarmos com uma vida medíocre, mas a sonhar e a procurar o máximo de bem, sempre dando o máximo de si e confiando na ajuda da Providência Divina. Deus ama tanto você! Imagine como seria lindo viver seriamente o Evangelho, amando como Cristo ama. Não tenha medo se Deus o faz sonhar de olhos abertos. Você foi criado para coisas grandiosas!

24 de julho

> "A nós que tudo deixamos para conseguir a esperança proposta" (Hb 6,18).

Os medos que inquietam o coração humano são muitos. Entre eles, o mais brutal é certamente o medo de ter medo. Eu já disse alguma coisa sobre isso anteriormente. O versículo de hoje é da Carta aos Hebreus, e me leva a refletir sobre o fato de que o medo é gerado pela falta de esperança. Quem tem medo de ter medo, geralmente teme o futuro, pensa no pior que lhe possa acontecer, sente-se inseguro em sua capacidade de enfrentar eventuais imprevistos. Uma mulher que acaba de dar à luz pergunta-se se será capaz de ser boa mãe; um jovem que enfrenta um exame universitário sente medo do professor, e assim por diante. Há quem veja o futuro sempre escuro, como um perigo a ser evitado, e esquecendo-se de que o futuro virá de qualquer jeito e que grande parte dele se constrói hoje. E você, como encara o futuro? Com maus olhos? Quem busca refúgio em Deus está solidamente ancorado na esperança fundamentada na vitória de Cristo sobre a morte. Se você acredita nisso, sabe que no futuro a última palavra será o bem alcançado. Pode ser que aconteça de tudo na sua vida, mas se hoje você tem esperança de poder contar com Deus, que é o Senhor do amanhã, e não somente com as próprias forças, por que você sente medo?

Agarre-se a Cristo, que é esperança de todos aqueles que depositam nele a esperança, e você começará a ter pensamentos positivos. Não se preocupe com o medo que poderá sentir. Pense, antes, na esperança que você tem hoje.

25 de julho

"Ousadamente, correu para a fera no meio da falange"
(1Mc 6,45).

Lembro-me de que certa vez, enquanto eu estava brincando, um cão me perseguiu furiosamente. Pus-me a correr como jamais corri e consegui escapar do perigo. Eu era então um menino e fiquei com medo de morrer. A partir daí, sempre desconfio quando vejo um cão e tenho medo de ser agredido. Às vezes reparo em pessoas que vão ao encontro de um cachorro que nunca viu antes, sem medo, para acariciá-lo. Eu me pergunto como conseguem fazer isso. No meu caso, preciso antes conhecer bem o cachorro para ter confiança de me aproximar dele, aos poucos. Aquela experiência traumática, quando menino, me bloqueou. Acredito que esse medo eu conseguiria superá-lo, se aprendesse a conhecer melhor o comportamento dos cães e soubesse o motivo de suas reações agressivas. Penso que passar algum tempo com eles poderia ajudar-me bastante. Os medos são enfrentados com coragem, e não fugindo deles. Certamente, deve-se ter consciência de que, para superar esses medos, necessitamos da ajuda de alguém que nos acompanhe com sua experiência e competência. No meu caso, teria de pedir a um adestrador que me ajudasse a ter um relacionamento adequado com os cães, especialmente com aqueles que mais provocam medo. Seja qual for seu eventual medo, eu o convido a não evitá-lo, mas ir a seu encontro. Coragem! Busque ajuda! E eu lhe prometo que irei procurar um adestrador de cães.

26 de julho

"Não vos preocupeis antecipadamente" (Mc 13,11).

Existem pessoas que, tendo de fazer uma viagem, não dormem durante toda a noite anterior, com medo não se sabe de quê; talvez de esquecer algo ou de perder a hora. Outras, ao contrário, preocupam-se com as férias durante o tempo de trabalho e com o trabalho durante as férias. Outras também, quando têm uma consulta médica, já preveem o pior e pensam ser doentes terminais. Antecipar os acontecimentos é típico de pessoas ansiosas. É preciso organizar o tempo, ser pontuais no trabalho, procurar estar à disposição, ser previdentes e eficientes. Mas isso tudo na medida certa, porque cada coisa tem seu tempo. Há tempo para trabalhar e tempo para descansar; tempo para correr e tempo para parar; tempo para preparar e tempo para saborear. O sentido do dever, o amor por quem está a nosso redor, o desejo de praticar bem as coisas, justamente, nos incitam a dar o melhor de nós mesmos, mas o equilíbrio interior deveria levar-nos a fazer isso no momento oportuno. Existem pessoas que não conseguem ficar paradas nem com o corpo nem com a mente, pois sentem sempre necessidade de agir, de projetar ou de prevenir alguma coisa. Não sei se você se enquadra nesse tipo de pessoa. Em todo caso, almejo que tenha sempre estabilidade interior para poder avaliar os tempos e os modos do seu pensar e agir, de saborear o presente e de desfrutar a paz do homem sábio. Não antecipe demais o tempo. Confie mais em Deus e verá que no momento certo estará pronto.

27 de julho

"Preserva minha vida do terror do inimigo" (Sl 64,2).

Existem pessoas que têm sempre um inimigo a combater, do qual se defender e sobre o qual descarregar as responsabilidades de alguma falha. Como se consegue viver sempre com medo do inimigo? Acredito que certas pessoas não saberiam viver sem algo a temer, sem um inimigo a odiar ou culpar. É verdade que na vida, mesmo se comportando como santo, pode-se combater um inimigo que de algum modo ameace nossa integridade física ou psicológica: um marido violento, um amigo invejoso, um desconhecido agressivo, um empregador opressivo, um louco furioso, um ladrão sem escrúpulos, e assim por diante. Destes inimigos certamente se pode pedir a Deus para ser protegido. Mas penso que há um inimigo muito mais perigoso que em geral não valorizamos e com o qual, ao contrário, precisaríamos preocupar-nos. Estou falando de nós mesmos, do nosso inimigo interior, a presunção. Precisamos pedir todos os dias a Deus que nos proteja de atitudes presunçosas, que nos impedem de admitir nossos erros e de assumir a responsabilidade pelos nossos pecados. Atenção! Esse inimigo destrói qualquer coisa: a família, o amor, a amizade e todo tipo de relação humana. A humildade com que admitimos nossos limites, ao contrário, nos abre às mudanças, ao diálogo e à paz exterior e interior. Deixe que Deus o proteja de toda presunção e todos seus inimigos desaparecerão.

28 de julho

"Não vos acovardeis, nem fiqueis com medo, nem tremais ou vos aterrorizeis diante deles" (Dt 20,3).

O coração é um órgão importantíssimo, sem o qual não podemos viver. É possível viver sem um braço, sem um rim ou até mesmo sem um pulmão, mas não podemos viver sem o coração, esse motor que coloca nosso organismo em funcionamento. Na linguagem bíblica, o coração representa a sede mais íntima da pessoa, o lugar onde os sentimentos habitam, o sacrário onde Deus está presente, a consciência. Numa palavra, a alma. Também desse coração, e não somente do físico, não podemos prescindir. Sem ele não existe vida interior e espiritual, não se consegue amar, e cessa o alimento que nos dá forças para projetar e realizar tantas coisas, para combater, para esperar, para nos alegrar e para nos fazer chorar, para doar e para receber, para nos emocionar e para alcançarmos metas. Sem a alma, como ficaria o corpo humano? Seríamos todos apenas frios robôs? Como poderíamos sentir piedade, ternura? Como faríamos para ter empatia com os outros? Como compartilharíamos o peso uns dos outros? Como abriríamos nossa alma para o acolhimento fraterno? Como nos comunicaríamos com nosso Criador? Como tomaríamos consciência daquilo que somos? Não tenha medo se por vezes seu coração cria algum problema, se bate mais forte, se o faz enamorar-se de alguém, se o faz ficar vermelho, se o deixa inquieto ou com raiva. Não se preocupe, isso quer dizer que você está vivo e pode relacionar-se com Deus, o Vivente por excelência.

29 de julho

"Tem confiança, que Deus em breve te curará. Tem confiança!" (Tb 5,10).

Há alguns anos acompanhei o caso de uma jovem mãe. Era cheia de vida, tinha uma bela família, um marido e filhos que a adoravam, e muitos projetos para o futuro. Mas um dia descobriu que tinha câncer e, como se pode imaginar, teve início o seu calvário. Lembro-me de sua determinação em enfrentar a doença e da esperança de recuperar-se. Sua fé manifestava-se no abandono confiante nas mãos de Deus. Sua luta contra o câncer não se baseava tanto na não aceitação da provação. Era mais consequência de sua maternidade, que a levava a proteger os filhos. Era por eles que lutava. Queria viver para continuar a amá-los. Por isso nunca a vi ceder ao desespero. Jesus era seu medicamento. Lembro-me de suas confissões frequentes e do seu grande desejo de receber a santa comunhão. Por vezes esforçava-se para ficar de pé na fila, a fim de receber a Eucaristia. No momento mais crítico ela teve medo de não conseguir superar a doença, mas logo recomeçou a lutar e a esperar a cura. Ela me pedia para rezar e pedir a Jesus que fizesse esse milagre. Eu rezei. Mas elà não se curou. Da última vez que conversamos, consciente de que lhe restava pouco tempo, ela disse: "Fiz tudo que podia pelos meus filhos, sei que eles estão em boas mãos, estou pronta para partir". Naquele momento, compreendi que ela estava curada.

30 de julho

"Ao entardecer, sobrevém o susto; antes do amanhecer, não há mais nada" (Is 17,14).

Uma das razões pelas quais o medo cresce sempre mais é por exagerarmos os acontecimentos, pensamentos e situações. Um homem tinha um compromisso importante de trabalho. Naquele encontro a pessoa que ele devia ver não se apresentou. Depois de vários telefonemas sem resposta, esse homem pôs-se a pensar as piores coisas sobre seu interlocutor. Dizia que aquele encontro não se tinha concretizado de propósito, para fazer-lhe perder tempo e o posto de trabalho.

O medo cresceu sem medida. Na manhã seguinte, tudo se esclareceu: apenas tinha acontecido um mal-entendido. Os dois se encontraram e o medo de antes desapareceu por completo. É como se diz: basta uma boa noite de sono para tudo ficar mais claro. Frequentemente transformamos os pequenos problemas em monstros terríveis, devido a nossa insegurança. Faltando autoconfiança, arriscamo-nos a pensar que os outros também não confiam em nós. Algumas pessoas, devido a experiências negativas, veem os outros como inimigos. Ou então pensam ter falhado, se as coisas não correm como haviam programado, pois não conseguem pensar na possibilidade de algum imprevisto, que por si só não é necessariamente ruim, e às vezes pode até resultar numa oportunidade. Coragem! Não tenha medo se algumas vezes as coisas não dão certo para você. Durma uma noite tranquila e, com a graça de Deus, siga adiante com confiança.

31 de julho

> "Meu filho, não desprezes a educação do Senhor, não desanimes quando ele te corrige" (Hb 12,5).

31 de julho é o dia em que minha mãe passou para uma vida melhor, na eternidade. Lembro-me muito bem de tudo o que aconteceu naquele dia, até os mínimos detalhes. Toda vez que penso naqueles momentos, sinto novamente no coração a dor da separação provocada pela irmã morte, mas sinto também a alegria de ter partilhado com minha mãe

os últimos momentos de sua vida terrena. Lembro-me sempre da última bronca que ela me deu, quando chegamos ao hospital. Estava deitada no leito do hospital e pediu-me para ajudá-la a mudar de posição, por causa das dores. Eu tentei, mas não consegui ajudá-la e ela me repreendeu. Sinto vontade de rir, porque a cena foi engraçada. Minha mãe, que já não tinha força alguma, ainda tinha energia para me dizer como eu devia movê-la na cama. Parecia a mesma energia com a qual me ensinava, quando era pequeno, a comportar-me à mesa. Algumas horas depois, seu coração parou de bater. Eu fiquei sozinho com ela por alguns minutos. Estava quieta, imóvel, morta. Mas eu ainda sentia aquela energia vital que sempre a tinha caracterizado. Eu lhe dei a bênção, como faço com todos os falecidos desde que me tornei padre, e senti o desejo de renovar as promessas que fiz a Deus no dia de minha ordenação sacerdotal. Ela, contudo, daquele leito de hospital, me entregou à correção de Deus. Não tenha medo da correção de Deus. É como a mãe que o repreende, porque o ama.

AGOSTO

1º de agosto

"Iahweh colocou meus pés sobre a rocha, firmando meus passos" (Sl 40,3).

Dois dias atrás, pela primeira vez na vida, fiz um passeio em um bote de borracha pelo mar, acompanhado de um amigo. Eu tenho tanto medo do mar que, quando entro na água, afasto-me o menos possível da praia. Estar em alto-mar, no meio das ondas, numa situação precária, causou-me certa tensão, sobretudo no início. Depois, bem devagarzinho, confiando no meu amigo que guiava o barco e criando confiança, consegui relaxar e pude apreciar a beleza do panorama. Mas a desconfiança e o medo estavam sempre à espreita. Quando, finalmente, alcançamos a costa e vi de perto o recife à superfície da água, meu coração serenou. Como diria, o passeio pelo mar foi muito bonito, mas eu prefiro ter os pés sobre a rocha. Essa experiência me fez pensar o quanto é importante ter sempre uma rocha como referência, sobretudo quando na vida a pessoa flutua nas águas agitadas pelo vento e pelas dificuldades. A rocha nos dá estabilidade e tranquilidade, não somente quando colocamos os pés sobre ela, mas também quando simplesmente estamos próximos dela. Basta vê-la, e o coração já fica em paz. Você tem uma rocha como referência? Já pensou que a melhor rocha que podemos ter é aquele que criou tanto o mar quanto a terra firme? Garanto-lhe que Jesus é a rocha por excelência. Basta que eu o procure diariamente, para vê-lo sempre mais perto, e o medo passa.

2 de agosto

"Não vos atemorizeis" (Lc 21,9).

Eu tinha 10 anos de idade quando aconteceu um atentado na estação central de Bolonha. Lembro-me da festa daquele dia pelo casamento de meu primo, e depois o momento em que ouvi a notícia do atentado no rádio do carro. Fiquei muito perturbado, mas para mim a festa continuou como prevista. Imagino que aquele sábado também fosse dia de passeio para muitas famílias, que foram dilaceradas pelo atentado, fazendo dele um dia de dor. Hoje, como então, pergunto-me como é possível alguém pensar em calculadamente destruir vidas de pessoas inocentes, em semear o terror no povo. Posso entender a luta política. Posso entender, ainda que não concorde, que uma revolução armada se faça contra tiranos que oprimem toda uma nação. Mas não consigo entender que, para alcançar objetivos políticos, se chegue a um crime como aquele atentado em Bolonha. Não sei se chegaremos a descobrir os verdadeiros responsáveis por aquela estratégia infeliz. Mas de uma coisa eu sei: os terroristas espalham ao redor o terror que trazem dentro de si. Quem tem paz não pode espalhar o terror a seu redor. Não permita a ninguém semear ódio dentro de você. Se quer seguir o caminho do bem, não se deixe aterrorizar por ninguém. Lute pela verdade e pela justiça, mas com a paz de Deus no seu coração.

3 de agosto

"Não tenhais medo — oráculo de Iahweh —, pois estou convosco para vos salvar e vos livrar" (Jr 42,11).

Você está muito feliz, em paz consigo mesmo e com o mundo inteiro. Tudo vai bem e você vibra. Acabou de voltar de férias repousantes e está cheio de esperança no futuro. Porém, basta encontrar uma pessoa que o desagrada, a ponto de lhe tirar a paz assim que a vê, e de repente tudo se cobre de sombras. Você também tem esse tipo de problema? Às vezes temos medo de encontrar alguém que no passado nos feriu. Geralmente, não se trata de um grande inimigo, mas de um ex-amigo. Revê-lo significa reviver um lindo passado em comum, mas também a dor daquele particular evento que causou a separação. Por vezes temos medo de encontrar alguém nessas condições para não ter diante dos olhos os nossos erros, aqueles que provocaram o rompimento. Talvez a pessoa seja obstinada e nem nos cumprimente – por ódio, quem sabe –, e por mais que nos esforcemos para nos aproximar dela não conseguimos. Só pensamos que ela deseja nosso mal, que fala mal de nós, e isso desperta raiva e rancor. Então concluímos que é melhor não a vermos mais. Mas, ainda que não a encontremos, nos deparamos com outras pessoas parecidas que nos fazem lembrar dela, e o medo reaparece. Enfim, corremos o risco de levar a sua sombra por toda a vida. Se você também corre o risco de carregar no seu interior esse medo, deixe que o Senhor o liberte disso e ajude a cicatrizar a ferida com o bálsamo do perdão.

4 de agosto

> "Não temas, pois ela te foi destinada desde o princípio"
> (Tb 6,18).

O primeiro beijo entre um homem e uma mulher é uma das mais belas coisas que Deus concedeu aos seres humanos, especialmente quando é a concretização de um período de conhecimento e enamoramento. Quando há estima recíproca e desejo de iniciar uma relação séria, o primeiro beijo não se desperdiça, mas se espera o momento certo para não queimar etapas e arriscar arruinar uma relação nascente. Então, acontece finalmente o gesto, o selo de um amor já declarado, o ato de confiança com que se começa a doar a si mesmo e que dá início a uma nova fase, o namoro. Essa é uma fase belíssima da vida de um casal, repleta de alegria transbordante que contagia quem está por perto. Mas essa também é uma fase de medo, de incerteza e de questionamentos: "Haverá um segundo beijo? Um terceiro e depois outros mais? Tudo continuará bem? E se depois a gente terminar? Será que vou sofrer? Será realmente a minha alma gêmea? Onde iremos parar juntos?". Esse período inicial da vida de um casal não é somente lindo e romântico, mas também abençoado por Deus, se for vivido com a alegria, as dúvidas e a seriedade que merece. O namoro, hoje quase fora de moda, serve exatamente para verificar se a outra metade da laranja é aquela que Deus lhe preparou para a eternidade. Por isso, a oração, a avaliação e o diálogo íntimo, que se devem realizar com sinceridade e profundidade, terão sempre resultado positivo.

5 de agosto

> "Coragem, meus filhos, clamai a Deus. Ele vos arrancará do domínio, da mão dos inimigos" (Br 4,21).

Nestes dias tenho ouvido nos telejornais notícias preocupantes sobre a Síria. A opressão do regime político está se transformando numa repressão sanguinolenta, que mata centenas de civis todos os dias. A culpa dessas vítimas é a de querer um país livre, onde cada cidadão possa exprimir livremente a própria opinião e contribuir com suas ideias na construção do bem comum. A resposta aos clamores dos manifestantes foi rápida, com balas de canhão. A comunidade internacional está se mobilizando para tentar convencer o regime sírio a não se utilizar da violência, mas até o momento a repressão continua a fazer vítimas. Penso na coragem de tantos jovens que estão arriscando a própria vida ao se manifestarem nas praças. Mas penso também no medo que eles podem estar sentindo ao ver o sangue escorrer e ao perceber um possível desencorajamento que possam sentir nessa hora. Penso ainda de que modo podemos ajudá-los, nós que temos liberdade para pensar, dizer e escrever aquilo que queremos. Muitas vezes nos lamentamos sem nos dar conta do tesouro precioso que temos, ou seja, a liberdade. Nós que por vezes nos desinteressamos da "coisa pública", fechados em nosso individualismo. O que podemos fazer por eles? É claro que não bastaria, mas teria muito prazer em enviar aos jovens da Síria o versículo de hoje, para dizer-lhes que não tenham medo, pois Deus está do lado deles, e para encorajá--los a continuar a luta pacífica. E você, o que faria?

6 de agosto

> "Zombarás da pilhagem e da fome, e não temerás os animais selvagens" (Jó 5,22).

Esta frase é um modo simbólico de expressar a confiança em Deus. Ela nos ajuda a enfrentar até mesmo as situações mais desesperadoras. Mesmo porque há poucos motivos para rir diante da fome. Todos os dias, muitas pessoas no mundo, sobretudo crianças, morrem literalmente de fome!

Quem passa fome de verdade, não ri. Talvez nem mesmo chore, porque não tem nem lágrimas. Um pai de família que se vê arruinado economicamente e não sabe como manter sua família, como pagar as contas, os estudos dos filhos e como colocar comida na mesa, não consegue rir. Como se poderia dizer então a essas pessoas para não se preocuparem, não terem medo e darem um belo sorriso? Como se faz para pedir-lhes que tenham confiança em Deus, no momento em que se sentem abandonadas por ele? Talvez seja melhor ajudá-las de modo objetivo, para que possam recuperar a confiança. E ajudá-las significa não somente lhes dar um pedaço de pão, mas também a possibilidade de reconstruírem uma vida tranquila. Significa ajudá-las a encontrar um trabalho, a se refazerem psicologicamente e a recuperarem as forças, a fim de poderem prover a si mesmas. Uma força fundamental é também a de ordem espiritual, que ajuda a alimentar a esperança. Nesse sentido, é muito útil encorajar a pessoa a ter confiança em Deus. Não tenha medo de levar o sorriso a quem o perdeu. Seja objetivo!

7 de agosto

"Descarrega teu fardo em Iahweh e ele cuidará de ti"
(Sl 55,23).

Em 2011, neste dia, estávamos nas últimas horas de preparação para a Jornada Mundial da Juventude. Sentia minha tensão crescer, assim como o peso da responsabilidade perante os jovens de Roma que iriam a Madri, para encontrar-se com o Papa e com os jovens provenientes do mundo inteiro. Ainda havia algumas questões de organização a serem resolvidas e as preocupações aumentavam. Essa frase do Salmo 55 me ajudou muito nesse dia, porque me lembrou de que em certas horas é melhor rezar do que martirizar-se. De vez em quando também lhe acontece momentos assim, nos quais sente um forte peso sobre os ombros, e o medo de não realizar bem suas tarefas? Há coisas que não dependem exclusivamente de você, por isso, por mais empenho que coloque, fica sempre o medo de não serem concluídas com êxito. E há também o medo de ser julgado pelos outros por um eventual erro de sua parte. Talvez nada disso lhe aconteça, mas garanto que muitos sentem esse peso. O que fazer nessa hora? Manter a calma! Está certo dar o melhor de si pelo bem das pessoas pelas quais se é responsável. Mas, para dar o melhor de si, é preciso não perder a calma. É aí que o apoio de Deus se torna fundamental. Porque, em certos momentos, sem o dom da paz, perder o controle é questão de segundos. Quando você sente medo do peso da responsabilidade, lembre-se: a oração é o melhor remédio!

8 de agosto

"Poderá o teu coração resistir e as tuas mãos poderão manter-se firmes no dia em que eu acertar contas contigo?" (Ez 22,14).

Creio que o papel de bons pais, e o de educadores em geral, seja o de preparar a criança para tornar-se adulto. É fundamental para a criança receber orientações, ensinamentos e meios para enfrentar a vida. Sobretudo, é essencial que tenha experiências que a ajudem a tornar-se suficientemente forte para caminhar sozinha. Para isso, é preciso que ela, aos poucos, se torne sempre mais autônoma perante as dificuldades da vida. Então, não é educativo que os pais sempre aplainem o caminho para os filhos, oferecendo-lhes a solução já pronta em toda circunstância. Essa atitude é válida também no confronto do medo. Vejo muitos pais que, por excesso de proteção, impedem os filhos de enfrentar as grandes questões da vida, aquelas que, cedo ou tarde, deverão enfrentar. Nos funerais, por exemplo, raramente vejo crianças ou adolescentes. Isso acontece porque os pais têm medo de que as crianças se assustem diante da morte. Desse modo, acontece de jovens de seus 30 anos, que sempre viveram sob uma redoma de vidro, afagados, protegidos e corrompidos em tudo e por tudo, ao primeiro impacto da vida desmoronarem, entrarem em pânico ou caírem em depressão. Deus, como bom educador, quer ajudar-nos a ser fortes. Ele não nos poupa das provações da vida, mas nos ensina a superá-las. Portanto, não tenha medo. Com Deus a seu lado, você superará tudo.

9 de agosto

"Rogamo-vos, irmãos, que não percais tão depressa a serenidade de espírito e não vos perturbeis" (2Ts 2,2).

Existem pessoas que se deixam levar facilmente por
opiniões daqueles que estão por perto. Sobretudo, em se tratando de religião, noto que muitos frequentadores habituais
da Igreja, acostumados a receber os sacramentos e, até mesmo, empenhados nas atividades da paróquia, em questões
importantes de fé e de moral, mudam de ideia conforme
diante de quem se encontram. De duas, uma: ou não têm
coragem de defender aquilo em que creem, ou não estão suficientemente convencidos daquilo em que creem. Nos dois
casos é fácil que se deixem confundir pela primeira pessoa
que proponha doutrinas ou filosofias contrastantes com sua
fé. Muitos adolescentes, por exemplo, entram em crise por
causa das ideias de seus professores, que não raro não se
limitam a expor com equilíbrio os pensamentos filosóficos,
mas acentuam aqueles cujas ideias alinham-se com suas
crenças. Quantos adultos – e não apenas jovens – deixam-se
confundir apenas por ouvir dizer, ou por matérias jornalís-
ticas tipicamente anticlericais, cujo objetivo é tão somente
fazer ruir a fé católica. No versículo que hoje comentamos,
São Paulo exorta seus irmãos em Cristo da comunidade de
Tessalônica a permanecerem fiéis aos ensinamentos recebidos e a não se deixarem desviar por aqueles que semeiam
apenas ideias falsas e divisão. Não tenha medo de aprofun-

dar sua fé, mas faça-o com a humildade do último a chegar e a confiança dos apóstolos.

10 de agosto

> "Tem confiança! Assim como deste testemunho de mim em Jerusalém, é preciso que testemunhes também em Roma!" (At 23,11).

Tínhamos acabado de partir para a Espanha, onde celebraríamos a 36ª Jornada Mundial da Juventude. Faríamos uma breve parada em Valência e depois rumaríamos para Madri. Qual a razão dessa viagem? A resposta mais adequada parece-me a do versículo citado. Deus encoraja São Paulo e o motiva a viajar para Roma, a fim de que dê testemunho ali, assim como em Jerusalém, das coisas que se referem ao apostolado. É preciso que o cristão dê seu próprio testemunho. Não é suficiente apenas crer em Jesus Cristo, é necessário anunciar também aos outros que Jesus Cristo ressuscitou, e provar isso com a própria vida. Se alguém acredita de fato em Cristo, como pode reservar unicamente para si algo desse gênero? Eis por que essa viagem a Madri tinha como motivo dar testemunho da fé no Senhor. O bem-aventurado João Paulo II pensou na Jornada Mundial da Juventude exatamente por isso: estimular os jovens a um testemunho ativo, alegre e contagiante da sua fé em Jesus Cristo. A Igreja tem necessidade dessa fé espontânea e alegre dos jovens. O velho continente, que nos tempos de Paulo saboreou a novidade do Evangelho, está agora cansado do Cristianismo, porque os cristãos perderam a vitalidade do Ressuscitado. Coragem, queridos jovens, em idade e de coração, agora é a vez de vocês partirem. É preciso!

11 de agosto

"Iahweh está comigo: jamais temerei! Que poderia fazer-me o homem?" (Sl 118,6).

No início do século XIII, a conversão de Francisco, o pobrezinho de Assis, contagiou muitíssimos jovens que se deixaram conquistar pelo ideal de pobreza evangélica. Entre esses jovens estava Clara, que abandonou toda a sua riqueza e encontrou a maior riqueza de todas: o Senhor Jesus Cristo. Tinha a Deus, portanto, tinha tudo. Sabia que Deus estava ao seu lado e que não teria nada a temer. Um episódio de sua vida nos dá a entender tudo isso. As tropas sarracenas haviam atacado a cidade de Assis e chegaram até o pobre convento de São Damião, onde Clara vivia com outras moças nobres, que a haviam seguido na vida contemplativa. A fé de Clara foi mais forte do que o medo natural que se sentiria naquela situação. Tinha certeza de que aquelas tropas não podiam nada contra ela e suas companheiras, porque Deus estava ali e era o refúgio e a força delas. Com a Eucaristia nas mãos, ela conseguiu vencer não somente o medo, mas pôs em fuga as tropas inimigas. O que poderiam fazer-lhe aqueles soldados? Ainda que a tivessem matado, eles não poderiam tirar-lhe Deus, o seu Amor. Desejo-lhe que possa conquistar essa mesma certeza que Clara possuía, a mesma fé no amor de Deus por cada um de nós. Quem poderá fazer-lhe mal? Acaso poderá tirar-lhe o amor, a paz, a esperança e a liberdade que surgem dessa fé? Não tenha medo, Deus está com você e por você, hoje e sempre!

12 de agosto

"Fortalecidos por tal esperança, temos plena confiança" (2Cor 3,12).

Medo de ser sincero! Hoje vamos falar disso. Não é fácil comportar-se com muita franqueza, de modo transparente, e comunicar aquilo que se é, exprimindo sinceramente o próprio pensamento e expondo-se num confronto claro. Em geral, prevalece o medo de perder alguma coisa a que estamos ligados: o prestígio, um afeto, uma posição, um ofício, um privilégio ou um bem material. Escravos das conveniências, somos muito fracos, porque incapazes de livrar-nos de seus condicionamentos. E tal incapacidade provém do fato de que somos carentes de esperança. Ligamos nosso bem a coisas passageiras e não abrimos nossos horizontes às realidades eternas. Dessa forma, como faremos para ter esperança no futuro? Quem é forte na esperança de uma vida que jamais terminará, não teme perder a realidade passageira desta vida terrena. Quem acredita no amor eterno, não tem medo de perder os afetos terrenos. Então, sim, a franqueza ganha terreno em meio às ambiguidades. Fortalecidos nessa esperança, tornamo-nos verdadeiros nos relacionamentos, temos coragem de dizer o que pensamos, temos força para dizer sim e para dizer não, somos livres e serenos ao enfrentar tudo. Quando alguém diz que a fé não serve para nada e que Deus não tem a ver com as coisas abstratas, comete um erro enorme. Não entende que a fé nas realidades últimas, juntamente com a esperança e o amor que delas derivam, são as coisas mais concretas que existem. Portanto, não tenha medo! Espere em Deus e seja sincero!

13 de agosto

> "Longe de mim querer poupar minha vida em qualquer momento de tribulação" (1Mc 13,5).

Já me aconteceu várias vezes de ouvir o desabafo de alguém que, vivendo em meio a tantas tribulações, chegou a dizer: "Chega! Não aguento mais!". É como se, depois de tanto sofrimento, se sentisse cansado de combater e enfrentar tantos problemas. Então, passa a viver com comedimento, fazendo o mínimo para sobreviver, pensando só em si mesmo e permanecendo indiferente aos outros. Ademais, já não tem forças para doar-se aos outros, para amá-los, para construir algo juntos e para empenhar-se pelo bem comum. Também não tem mais interesse nem força para rezar e relacionar-se com Deus. Isso acontece quando se enfrenta sozinho uma tribulação. Todos temos necessidade de contar com alguém, sempre, sobretudo quando se sofre. Mas às vezes pode acontecer que as pessoas ao nosso redor, até mesmo aquelas a quem queremos bem, nos deixem sozinhos em momentos delicados. Pois bem, nessas horas, se não se tem Deus, arriscamo-nos a consumir todas as forças físicas, psicológicas e espirituais. Já vi pessoas que, graças à fé em Deus, reforçadas pelas tribulações, conseguiram doar a vida inteira ao serviço dos outros, sem se pouparem. Vale a pena consumir-se por amor. Quem se sente invadido pelo amor de Deus já é feliz. É capaz de enfrentar tudo, de doar-se aos outros com alegria para gerar bons frutos e, quando, nas dificuldades, começa a pensar que não será capaz de vencer, pode dizer: "Não! Não vou falhar, pois tenho ainda muito para dar!".

14 de agosto

> "Que vós sejais fortalecidos em poder pelo seu Espírito, no homem interior" (Ef 3,16).

Somos seres espirituais, mais do que carnais. O ser humano moderno parece ter-se esquecido disso. Parece que se preocupa apenas com as necessidades carnais, ao passo que das necessidades do espírito nem toma conhecimento. Busca bem-estar apenas em boa alimentação, atividade física, bens de conforto, férias, fins de semana, sexo e diversão de vários gêneros. Raramente procura reforçar o bem-estar interior, do qual também tem tanta necessidade. Esse bem-

-estar é feito de boas leituras, reflexão, silêncio, exames de consciência, oração e abertura para o transcendente. Por vezes, as necessidades materiais estão em contraste com as do espírito, e vice-versa. É possível, também nesse caso, encontrar um equilíbrio sadio que traga benefícios seja ao corpo, seja ao espírito. Porém, é preciso dar prioridade ao espírito, dotado de inteligência e vontade, que são as faculdades capazes de guiar a busca de tal equilíbrio. A carne, porém, fica sob o domínio do instinto, que por definição não busca a mediação entre aquilo de que mais se necessita, mas sim a busca absoluta de uma só dessas necessidades. O espírito, ao contrário, nos dá possibilidade de entrar em contato com o Espírito de Deus, o qual renova, purifica e revigora a pessoa internamente. Coragem, então! Lembre-se de alimentar continuamente sua espiritualidade. Com a ajuda de Deus, você obterá o bem-estar total. Não tenha medo, a sua carne e o seu espírito desfrutarão, assim, de uma ótima saúde.

15 de agosto

"Exaltou os humildes" (Lc 1,52).

Hoje é dia de festa! A Igreja celebra a solenidade da Assunção corpórea da bem-aventurada Virgem Maria ao céu. A vida da Mãe de Deus nesta terra termina com sua subida ao céu. Deus, que exalta os humildes, sempre a elevou diante dele. Sua humildade, nos seus contínuos "sins" à vontade de Deus, a fez experimentar grandes acontecimentos na vida.

Deus quer fazer da sua vida também uma experiência maravilhosa. Ele quer enaltecer você também à maior dignidade que se pode ter: a de ser filho de Deus. O caminho que você deve seguir é o mesmo percorrido por Maria, ou seja, o caminho da humildade. Deus humilha os orgulhosos, que procuram sempre elevar-se pelos caminhos do prestígio e do poder, mesmo à custa de compromissos escusos. Estes pensam que, para ser felizes, é preciso estar acima dos outros, olhando-os de cima para baixo, e que devem ser servidos e reverenciados. Maria mostrou-nos, com sua vida, que isso não é verdade. Ela preferiu servir com humildade, ao invés de ser servida. Carregou em seu ventre o Servo dos servos. Foi exatamente isso que lhe possibilitou realizar-se como mulher. Atenção! Humildade não significa sofrer passivamente aquilo que nos é imposto pelos outros em quaisquer circunstâncias, mas sim ter o desejo de cumprir em tudo a vontade de Deus. Isso é o melhor de tudo! Não tenha medo, se você se puser a serviço da vontade de Deus, não será rebaixado, mas exaltado.

16 de agosto

> "Que ninguém perca a coragem por causa dele!" (1Sm 17,32).

Foi isso que Davi, ainda jovenzinho, disse a Saul, no momento em que todo o Israel temia o desafio que lhe fazia o gigante Golias. Todos tinham medo dele, menos Davi. Como assim? Era Davi um desajuizado, um arrogante? Um presunçoso? Um louco? Não! Ele simplesmente confiava em Deus. Na vida, muitas vezes, embora queiramos ser amigos de todos, temos de enfrentar os inimigos. Jesus também, que era manso e humilde de coração, teve inimigos. E que inimigos! E nós que não somos perfeitos, queremos fugir dessa realidade? Impossível! Às vezes criamos inimigos por nossa culpa, por causa dos nossos pecados, e às vezes são os outros que se tornam nossos inimigos por causa dos pecados deles. Há casos em que decidimos ter um inimigo e outros em que, graças a Deus, decidimos não tê-lo, mas o outro decide o contrário. Enfim, a inimizade é uma realidade que temos de enfrentar. Depende de nós deixarmo-nos levar pelo medo que o inimigo nos provoca. Como Davi, também podemos conservar o ânimo e ter coragem de aceitar o desafio que o inimigo nos lançar, enfrentá-lo e vencê-lo. Como Jesus, podemos até chegar ao ponto de amar o nosso inimigo. Só que, para chegar a isso não basta a fé de Davi. É preciso ter o Espírito que Cristo nos ofereceu na cruz. Coragem, então! Peça-o!

17 de agosto

"Estendeu suas mãos com intrepidez" (2Mc 7,10).

Um dos irmãos Macabeus, a fim de permanecer fiel a Deus, aceitou o martírio e estendeu as mãos, sem medo de perdê-las. Aceitar perder as mãos não é nada fácil. É preciso um grande amor. Que significaria para você estender as mãos? Estaria disposto a oferecê-las por amor a Deus? Se aceitasse isso, permitiria a Deus utilizá-las para seu projeto de bem. Seria o próprio Deus que, através de você, usaria suas mãos para curar, acariciar, animar, indicar, modelar, escrever, pintar, tocar, promover, dar de comer, de beber, trabalhar, e assim por diante. Pense em quantas coisas lindas Deus poderia fazer com suas mãos, se você as oferecesse. Contudo, quando as estender para Deus, mantenha-as abertas, para que os outros possam pegar aquilo que você tem a dar, e dar-lhe aquilo que eles querem oferecer a você. De fato, perder as mãos não significa perder e pronto! Significa doar e ao mesmo tempo receber. Se você estende a mão a fim de ajudar alguém, certamente tem de despender energia e tempo, recursos que poderiam ser empregados em outras coisas, talvez até mais úteis para você. Mas, em compensação, experimenta uma grande alegria que Deus infunde no seu coração. É a alegria do bom samaritano, de quem está disposto a parar quando encontra alguém necessitado pelo caminho. Não tenha medo de oferecer suas mãos a Deus. No fundo, você oferece aquilo que ele mesmo lhe deu.

18 de agosto

"Veio encontrar-se com Davi e o confortou em nome de Deus" (1Sm 23,16).

Que linda a amizade entre Davi e Jônatas! Uma amizade verdadeira, daquelas em que cada um se dispõe a dar a vida pelo outro. Jônatas arriscou a comprometer sua relação com Saul, seu pai, para permanecer fiel ao amigo. No momento mais delicado para Davi, quando sua vida estava em risco, Jônatas correu para encorajar o amigo. Além do mais, fez isso em nome de Deus. De fato, essa amizade era especial porque era vivida em Deus. É evidente que entre os dois havia uma grande afinidade no plano espiritual. Ambos tiveram fé, buscando fazer a vontade de Deus, e essa amizade certamente entrava nos planos divinos. Você possui um amigo verdadeiro? Espero que sim! Espero, sobretudo, que possa contar com o apoio de uma bela amizade que o encoraje, acompanhe e conforte durante toda a sua vida. Desejo que possa contar com um amigo que reze por você; que esteja sempre ao seu lado, mesmo durante uma desgraça; que o defenda quando outros o ameaçarem; que lhe diga a verdade sempre, para o seu bem; que esteja disposto a perdoá-lo, quando você o ofender; que se alegre de coração pelos seus sucessos e que chore pelos seus fracassos. Desejo que tenha esse amigo especial, que, em nome de Deus, corra para dizer a você que não tenha medo. E se você ainda não tiver esse amigo, peça a Deus que o envie o quanto antes!

19 de agosto

> "Povo meu, que habitas em Sião, não tenhas medo da Assíria, que te fere com o seu bastão!" (Is 10,24).

Após a vinda de Cristo, o povo de Deus não habita somente em Sião, em Jerusalém, na Palestina, mas no mundo inteiro. O povo da nova Aliança, a Igreja, foi enviado por Deus para anunciar que seu amor se estende a todos que o quiserem acolher, em todos os recantos da terra. É por isso que a Igreja é *católica*, ou seja, *universal*. Agora, já não são mais os assírios ou os egípcios que perseguem o povo de Deus, mas aqueles que pertencem ao reino das trevas, também eles presentes em toda parte, que não só recusam a salvação de Deus como fazem de tudo para que ninguém mais a consiga. Existem realidades que têm por único objetivo destruir a Igreja. Por isso a atacam e a perseguem por toda parte e procuram desacreditá-la, para que haja mais fiéis. Mas a Igreja não é animada por um homem ou por um grupo de pessoas, mas pelo próprio Deus, que prometeu que as forças do mal não sairão vencedoras, apesar dos pecados de seus membros. As perseguições são normais e o próprio Cristo já as havia previsto, porque ele mesmo foi perseguido e flagelado pelos homens a quem deu a vida. Seu coração foi ferido porque amou demais, além de todos os limites humanamente aceitáveis. Ainda hoje continua a ser perseguido todas as vezes que ao seu amor respondemos com o pecado. Mas não tenhamos medo, o amor sempre vence!

20 de agosto

"Eu quisera que estivésseis isentos de preocupações" (1Cor 7,32).

Quem dera não me preocupar! Eu com frequência me preocupo muito, ou seja, me antecipo às coisas que ainda vão acontecer. O fato de ser previdente me ajuda muito na organização, e isso acho positivo, mas em geral me excedo e me deixo levar pelo medo de não conseguir fazer as coisas direito. Escrevo esta meditação para todos aqueles que são um pouco como eu. Talvez mais, talvez menos, estamos todos preocupados com algo. Há quem se preocupe em resolver todos os problemas dos outros, por receio do julgamento deles; há quem se preocupe em prevenir os filhos de todo perigo, por medo de que se machuquem; há quem se preocupe em manter sempre tudo em ordem para sentir-se mais seguro; e há também quem se preocupe em comprar comida para um exército, por medo de que a geladeira fique vazia. Há ainda quem procure fazer um empréstimo para que as férias não passem em branco; quem se preocupa em não conseguir pagar as contas do mês; e quem se inquiete com o tempo livre, com medo de não se divertir. O Senhor deseja-nos a liberdade de todas essas preocupações. Ele nos convida a pensar no fato de que cada dia tem suas preocupações. É preciso enfrentar um problema por vez. Mesmo porque, como dizia Lorenzo de Médici, "Do amanhã não temos certeza". Pensando bem, às vezes nos preocupamos por coisas terrenas, sem sabermos se amanhã estaremos vivos e esquecendo-nos de viver bem o hoje. O amanhã celeste, este sim, existe de verdade. Preparemo-nos para ele e não nos preocupemos tanto!

21 de agosto

> "Não temais nem vos apavoreis diante do rei da Assíria e diante de toda a multidão que o acompanha, pois aquele que está conosco é mais poderoso do que aquele que está com ele" (2Cr 32,7).

Não lhe parece que a vida neste mundo seja marcada por uma luta contínua entre o exército do bem e o do mal? Não falo de guerras armadas, pois nesse caso seria muito difícil distingui-los. Refiro-me às lutas culturais, às batalhas ideológicas e aos desafios de pensamento que veiculam o bem e o mal em frentes opostas, nas quais se enfileiram os exércitos. Penso no *lobby* que tem nas mãos não somente seus interesses, como também os meios de comunicação que provocam as consciências a imprimir a vida sobre desvalores e a lógica do mal. Há um exército sempre mais numeroso de pessoas que dizem: "Que mal há nisso?". Bens que pareciam intocáveis há algumas décadas agora são postos em discussão: a fé, a família, a honestidade, a tradição, a solidariedade, o trabalho, o respeito, a educação e a própria vida. Tudo isso envolvido por uma cultura que tem como critério-guia o mal por excelência, o egoísmo individualista, mascarado de liberdade. É certo que a liberdade é um bem, mas hoje reina sempre mais a libertinagem desregrada e excessivamente permissiva. Vi certa vez uma lamentável cena em que uma mãe se deixava insultar publicamente por um filho de nove anos. Perguntei-lhe por que permitia aquilo. Ficou estupefata com minha pergunta, já que para ela aquilo era normal. Não lhe parece que o exército do bem esteja precisando de você? Não tenha medo de fazer parte de uma minoria. Deus o acompanha!

22 de agosto

"Sê forte e corajoso" (Dt 31,7).

Moisés deixou a Josué o compromisso de conduzir Israel à terra que Deus havia prometido. Encorajou-o, dizendo-lhe que tivesse coragem, pois conhecia bem os obstáculos da passagem da escravidão da velha para a nova terra. Ainda no Egito, embora fossem escravos, os israelitas só aceitaram partir após muita insistência. Depois da fuga, durante a longa viagem no deserto, amaldiçoaram Moisés por tê-los tirado da antiga condição, ainda que tivessem presenciado os prodígios realizados por Deus em favor deles. Esses obstáculos tinham uma causa: o medo de mudança. É um medo que talvez atinja você também. Se isso lhe acontece, é normal. Não é por acaso que um antigo provérbio diz que: "Não se troca o certo pelo duvidoso". O problema está exatamente no fato de que não se sabe em que consiste o novo. Isso pode provocar uma curiosidade carregada de expectativas positivas, mas também causar grande medo. Talvez o antigo que se deixa seja feio e ruim, mas o medo leva a pensar que o novo pode ser pior. Quando você se sentir tomado por esse medo, pense no fato de que é Deus quem o conduz em cada mudança de sua vida. Pense que ele quer levá-lo para um lugar melhor, ainda que o caminho lhe pareça difícil e doloroso. E se acontecer de você se encontrar numa situação nova mais difícil que a anterior, lembre-se de que Deus lhe oferece, em cada ocasião, uma oportunidade de fazer o bem.

23 de agosto

"Meu rochedo e muralha és tu: guia-me por teu nome, conduze-me!" (Sl 31,4).

Estou retornando hoje de uma maravilhosa viagem. Volto de navio. Conheci a sala de comando, de onde o capitão nos está conduzindo de Barcelona até os arredores de Roma. Dessa sala se pode ver o mar sem-fim e tem-se sob os olhos os instrumentos de navegação. É muito bom sentir a emoção de estar na cabine de comando! Imagino que seja tão emocionante quanto estar na cabine de um avião. É lindo, porque naquela cabine há um equipamento programado e capaz de guiar o navio. Também agora, que estou na minha cabine, sabendo que ali estão os tripulantes, posso saborear a emoção que senti. Mas e se naquela cabine não estivesse nenhum tripulante? Se não houvesse equipamento? Será que eu sentiria o mesmo tipo de emoção? Acho que teria um ataque de pânico. Eu não sei conduzir um navio. Da mesma forma, ainda que tenhamos certeza de onde queremos chegar e formos competentes para gerenciar os imprevistos, na viagem da nossa vida haverá sempre alguma coisa que não saberemos controlar. Saber que há alguém competente guiando o navio da minha existência me dá segurança. A você não? Há um especialista que conhece tudo a respeito do mar e dos ventos, porque foi ele quem os criou. Quem melhor que ele para guiar um navio? Deixe que Deus seja o capitão de sua confiança. No navio de sua existência ele o deixa livre para conduzir seu dia, mas a rota é por conta dele. Não tenha medo!

24 de agosto

> "Não temas, vermezinho de Jacó, e tu, bichinho de Israel. Eu mesmo te ajudarei" (Is 41,14).

Quem de nós se considera um verme? Quem aceita com facilidade ser visto como uma larva? Ninguém! Todos desejamos ser grandes. Também você, quando ainda era criança, deve ter dito algo assim: "Quando eu crescer...". O fato é que queremos ser grandes não só em termos físicos, mas também na afirmação de nós mesmos. Isso é natural, positivo! Contudo, a certa altura da vida somos obrigados a nos dar conta de nossa pequenez em relação à realidade em que estamos inseridos. Encontramos sempre alguém maior do que nós! Há sempre uma situação diante da qual, cedo ou tarde, nos sentimos impotentes. Também a pessoa mais poderosa da terra tem de aceitar essa realidade. Deve aprender a ter uma visão correta sobre si mesma. Não devemos nunca nos considerar inferior àquilo que somos e àquilo que valemos, pois somos criaturas únicas no mundo e valemos o quanto somos capazes de amar. Ao mesmo tempo, não nos julguemos mais do que somos. Lembre-se do que diz a Escritura: somos um vermezinho diante da grandeza de Deus e da realidade complexa que o circunda. Ter a humildade de aceitar e viver essa realidade é uma experiência por vezes dolorosa, mas que nos ajuda a ser mais humildes, o que certamente é uma coisa boa. Tudo que nos redimensiona e nos leva à verdade tem a bênção de Deus, porque nos dá condições de aceitar a ajuda dele. Se Deus vem ajudar-nos, o que temeremos?

25 de agosto

> "Na tua imensa compaixão, não os abandonaste no deserto"
> (Ne 9,19).

O deserto causa pavor! É normal, porque é um lugar onde as condições de vida são escassas, e ainda podem faltar. Atravessar o deserto e sair dele é muito difícil, porque não se encontram pontos de referência, é muito fácil perder-se e ficar caminhando em círculos. Pior ainda quando se está só. O deserto, porém, não é apenas um lugar físico. É também uma condição existencial, psicológica e espiritual, na qual podemos encontrar-nos quando a solidão, o medo e o vazio parecem dominar nosso coração. O deserto é tempo de prova, de desânimo, de preguiça, de tristeza e de falta de perspectiva para o futuro. No deserto somos obrigados a prestar contas a nós mesmos, a nossos limites e também a Deus. E é benéfico, porque nos obriga a purificar-nos, a reencontrar-nos, se forem lidos os sinais que Deus nos envia e com os quais nos faz sentir a sua presença. Deus não nos abandona nunca, principalmente quando nosso deserto se torna muito árido. Deus não abandonou seu povo, mas guiou-o com a nuvem durante o dia e com a coluna de fogo durante a noite. E fez isso até que o povo chegasse à terra prometida, à liberdade e à vida plena. Você também, se quiser, pode usufruir da condução segura com que Deus o guia rumo à superação do seu deserto. Você também tem uma nuvem de dia e uma coluna de fogo durante a noite que indicam e iluminam o percurso: a Palavra de Deus e a oração. Não tenha medo!

26 de agosto

> "Ficaram firmes e se mostraram irredutíveis em não comerem nada de impuro" (1Mc 1,62).

Muitas pessoas têm problemas com a alimentação. Aquilo que deveria constituir apenas um alimento para o corpo pode revelar, em certas pessoas, um grave transtorno. Há quem viva permanentemente em dieta, outros comem demais e outros comem muito pouco. Existem doenças, como a anorexia e a bulimia, que comprovam o quanto é difícil hoje ter uma relação equilibrada com a alimentação.

Há lugares no mundo em que é difícil conseguir fazer ao menos uma refeição no dia, pela falta de alimento. No Ocidente, que é mais rico, habituados que somos a fazer em média cinco refeições diárias, temos o luxo de considerar a refeição um problema. Nos tempos de Jesus, havia a questão dos alimentos impuros, que contaminavam a pessoa que os ingerisse. Deus superou essa questão com um ensinamento válido também para nós, hoje. Disse Jesus: "Não é o que entra pela boca que contamina a pessoa, mas aquilo que dela sai" (Mt 15,11; Mc 7,15). Dessa forma, Jesus nos convida a preocupar-nos não com aquilo que comemos, mas com a nossa interioridade. Quem tem problemas com a comida, na verdade, tem problemas consigo mesmo. Façamos então um esforço para superarmos nossos mal-estares interiores. Coragem! Cuide da sua vida interior e a alimentação será um recurso, não um problema!

27 de agosto

"Ele enxugará toda lágrima dos seus olhos" (Ap 21,4).

Você se recorda do olhar triste de alguém? Aqueles olhos brilhantes que de um momento a outro poderiam transformar-se num rio de lágrimas? E dos quais, depois, não cai nem mesmo uma lágrima? Eu já vi tantos olhos assim, olhos tristes de pessoas que passavam por um grande sofrimento interior, do qual não conseguiam livrar-se. Pessoas que buscavam reagir com as próprias forças para superar suas dores, mas com as quais tinham de conviver por muitos e muitos anos. O pensamento constante delas era: "Jamais mostrar fraqueza! Reagir sempre!". É certo que enfrentar com determinação os sofrimentos da vida é bom, mas não faz bem para o equilíbrio da vida não chorar nunca. Há justamente o tempo de rir e o tempo de chorar. É claro que aqueles que choram o dia inteiro todos os dias não são um bom exemplo. Também eles vivem em desequilíbrio com a dor, sem jamais conseguirem libertar-se dela. Há um problema de fundo, que une pela raiz essas duas atitudes opostas. Tanto as pessoas que choram o tempo todo quanto as incapazes de chorar nunca fizeram, ou não a fazem há muito tempo, a experiência do encontro com aquele que enxuga nossas lágrimas. Na oração e, sobretudo, no sacramento da Reconciliação, deixe correr suas lágrimas e, com elas, os seus sofrimentos. Não tenha medo! Deus vai libertá-lo.

28 de agosto

> "Tu não temas, meu servo Jacó — oráculo de Iahweh —, porque eu estou contigo" (Jr 46,28).

Os cristãos têm fé no Emanuel, o Deus conosco. Cristo é o Deus encarnado que se fez homem, a fim de estar inteiramente conosco. Essa certeza da fé cristã me leva a dizer que Deus está com você e, portanto, não há nada a temer. A ele você pode sempre recorrer, em qualquer circunstância da vida, porque está sempre presente: quando você nasce, come, brinca, ri, estuda, trabalha, reza, dorme, ama, sofre, morre. Ele está sempre presente porque partilhou com você a sua própria condição humana, em tudo, exceto no pecado. E mesmo quando pecou, ele estava ao seu lado. Aliás, ele se fez homem exatamente para livrá-lo do pecado. Jesus Cristo, o Emanuel, está sempre presente porque ressuscitou depois de sua morte, e continua vivo para além do tempo e do espaço. Tome consciência desse fato e a cada dia da sua vida terá um horizonte contínuo a atingir, um significado para cada aspecto dela, uma solução para cada problema, uma coragem nova diante de cada medo. Ainda que todos o abandonassem, você jamais estaria sozinho, porque o Deus vivo está sempre ao seu lado. Você poderia dizer-me que jamais experimentou essa presença de Cristo. Se assim o for, evidentemente é porque nunca se deu conta da sua presença. Talvez nem mesmo lhe tenha dado importância ou ninguém jamais o indicou e apresentou a você. Coragem, tente encontrá-lo dentro de si mesmo, na sua Palavra, nos sacramentos, na Igreja e nos pobres.

29 de agosto

> "Josias restabeleceu os sacerdotes em suas funções e os colocou em condições de se dedicarem ao serviço do Templo de Iahweh" (2Cr 35,2).

O segundo livro das Crônicas fala de uma reorganização dos sacerdotes, da parte do rei Josias. O autor desse livro manifesta grande interesse pelo templo e pelos sacerdotes, dos quais se ocupa com certa insistência. Ele se empenhava na santificação do clero, que devia estender-se também aos leigos, através de uma participação nos sacrifícios oferecidos no templo de Jerusalém. O ofício dos sacerdotes era delicado, porque consistia em reunir todos os filhos de Israel dispersos, através da oração, da qual podiam participar também os pagãos. Também hoje o clero da Igreja Católica desenvolve um papel delicado, sendo chamado a viver intimamente unido a Cristo, o Sacerdote por excelência, que em vez de oferecer o sacrifício de animais a Deus Pai, ofereceu a si mesmo, no altar da cruz, de maneira única e definitiva. Não esperemos que o padre católico faça o papel de assistente social. Ele deve ser encorajado a presidir bem a celebração eucarística, na qual Cristo apresenta seu sacrifício em nosso favor. Peçamos-lhe que, como bom pastor, nos conduza a Deus, a fim de conhecê-lo melhor e experimentar seu amor. Que ele seja uma pessoa de oração, que medite e anuncie a Palavra de Deus a todos. Que sua vida seja coerente com o Evangelho, algo a que todos somos chamados. Que o padre não tenha medo de viver seu sacerdócio e que você não tenha medo de frequentar o templo do Senhor.

30 de agosto

"Queres então não ter medo da autoridade? Pratica o bem e dela receberás elogios" (Rm 13,3).

São Paulo exorta-nos a não ter medo da autoridade civil, porque o poder que ela tem foi concedido por Deus e destina-se ao bem de todos. Eis por que o bem é o que legitima a autoridade. Quando ela não busca o bem comum, perde sua razão de existir. Nesse caso, São Paulo convida os cristãos a permanecerem no caminho do bem, sem se deixar levar pelo mal cometido pelo poder político, ainda que sejam perseguidos por ele. Responde-se ao mal com o bem, como Cristo nos ensina. À autoridade violenta, quem tem o bem dentro de si oferece-se a outra face, porque seu objetivo não é vingar-se, mas contribuir para o bem comum. Esse ensinamento de Cristo impressionou muito um não cristão chamado Gandhi, que pregou a não violência na ação política. A melhor maneira de não temer um regime autoritário é permanecendo firme no bem. Os cristãos, no decurso de dois milênios, sofreram o martírio e demonstraram não somente ser livres do medo causado pelos poderosos do momento, mas também que o bem sempre triunfa. As autoridades esvaem-se no tempo, mesmo quando parecem indestrutíveis. As comunidades cristãs permanecem de pé, graças ao testemunho dos seus mártires. Confie em Deus, nosso Sumo Bem. Faça sua parte e não tenha medo!

31 de agosto

"Feito para não ter medo" (Jó 41,25).

Neste versículo do livro de Jó faz-se referência ao Leviatã, um monstro primitivo, concebido como um crocodilo assustador. Para o autor do livro, trata-se de um monstro criado por Deus para não sentir medo. Portanto, os monstros não sentem medo. Nós, seres humanos, já que não somos monstros, sentimos medo. Então, não devemos temer demonstrar medo. É normal! O Senhor criou você com um corpo harmonioso, mas também frágil; com uma inteligência que não tem equivalente entre as criaturas, mas limitada; capaz de amar, mas também sensível ao medo. Você é humano, não um monstro. Deveria preocupar-se seriamente, se percebesse não ter medo de nada. Deus nos criou com vários limites, entre os quais o temor. Devemos agradecê-lo por isso, porque os limites nos tornam amáveis. Imagine se você fosse perfeito em tudo. Como seria a sua vida? Pense: se tivesse sempre razão, se fosse o primeiro em tudo, não teria a necessidade de ajuda de ninguém, seria autossuficiente, dominaria todas as situações e nunca perderia. Seria perfeito, mas também um bocado antipático. Não sentiria medo, mas faria outros sentirem. Seria um monstro e ninguém o amaria. Por isso, agradeça a Deus pelos dons dos seus limites, que o tornam humano, isto é, alguém que precisa dos outros, da proteção e do amor deles. Não tema o medo, porque ele permite que você acolha a ajuda de Deus.

SETEMBRO

1º de setembro

> "Coragem, Jerusalém: consolar-te-á aquele que te deu um nome" (Br 4,30).

Sabemos que na Sagrada Escritura o nome da pessoa é algo muito importante. Não é apenas uma palavra que serve para ser chamado, mas representa a identidade da pessoa. A começar pelo próprio Deus que se apresenta com o nome de IHWH, que significa "eu sou aquele que sou". Aquele que lhe deu um nome é o mesmo que o criou assim como você é, com o seu caráter e os seus talentos, para que possa realizar na vida um projeto exclusivamente seu. Aquele que lhe deu um nome chama-o pelo nome, porque para ele você não é um número, mas um filho a ser amado. Acho que ninguém gosta quando percebe que esqueceram seu nome, não é verdade? Fica-se com a impressão de não ser importante para esse alguém, que é um entre tantos. O fato de Deus chamá-lo pelo nome significa que você é uma pessoa única e especial para ele. Mas você conhece de fato seu nome? Você já permitiu que Deus o pronunciasse? Já se deixou chamar por ele? Ou deixa essa tarefa para outra pessoa? Coragem! Deixe-se chamar por ele, que o conhece melhor do que ninguém, e certamente compreenderá sua missão nesta vida. Talvez você saiba do que se trata, mas pode acontecer que se tenha esquecido. Isso acontece toda vez que você desanima, que perde de vista as motivações pelas quais veio ao mundo e deixa a vida correr passivamente. Nesse caso, coragem! Aquele que lhe deu um nome o consolará e manterá sua vida nas mãos.

2 de setembro

> "Se eu soubesse com certeza que meu pai está decidido a fazer cair sobre ti uma desgraça, não te contaria?" (2Sm 20,9).

Um pai digno deste título certamente não deseja o mal ao seu filho. Às vezes, no entanto, pode ser que aconteça algo ruim, mesmo desejando fazer o bem, por causa do pecado que torna imperfeito todos os pais humanos. Geralmente, quando crianças, consideramos nosso pai um super-herói pronto a intervir em nossa defesa e dotado de superpoderes. Depois, porém, esse mito é abalado quando começamos a nos confrontar com os seus limites. Ainda me lembro de quando vi meu pai chorar pela primeira vez. Eu tinha dez anos e precisei lidar com essa demonstração de fragilidade sua. A condição de abatimento em que se encontrava me fez sofrer, mesmo que ele nunca tenha desejado me fazer mal. Com o tempo entendi que não devia esperar de meu pai aquela perfeição que somente o Pai celeste possui. Ele não apenas nos livra como nunca comete o mal contra nós. Jesus veio ao mundo exatamente para nos dar essa maravilhosa notícia. Ao doar seu Filho, Deus pensou, desejou e agiu em nosso favor. Podemos sempre contar com ele, mesmo quando o nosso pai terreno nos desilude. Hoje, dia de aniversário do meu pai, convido você a rezar pelo seu pai. Pense nas coisas boas que aprendeu com ele. Seguramente são em maior número do que pensa. Se algum comportamento dele fez você sofrer, não tema, pense nas suas boas intenções e no fato de que ele tentou fazer o melhor possível.

3 de setembro

"Alegraram-se pelo conforto que trazia" (At 15,31).

Concluída a experiência terrena de Jesus, os apóstolos se tornaram o ponto de referência visível da Igreja nascente. A eles Jesus havia dado o Espírito Santo e conferido o encargo de guiar a comunidade dos seus discípulos, com poderes iguais e tendo Pedro à frente. A eles, portanto, era necessário dirigir-se para dirimir as dúvidas relacionadas à fé cristã e à moral dela derivada. Assim fez Paulo, que a eles pediu que interviessem em uma disputa que perturbava a alma dos irmãos da comunidade de Antioquia. Os apóstolos, então, enviaram uma carta para resolver tais questões. A mensagem que ela continha foi recebida com alegria pelos cristãos de Antioquia pelo encorajamento que lhes infundiu. Ainda hoje há mensagens desse tipo pronunciadas pelos bispos, sucessores dos apóstolos, em comunhão com o Papa, sucessor de Pedro. Tais mensagens constituem o chamado "Magistério da Igreja", que frequentemente é visto como obscurantista e atrasado. Ainda hoje há pessoas, batizadas e até mesmo consagradas que irresponsavelmente se permitem semear dúvidas entre os fiéis com afirmações contrárias ao Magistério que o próprio Cristo instituiu para zelar pela integridade de seu ensinamento. É claro que as dúvidas são legítimas, mas é preciso ter humildade e submetê-las a quem tem a tarefa de avaliá-las. Não tema o Magistério. Se o ler sem preconceitos, você se alegrará pela coragem que ele infunde.

4 de setembro

> "Eu estabelecerei pastores para elas, que as apascentarão; elas não terão mais medo, não terão pavor e não se perderão" (Jr 23,4).

Para uma ovelha, pastar é algo vital, do qual não se pode prescindir. Caminhando sobre a relva, ela come, se nutre, fica à vontade e vive na dimensão de rebanho que a faz se sentir protegida. Mas a ovelha não é capaz de pastar sozinha. Ela precisa das outras ovelhas e de um pastor que a conduza, para que não se perca. Nós também, como seres humanos, embora dotados de faculdades que nos permitem ser autônomos, temos necessidade de um grupo ao qual nos manter unidos e de alguém a quem seguir. É verdade que o desejo de ser livres e a nossa inteligência nos tornam capazes de nos virar sozinhos em muitos aspectos de nossa existência, mas não conseguimos ser felizes se vivermos completamente isolados. Temos necessidade de viver, mas também de viver juntos, em comunidade, para podemos expressar-nos melhor, para receber e dar apoio, para compartilhar nossa condição humana comum. Até os eremitas vivem numa dimensão comunitária, pois se relacionam com Deus e com seu povo, na oração. Suponho que não lhe agrade ser considerado ovelha. Em geral, isso inclui a ideia de ser pessoa pouco inteligente, incapaz de ter uma personalidade própria. Isso só é verdade quando não se usa o cérebro e se segue o rebanho passivamente. Você, porém, certamente busca a verdadeira liberdade, é uma pessoa inteligente, abre-se à verdade dos próprios limites e humildemente procura agregar-se àqueles que aceitam Jesus como Pastor. Não tenha medo! Ele o ajudará a ter uma personalidade forte!

5 de setembro

"Não temais nem vos acovardeis... sede fortes e corajosos" (Js 10,25).

Ontem à noite levei um grande susto. Estava viajando de avião e havia acabado de rezar o terço, quando fomos surpreendidos por uma turbulência muito forte, das mais intensas pelas quais já passei. Fiquei preocupado. À minha direita havia duas crianças que, inicialmente, se divertiam com as sacudidas, como se estivessem num brinquedo. Depois de alguns minutos, porém, amedrontadas, começaram a fazer muitas perguntas à mãe, que procurava tranquilizá-las dizendo que estava tudo sob controle. À minha esquerda havia um jovem casal. Estavam em silêncio, mas a mão dele, que segurava fortemente a mão dela, era mais eloquente do que muitas palavras. Notei que outros passageiros também estavam muito assustados, mas eu não tinha ninguém para me tranquilizar. Não tinha nem mãe nem esposa que me confortassem. Mas logo me dei conta de que segurava nas mãos o terço, que eu havia acabado de rezar, e de repente me dei conta de que também não estava sozinho. Tinha comigo a Mãe do Céu, que me dizia para não ter medo. Recomecei, então, a rezar a Ave--Maria, uma após a outra, e logo me senti tranquilo. Depois de uns dez minutos, a turbulência cessou e eu adormeci. Por isso, eu lhe digo: quando você se encontrar numa situação que lhe cause medo, procure agarrar-se a quem estiver por perto, sem se esquecer que ao seu lado sempre haverá alguém, mesmo que pense estar sozinho. Não tenha medo!

6 de setembro

> "Não fiqueis preocupados em saber como ou o que haveis de falar" (Mt 10,19).

Hoje vivi uma experiência muito bonita. Acompanhei uma família de luto pelo falecimento de um homem de 52 anos, após um longo período de doença. Naturalmente, vi muita dor, lágrimas e cansaço. Mas vi também um milagre: pessoas que não se encontravam havia mais de vinte anos conversando afetuosamente. Eu as vi dialogar, esclarecer-se mutuamente, deixar de lado os preconceitos que durante anos as tinham mantido separadas. Vi pessoas que, depois de muitos anos mantendo-se distantes, finalmente uniram-se pelo amor àquele homem. Por vezes, a preocupação de não saber dizer a palavra certa nos impede de comunicar-mo-nos com quem amamos. O medo de dizer "Eu amo você" a um pai pode criar sofrimentos que carregamos por anos a fio. Foi lindo ver caírem por terra os muros que haviam sido erguidos pelo medo de amar. Foi igualmente lindo ver alguns familiares do falecido abraçarem-se afetuosamente ao redor dele, à sua cabeceira, para partilharem a dor e também a alegria dos belos momentos que passaram juntos. Foi igualmente maravilhoso vê-los rezar juntos o Pai-Nosso, sem constrangimentos. Não permita que o medo impeça os relacionamentos com seus entes queridos. Não tenha medo de contar-lhes as coisas lindas que você vive e não espere chegar o último momento para fazê-lo. Não jogue fora o tempo com ressentimentos! Não se deixe levar pelas incompreensões! Abra seu coração e não tenha medo de falar de amor.

7 de setembro

Iahweh assegura os passos do homem (Sl 37,23).

Há vinte anos cheguei a Roma para estudar na Universidade. Comecei, assim, a caminhar sozinho, depois de viver dezenove anos sob a proteção de minha família, na segurança de minha casa. Passei a viver numa grande cidade, cheio de entusiasmo, com um grande desejo de fazer o bem e formar-me logo. Eu tinha ideias claras sobre o meu futuro: queria tornar-me empresário. Mas fiquei também um pouco desorientado, sobretudo do ponto de vista espiritual. Já não tinha mais minha comunidade paroquial, meu grupo e o padre de referência. Durante um ano meu caminho de fé passou por uma interrupção brusca. Pela primeira vez na vida, senti necessidade de entregar meus passos a Deus, a fim de não me perder. Ia à missa na paróquia onde morava e notei uma bela realidade envolvendo os jovens. O desejo de inserir-me naquela comunidade era forte, mas eu não sabia como fazê-lo, porque não conhecia ninguém. Um dia, tomei coragem e apresentei-me ao pároco. Ele não somente me acolheu, mas me levou a conhecer alguns jovens da paróquia. Depois de poucas semanas eu já me sentia em casa, novamente em segurança. Hoje vejo claramente que foi Deus quem guiou meus passos naquele momento importante da vida. Ele o faz ainda agora que, como padre, fui enviado a uma nova paróquia, onde quem me acolheu foi o mesmo pároco de então. Coragem, então! Confie seus passos a Deus e ele lhe dará segurança!

8 de setembro

"Não temas, filha de Sião!" (Jo 12,15).

Hoje a Igreja celebra a festa do nascimento da Mãe de Jesus. Pensando bem, o natal de Maria é festa muito importante, porque nos lembra da vinda ao mundo daquela cujo "sim" deu à luz o Rei dos reis, o Messias, o Salvador, o Filho de Deus. Por isso, Maria é a mãe mais importante do mundo. Não somente isso. Milhões de fiéis sabem que ela nos foi dada como mãe, e os santuários a ela dedicados estão sempre repletos de gente. E os avós de Jesus? Também são importantes, não acha? Sem eles, Maria não teria nascido. Os Evangelhos canônicos não falam deles e, do pouco que conhecemos dos Evangelhos apócrifos e da tradição, sabemos que se chamavam Joaquim e Ana. Imagino-os empenhados na educação da filha. Imagino Joaquim dizendo à pequena Maria para não ter medo, quando a via amedrontada. Imagino Ana sempre disposta a encorajar a filha adolescente, que deve dizer sim a um projeto divino e enfrentar uma gravidez "especial". Nada sabemos a respeito deles, mas bem podemos imaginar o quanto foram importantes na vida de Maria e de Jesus. Também nossos avós são importantes, hoje, mais até do que naquele tempo. Eles estão sempre presentes na vida dos netos, muitas vezes por causa do trabalho de seus filhos. Exercem uma função educadora positiva, graças a sua experiência de vida. Por isso, não se jamais de seus avós! Foram eles que deram a vida a seus pais!

9 de setembro

"Tive medo porque estou nu, e me escondi" (Gn 3,10).

Deus vai em busca do homem, desde quando este cometeu o primeiro pecado. Procura-o, porque quer libertá-lo do medo da punição que o pecado acarreta. Imagino que você também se tenha escondido de seus pais depois de ter feito alguma coisa que eles haviam pedido para não fazer. É um pouco assim que fazemos com Deus, todas as vezes que pecamos. Afastamo-nos dele, por medo de nos expormos ao seu julgamento. Tememos, sobretudo, que Deus nos desmascare. Quando erramos, preferimos fugir do olhar de Deus, para evitar que ele, à luz da verdade, exponha nossa alma diante de um espelho. Não sei se você sabe, mas pecar significa errar a meta. Mediante o pecado, portanto, não somente ofendemos a Deus, mas, sobretudo, afastamo-nos do centro da nossa vida. Por isso, quando Deus nos revela, ele nos mostra nossas falhas e isso nos faz mal. Preferimos, então, ficar longe de Deus, evitamos rezar, confrontar-nos com seus ensinamentos, fazer um sério exame de consciência, e nos justificamos com a clássica pergunta: "Quem mal há nisso?". Contudo, Deus não se deixa enganar. Continua a procurar-nos, porque quer nos ajudar a corrigir a mira para conseguirmos alcançar a meta da felicidade. Por isso, não tenha medo de reconhecer-se pecador! Deixe que Deus o desnude sob a luz da verdade. Não tema, Deus não quer a morte do pecador, mas que ele se converta e viva.

10 de setembro

> "Desce, pois, e vai com eles sem hesitação, porque fui eu que os enviei" (At 10,20).

As pessoas que têm fé, homens e mulheres praticantes, que vivem a experiência da fé em Cristo, que pertencem à Igreja, muitas vezes têm medo de enfrentar as pessoas de fora da realidade eclesial. O mundo em que vivemos hoje se caracteriza pela presença de pessoas de outras religiões, de ateus, de cristãos de fachada ou não praticantes, de batizados que não sentem a Igreja como sua família, dos assim chamados "distantes". De tais pessoas, os chamados "próximos" não podem desinteressar-se, porque Jesus Cristo morreu por eles também. Não devemos ter medo de propor o Evangelho àqueles que não o conhecem. A frase que comentamos hoje é a que Deus disse a Pedro, a fim de exortá-lo a ir ao encontro dos pagãos. Na Igreja há espaço para todos que desejam encontrar-se com Cristo. É claro que, para fazer parte inteiramente da comunidade eclesial, é preciso aderir à fé da Igreja, mas essa adesão se faz através do caminho gradual de conhecimento de Cristo. Daí deriva a necessidade de anunciar "aos que estão longe". É essencial que alguém lhes fale de Cristo e do seu Evangelho, respeitando a liberdade deles. Se você está sempre na paróquia, como pode não sentir a urgência de ir ao encontro dos que ainda não experimentaram a sua felicidade? Se, ao contrário, é você quem está "longe", não tenha medo de que alguém lhe apresente Cristo.

11 de setembro

"Tu que és meu refúgio no dia da tribulação" (Jr 17,17).

Neste dia 11 de setembro, lembro-me de quando ouvi pelo rádio a terrível notícia do atentado ocorrido nos Estados Unidos. Imediatamente liguei a TV e vi imagens jamais vistas, nem mesmo em filmes, aqueles dois aviões que se lançaram, um após outro, contra as torres gêmeas de Nova Iorque. Vi as pessoas atirarem-se do alto dos prédios por causa do fogo e, depois, o desmoronamento dos arranha-céus. Pergunto-me frequentemente o que terão pensado as milhares de vítimas inocentes daquele atentado, no momento em que a desgraça se abateu sobre elas. Que terão feito os passageiros dos aviões nos minutos que antecederam o choque contra as torres? Que teria feito eu no lugar deles? Imagino-os agarrados a Deus, único refúgio possível naquele momento. Lembro-me de um povo inteiro que, naqueles dias, escolheu refugiar-se no silêncio da oração, pois não havia outra coisa a fazer. Nos dias de desventura, as pessoas se dão conta de sua fragilidade. Naquele dia 11 de setembro, todos nos conscientizamos da fragilidade da humanidade inteira e do mundo que construímos, cheio de ódio e terror. Entendemos que a culpa era certamente do fanatismo religioso, que usa o nome de Deus de maneira absurda, para matar inocentes. Mas entendemos também que temos de acertar contas com a falência do mundo ocidental. Se o mundo está em chamas, é porque nós não nos amamos. Pense um pouco: se todos nos refugiássemos no verdadeiro Deus, que é amor, não teríamos mal algum a temer.

12 de setembro

> "Enchi-me de coragem, pois a mão de Iahweh meu Deus estava sobre mim" (Esd 7,28).

Colocar a mão sobre a cabeça ou sobre os ombros de alguém é sinal de encorajamento, bênção e proteção. É isso que costumeiramente fazem os pais em relação a um filho, ou uma pessoa mais velha em relação a um jovem. Não aceitamos esse gesto vindo de qualquer pessoa, mas somente daqueles que consideramos mais autorizados ou pelos quais reconhecemos certa autoridade. Ninguém pode colocar a mão protetora sobre nós, se não o permitimos. Nem mesmo Deus o faz sem nosso consentimento. Às vezes ouço algumas pessoas se queixarem de nunca terem percebido a mão de Deus sobre elas nos momentos mais importantes e críticos da vida. Fico com vontade de perguntar-lhes se alguma vez reconheceram a autoridade de Deus como Pai, a sabedoria do Mestre ou a onipotência do Criador. Por acaso aceitaram a condição de submissão? Sim, porque, se alguém coloca a mão sobre nossa cabeça é por estar á acima de nós e nós estarmos abaixo dela. Coragem, então! Não tenha medo de reconhecer a Deus por aquilo que é. Ele é superior a nós, tem sempre alguma coisa a nos ensinar. É ele quem nos dá a direção, nos encoraja, nos dá força, nos abençoa, nos protege, nos corrige, nos consola, nos perdoa, nos acompanha e se abaixa até nós para nos servir e nos amar. Permita que ele seja tudo isso por você, e conseguirá sentir a mão invisível sempre a guiá-lo. Faça como uma religiosa, amiga minha: toda vez que pede a bênção de Deus, ela inclina cabeça.

13 de setembro

"Assim diz Iahweh, aquele que te fez, que te modelou desde o ventre materno e te socorre: 'Não temas, Jacó, meu servo'" (Is 42,2).

Crentes ou não, às vezes pedimos um milagre a Deus, sem nos dar conta do que ele está fazendo e do que já fez por nós. A primeira coisa a ser anotada nessa possível lista, que o convido a escrever, é certamente o milagre da vida. Ah! Se pudéssemos voltar atrás, dia após dia, como se faz com um filme, e ver todo o nosso passado, até chegar ao início da história da nossa vida! Como seria maravilhoso! Teríamos então a oportunidade de observar todas as vezes em que Deus nos socorreu. Sobretudo, poderíamos desfrutar com gosto dos mínimos detalhes do espetáculo maravilhoso da formação de nosso corpo no ventre de nossa mãe. Veríamos o encontro do espermatozoide de nosso pai com o óvulo de nossa mãe, o milagre do início da nossa existência. Teríamos a oportunidade de contemplar o desenvolvimento dos nossos órgãos, a formação dos nossos olhos, da nossa boca e das nossas mãos. Se pudéssemos contemplar tudo isso, descobriríamos ter sido plasmados pelas mãos invisíveis, mas reais, do Autor da vida. E prestando muita atenção a esse filme, descobriríamos a presença constante dessa mão em todos os acontecimentos vividos por nós, tanto os bons como os ruins. À espera de que um dia a tecnologia nos permita tudo isso, faça você mesmo o filme da sua vida, imaginando a primeira cena. Deus o plasmou e o socorreu. Não tenha medo!

14 de setembro

> "O Senhor, ao vê-la, ficou comovido e disse-lhe: 'Não chores!'" (Lc 7,13).

Ao passar por uma cidade chamada Naim, Jesus encontrou um cortejo fúnebre. Obviamente, todos choravam, sobretudo uma viúva, que, depois de ter perdido o marido, velava pelo único filho. Podemos imaginar a dor atroz dessa mulher e a situação dramática em que se encontrava. Que terá pensado Jesus diante de tal cena? O Evangelho nos diz que ele sentiu grande compaixão pela mulher, que talvez o tenha feito lembrar-se de sua mãe. Talvez tenha pensado na grande dor que Maria, também viúva, sentiria ao enfrentar a morte de seu único filho. Ele então se aproximou da mulher para consolá-la e, com ternura, lhe disse para não chorar. Depois fez o grande milagre: devolveu a vida àquele jovem de Naim e o entregou à sua mãe. Hoje também são muitas as mães que choram a morte prematura de um filho! Eu conheci algumas delas, e sei que essa dor é muito difícil de superar, quase impossível. A ferida permanece sangrando por muitos e muitos anos. E as lágrimas continuam a escorrer pelo rosto delas. A nenhuma dessas mulheres Jesus devolveu vivo o filho, mas aproximou-se de cada uma para oferecer consolo e conforto. Jesus sente compaixão por todas as mães e por todas as pessoas que sofrem. Não tenha medo! Deus se comove quando você sofre e, com ternura, vem dizer-lhe que não chore.

15 de setembro

> "Não temas diante deles, porque eu estou contigo para te salvar" (Jr 1,8).

No dia de seu aniversário, Pe. Pino Puglisi foi morto pela máfia, em Palermo. Fico feliz, hoje, por falar de um padre que teve coragem de servir a Cristo, a Igreja e a sua cidade até o fim. Ele sabia que seu sacerdócio, vivido para anunciar o Evangelho a fim de libertar seus paroquianos, em especial os jovens, das tramas dos mafiosos, o levaria à morte. Esperava-se que de um momento para outro seria atingido por uma bala, depois das várias ameaças recebidas. Certamente tinha medo desse terrível desfecho, ao encontro do qual estava indo. Entretanto, prosseguiu impávido seu caminho, apoiando-se no amor de Cristo, para amar sua gente até o fim, inclusive seus inimigos. Eu o imagino ajoelhado diante do crucifixo, na intimidade da oração da qual obtinha força para superar o medo. Penso em todas as vezes em que se fechava na solidão do seu quarto para refletir sobre as escolhas a fazer e as terríveis consequências que lhes vinha ao encontro. Eu o imagino celebrando a missa, com suas homilias acaloradas, durante os encontros com os jovens, enquanto os ajudava a entender como o Evangelho devia encarnar-se na vida deles e impulsioná-los na luta contra a mentalidade mafiosa. Enfim, eu o imagino nos últimos instantes de sua vida, quando acolheu seu assassino com um sorriso vitorioso. Assim como ele, não tenha medo de lutar contra o mal, você também poderá vencer!

16 de setembro

> "É manifesto que não são deuses; portanto, não os temereis" (Br 6,14).

Este convite é repetido continuamente pelo profeta Jeremias em uma carta escrita aos judeus que estavam para ser enviados para a Babilônia como prisioneiros pelo rei Nabucodonosor. Em nome de Deus, o profeta os adverte contra os ídolos de prata, ouro e madeira que veriam na Babilônia. O profeta lembra-lhes simplesmente a verdade, ou seja, que se tratava de objetos inúteis, fabricados pelos homens. Através de uma longa série de exemplos, Jeremias sublinha que tais objetos não têm nada a oferecer, nem o bem nem o mal. Quem os cultua, portanto, é um tolo e cai em desonra. De fato, não dá vontade de rir de gente que tem medo de um pedaço de madeira? Como pode o homem fabricar deuses com suas mãos? É como pensar que a cadeira poderia fabricar o carpinteiro. Entretanto, ainda hoje há quem tenha medo dos ídolos. Até mesmo entre cristãos há quem venere, de modo não equilibrado, certos objetos. Assim, as estátuas se tornam mais importantes que o próprio Deus. Os objetos e as imagens sacras servem para elevar-nos aos conteúdos da fé, mas são apenas instrumentos. O verdadeiro problema não consiste em inclinar-se com respeito diante da imagem de um santo, que é útil na medida em que lembra o exemplo de um homem de Deus. O problema reside no fato de que muitos pedem a vida não a Deus, mas aos ídolos de hoje. Pense em quais seriam os seus ídolos e não tenha medo de se desfazer deles.

17 de setembro

"Era ainda forte" (2Cr 13,7).

Tempos atrás, conheci uma família marcada pela morte de um de seus membros. A dor que a atingia era tão forte que estremeceu as relações entre os demais. Cada um se fechou em si mesmo, cuidando das próprias feridas. Portanto, existe individualismo até mesmo na dor, o que faz a pessoa chorar sozinha e achar que ninguém sofre tanto quanto ela. Esse individualismo havia atingido aquela família e a estava destruindo. Finalmente, chegou o dia em que os filhos entenderam que deviam unir-se para apoiar o pai, que ainda estava vivo, e todos juntos começaram a partilhar a própria dor. Começaram encorajando-se uns aos outros, para o bem de cada um e da família. Era bonito vê-los juntos, participando da missa e pedindo ajuda. Cada um se preocupava com o bem do outro, não somente do ponto de vista material, mas também psicológico e espiritual. Enfim, tornaram-se fortes, superaram juntos o luto e ficaram mais unidos do que nunca. Muitas vezes constatamos que aqueles que se ajudam, às vezes, o fazem por mal ou por interesses individuais. No máximo se veem associações que procuram ajudar-se mutuamente por interesses de classe, mas raramente se busca ser forte por um bem comum. Espero que você não tenha medo de unir suas forças às de outrem, seja nos momentos bons, seja nos ruins. Se for para o bem, Deus o ajudará.

18 de setembro

"Farei que se volte para ti todo o povo" (2Sm 17,3).

O objetivo dos políticos é, muitas vezes, que as pessoas se mantenham tranquilas e não se revoltem nem criem obstáculos à gestão do poder. Na verdade, isso deveria ser apenas uma consequência de outro objetivo mais importante, que é o bem comum. Se as pessoas estão felizes, se as condições de vida pessoal, familiar e social são boas, se há um bem-estar material e espiritual, se existe solidariedade e respeito recíproco, se há partilha de valores irrenunciáveis, se há a busca da verdadeira liberdade, aquela dirigida ao bem, e se a educação das novas gerações em vista desse bem comum é uma prioridade, então o povo ficará tranquilo. Quem busca o poder, porém, muitas vezes pensa que o melhor modo de manter o povo tranquilo seja incutindo medo ou favorecendo a tendência natural das pessoas de aproximar-se dos vencedores por interesses pessoais. Foi isso que pensaram aqueles que aspiravam à coroa real de Davi. Em seus planos pessoais, bastaria matar Davi para provocar medo em seus seguidores e mantê-los quietos. Mas seus planos falharam e Davi reinou por longo tempo. Ainda hoje é difícil conceber a política como a forma mais importante de caridade, como a mais difícil e nobre arte de buscar o bem de todos. Não procure somente seus próprios interesses pessoais e não tenha medo de empenhar-se pelo bem comum.

19 de setembro

"Confiai, irmãos, resistamos ainda" (Jt 7,30).

Tempos de crise! É o que se diz por toda parte nos últimos tempos nos jornais, na TV, nos bares, na feira, entre os colegas de trabalho e entre os aposentados. E os jovens, o que dizem? Que fazem? Um jovem pai de família me disse há alguns meses: "Eu resisto!". Parece-me razoável responder assim à questão: os jovens resistem! Durante a Segunda Guerra Mundial, muitos jovens foram protagonistas da resistência, por afirmarem os grandes valores da liberdade e da democracia. Hoje, muitos jovens lutam e esperam, numa espécie de resistência, conquistar um futuro estável. A comparação parece exagerada, sobretudo porque hoje se luta pouco pelo bem comum e muito mais por questões pessoais, mas continuo achando que se trata de uma resistência digna de respeito. Resiste-se na precariedade do trabalho, no estudo que nunca termina (graduação, especialização, mestrado, doutorado...), mas também na busca de uma vida afetiva estável. Antigamente, formar uma família era algo natural; hoje é uma conquista bastante árdua. Conheço muitos jovens cheios de recursos e de esperança que lutam para superar a crise. Certamente há também muitos jovens desanimados e já sem forças. Também estes resistem, entre fracassos e aparentes alegrias, entre o estudo e os desafios. Creio que seja o caso de falar menos de crise e de lutar mais com eles e por eles. Para que os jovens não tenham medo e resistam.

20 de setembro

> "Observareis, portanto, todos os mandamentos que eu vos ordeno hoje, para vos fortalecerdes" (Dt 11,8).

Como se pode dizer que somos fortes, se obedecemos em vez de dar ordens? E ser comandados significa ser fracos? Isso é verdade quando somos obrigados a executar ordens e temos medo de quem as dá. Mas a situação é diferente quando decidimos livremente observar as ordens que julgamos razoáveis. Nesse caso, seríamos fracos se não seguíssemos as ordens dadas, pois, ainda que fossem para o nosso bem, não teríamos força para obedecê-las. Quando eu era criança, costumava jogar num time de basquete e treinava com frequência. Lembro-me de que o treinador nos mandava fazer determinados exercícios para melhorar a técnica de jogo e aprender o esquema que nos ajudaria a ser mais fortes nas partidas. Obedecer àquelas ordens me facilitou adquirir uma técnica que ainda hoje me ajuda a jogar sem me cansar demasiado, mesmo sem uma boa condição física. Eu obedecia a meu treinador porque o estimava. Ele não me obrigava a fazer os exercícios. Era eu que aceitava livremente, porque confiava nele. Então, se você pensa em Deus como um treinador, talvez não receba suas ordens como manifestações de poder, mas como indicações que ele lhe dá a fim de torná-lo forte. Você é livre para aceitar ou não o que Deus lhe pede. E ele, como bom treinador que é, não o obriga, mas o adverte que, se não aprender bem os exercícios, jamais será vencedor. Não tenha medo! Com um treinador como Deus, você não precisa temer o jogo da vida.

21 de setembro

> "Não temais, nem vos apavoreis; parti amanhã ao seu encontro e Iahweh estará convosco" (2Cr 20,17).

Este poderia tranquilamente ser o convite do sacerdote no final da missa, após a bênção final. Quem entra na igreja para participar da missa dominical, leva consigo o que viveu durante a semana, as alegrias e também os problemas, as preocupações e os sofrimentos. Essa vida concreta é que os fiéis deveriam levar à igreja para oferecê-la a Deus, para que ele os ajude a enfrentá-la. Sim, enfrentá-la, não fugir dela! Deus não é alguém que segura na mão uma vara mágica e resolve ou elimina todos os seus problemas. Deus é quem o ajuda a enfrentá-los. Não fique girando em torno da cruz, mas deixe-se pregar nela, onde encontrará a seu lado Jesus, que é especialista no assunto. Não se deixe abater pelas dificuldades da vida. Com Deus você pode vencer todo obstáculo, até mesmo a morte, e chegar à felicidade. A alegria é um dom de Deus, mas é também uma conquista que se obtém passando pela cruz. Não se iluda pensando encontrar a felicidade desviando-se dos problemas. Cedo ou tarde, um deles se abaterá sobre você e o prejudicará muito. Voltando a falar da missa, posso dizer-lhe que se vai a ela como uma obrigação que se cumpre por tradição ou para deixar a consciência tranquila, essa á uma concepção errada! Desejo-lhe que possa viver a missa como o momento mais importante da semana, onde você encontra o Senhor, que lhe diz: "Amanhã vá ao encontro dos seus problemas. Não tenha medo! Eu estarei com você!".

22 de setembro

> "Uns confiam em carros, outros em cavalos; nós, porém, invocamos o nome de Iahweh nosso Deus" (Sl 20,8).

Hoje é dia do mártir São Maurício. Eu não poderia deixar de falar dele, que tem o mesmo nome que eu. São Maurício viveu no século III. Após sua conversão, tornou-se autêntica testemunha da fé em Cristo, a ponto de sofrer o martírio, por ordem do imperador romano. À frente de um pelotão de soldados, tinha sido enviado ao norte dos Alpes, a fim de exterminar os cristãos ali residentes. Maurício não somente se recusou a aceitar as ordens do imperador, como também não concordou em oferecer sacrifícios aos deuses pagãos e, por isso, ele foi executado juntamente com seus soldados onde hoje é a Suíça. O ensinamento que sempre colhi dessa história é o que diz o Salmo 20: forte não é aquele que confia em suas armas, em seus carros e cavalos, mas sim quem confia no Senhor Deus. Maurício e seus companheiros preferiram salvar a vida de seus irmãos e não tiveram medo de ir ao encontro da morte. É que os santos são fortes, confiam em Deus e não se comprometem por interesses pessoais. Os santos não fazem cálculos para descobrir o que lhes convém e não medem o amor. Eles amam e pronto! Espero que você também tenha recebido o nome de um santo. Nesse caso, convido-o a conhecer a história dele e tomá-lo como referência para sua vida. Se o seu nome não está ligado ao de algum santo, sugiro-lhe que procure um e se torne seu afilhado. Quem sabe, com esse exemplo, você também se torne um santo! Não tenha medo da força dos homens, mas confie sempre na força do amor, que vem de Deus.

23 de setembro

> "Não tenhais medo, pois valeis mais do que muitos pardais" (Mt 10,31).

A primavera começou ontem. É algo fantástico! A natureza desperta após o frio de inverno. As árvores desfolhadas começam a encher-se de folhas. O inverno cinzento vai aos poucos se transformando na colorida paisagem primaveril. Os raios de sol tornam-se cada vez mais quentes e luminosos. O perfume do corte da grama e das flores começa a inundar o ambiente. Por toda parte, também na cidade, ouve-se o canto dos passarinhos. Lembro-me de que, quando criança, eu ficava encantado diante da porta de vidro que dava para o quintal de minha casa. Depois do almoço, eu me maravilhava com os passarinhos que ficavam por ali, debicando migalhas de pão que minha mãe lhes atirava, depois de ter recolhido a mesa do café da manhã, e pensava no fato de que se alimentassem assim. As aves não tinham necessidade de fazer compras nem de cozinhar, como fazia minha mãe. Ainda hoje, que minha mãe já não está mais aqui, se volto a olhar para aquela porta, encontro passarinhos que debicam algumas migalhas. Agora mesmo, enquanto escrevo, olhando pela janela de meu quarto, vejo alguns passarinhos que esvoaçam juntos de uma árvore a outra, e me vem à mente o som harmonioso e delicado do seu gorjeio que tantas e tantas vezes escutei durante meus passeios no campo ou num parque. Quanta vida há naquelas pequeninas criaturas de Deus! Se pensarmos em nossa vida, damo-nos conta de que a essas criaturinhas não falta nada e compreendemos o que significa a palavra Providência. Não tenha medo! Você vale mais do que muitos pássaros!

24 de setembro

"Serás edificada sobre a justiça; livre da opressão, nada terás a temer; estarás livre do terror; com efeito, ele não te atingirá" (Is 54,14).

Uma cidade fundada sobre a justiça, longe da opressão e do medo, onde não há nada a temer. Você dirá: "Diga onde fica essa cidade, que me mudo rapidinho para lá!". No entanto, tal cidade não existe sobre a terra. Esse versículo refere-se à nova Jerusalém, à cidade que virá, e que para os cristãos é a cidade de Deus, a cidade celeste onde reina Cristo, o Justo por excelência. Nas nossas cidades terrenas, governadas e habitadas por homens pecadores, sempre haverá alguma injustiça a ser resolvida. Entretanto, se todos nos esforçássemos por praticar a justiça, se aprendêssemos com o Justo a sermos mais justos, se evitássemos oprimir os outros com nosso egoísmo e nos mantivéssemos distantes da assustadora realidade, certamente nossas cidades seriam mais parecidas com a Jerusalém celeste. A cidade de Deus não é um refúgio onde podemos fugir do mundo. Ao contrário, ela é a meta a que esperamos chegar e que, nesse meio-tempo, serve de farol para viver, desde já, a plenitude da justiça e da paz. Em outras palavras, se vivermos como se Deus e a sua cidade não existissem, vai faltar-nos a bússola que nos orienta para aquilo que é justo e, por consequência, cada um se tornará referência para si mesmo. Dessa forma, é claro que os outros se tornam facilmente inimigos, as injustiças se multiplicam e o medo cresce sem medida. Não tenha medo, Jesus está presente. Siga-o e ele o manterá longe de todo medo.

25 de setembro

"Não tenhas medo deles nem das suas palavras" (Ez 2,6).

Ontem à noite fui dar uma volta pelos lugares mais movimentados de Roma, com alguns representantes de várias associações de jovens. Nessa caminhada, percebemos o que acontece na região mais frequentada à noite. Não quero parecer carola, mas fiquei negativamente impressionado com o que constatei. Vi jovens cambalearem, ao invés de caminhar; grupos de jovens largados no chão, fumando maconha; jovens traficantes vendendo drogas na frente de todo mundo; vi promiscuidade de todo gênero, uma moça a ponto de agredir outra com o salto do sapato e policiais fingindo não ver nada perante tanta falta de respeito à lei por medo de que uma intervenção pudesse desencadear reações de violência. Perguntava-me o que pode levar um jovem a reduzir-se àquela condição degradante. Perguntava-me onde estavam e o que faziam os pais desses jovens que vagueiam pelas ruas de madrugada, entre uma boate e outra, em estado de inconsciência. E na impotência diante de uma situação desse tipo, perguntava-me o que eu poderia fazer. A

Palavra de Deus que hoje eu lhe proponho sugere não ter medo daqueles jovens, porque dentro deles há um vazio de amor. E se você fosse um deles, eu lhe diria que não tivesse medo de deixar que se aproxime quem quer ajudá-lo.

26 de setembro

> "Alegrando-vos na esperança, perseverando na tribulação, assíduos na oração" (Rm 12,12).

"Alegrem-se!" Recebo de muito bom grado este convite e o faço a você. Gostaria muito de estar sempre alegre, em toda circunstância da minha vida, mas nem sempre consigo. Embora eu tenha um caráter otimista, por vezes me deixo tomar pela tristeza e pelo mal-estar. São Paulo nos sugere permanecer alegres na esperança. O que significa isso? Levantar-se de manhã e convencer-se de que o dia será bom? Não, a esperança não é pensar positivo, mas uma atitude que brota de uma experiência de salvação. Uma pessoa tem esperança porque sabe que pode confiar em alguém que no passado já a ajudou a encontrar o caminho da alegria. Essa consciência nos torna capazes de permanecer estáveis nas tribulações da vida, que tantas vezes nos levam ao desânimo e ao medo. Ficamos alegres, pois, quando temos esperança. Temos esperança quando nos sentimos fortes nas dificuldades e sentimo-nos fortes porque nos apoiamos em alguém que nos dá segurança. É esse "alguém" que precisamos encontrar concretamente na vida. São Paulo o encontrou no caminho de Damasco. E você, já o encontrou? Jesus Cristo é o fundamento da esperança e é uma pessoa. Naturalmente, como todas as pessoas, devemos praticá-la para conhecê-la bem. Daí surge a necessidade de sermos perseverantes na oração, a qual não significa, antes de tudo, pedir, mas ouvir. Não tenha medo de conhecer Jesus em profundidade. Escute o que ele tem a dizer-lhe. Acolha o seu Evangelho, a Boa Notícia, e você se tornará alegre na esperança.

27 de setembro

> "Sede firmes, e que vossas mãos não se enfraqueçam"
> (2Cr 15,7).

"Eu pensava estar bem, e hoje me dei conta de estou pra baixo." Foi o que me disse hoje uma jovem. Em nossa conversa, pudemos compreender que o motivo dessa crise é por ela estar envolvida numa luta contínua. Isso se tornou evidente quando, às lágrimas, me disse que está cansada de lutar. Não se pode passar uma vida inteira dando murros em ponta de faca. Existem batalhas positivas, que nos cansam, mas, ao mesmo tempo, nos fortalecem, porque nos rendem frutos. Mas existem também batalhas negativas, que nos consomem a ponto de nos arrasar, porque nos forçam apenas à destruição sem construir nada. Aquela jovem tinha lutado durante anos contra a doença da mãe, sem jamais conseguir aceitar a situação. Agora luta contra o fato de tê-la perdido. É normal que se sinta em crise, você não acha? Sua dor é enorme e merece o máximo respeito, mas não é a causa do seu mal-estar. O verdadeiro problema está no medo de cortar o cordão umbilical. Esse talvez seja o medo de muitos jovens que têm dificuldade de deixar de ser filhos e não conseguem tornar-se pais, ou seja, capazes de gerar e de construir. Para aquela jovem, tinha chegado o momento de dar o salto. De deixar de colher os frutos dos outros e começar ela mesma a semear, para que outros colham os frutos da sua árvore. Não tenha medo de ser adulto. É cansativo, mas muito bonito!

28 de setembro

> "Se tiverdes fé, sem duvidar, fareis não só o que fiz com a figueira, mas até mesmo se disserdes a esta montanha: 'Ergue-te e lança-te ao mar', isso acontecerá" (Mt 21,21).

Você já teve medo do tédio? Há pessoas, sobretudo jovens, que vivem com medo de entediar-se e, por isso, estão continuamente em busca de algo novo e emocionante para fazer. Mas é o fazer que preenche a vida? São as coisas extraordinárias e sensacionais que eliminam o tédio? Ou será, ao contrário, o modo de fazer as coisas? No versículo de hoje, Jesus nos diz que podemos realizar coisas inimagináveis, se nosso agir se mantiver na fé. Quem tem fé não sente tédio, porque é capaz de tudo, até mesmo de mover montanhas. Parece-me que, ao usar essa imagem, Jesus quer dizer-nos que o tédio não cabe onde existe fé. Lembro-me de que na minha infância havia dias em que me queixava de não saber o que fazer no tempo livre. Pensava naquilo que eu poderia fazer, mas nada parecia interessante. Naqueles momentos, qualquer coisa que me fosse proposta me aborrecia, porque não havia uma razão para fazê-la. Quando cresci, entendi que a fé é a mola que nos leva a realizar cada coisa com interesse e alegria. Se você não acredita em nada, não sentirá prazer naquilo que faz. Em que você acredita? Há quem tenha fé num time de futebol, na música, na dança, no estudo, nas ideias, e assim por diante. Acreditar em alguma coisa boa e bela ajudará a dar sentido a seus dias. Se você tiver fé na pessoa de Jesus Cristo, então o aborrecimento desaparece até mesmo do seu vocabulário. Não tenha medo!

29 de setembro

> "Poderás levantar teu rosto sem mácula, serás inabalável e nada temerás" (Jó 11,15).

Uma das coisas mais cansativas, mas também mais belas para um sacerdote é ouvir as pessoas na confissão. A experiência da confissão é cansativa, porque inclui acolher os pecados e também a dor que os acompanha e que provoca um grande peso no coração. Mas é também uma coisa bela, porque deixa ver as maravilhas que Deus opera com sua misericórdia. Desde que sou padre, tenho ouvido confissão de pessoas de todo tipo: crianças, jovens, adultos, idosos, homens, mulheres, ricos, pobres, leigos, sacerdotes, marido, mulher, filhos, pais, avós, namorados, viúvos, doentes, prostitutas, e assim por diante. Uma das maravilhas que constatei nessas confissões foi ver ajoelhar-se no confessionário uma pessoa de cabeça baixa e, depois, vê-la erguer a cabeça. É maravilhoso constatar como Deus restitui à pessoa a dignidade perdida pelo pecado. Quem recebe corretamente o sacramento da Reconciliação, vive a experiência de ter medo de ser julgado e encontrar encorajamento; quem está confuso descobre a luz da verdade; quem titubeia por causa da dor, retorna sólido na fé; quem se desmancha em lágrimas, reencontra o sorriso; quem está oprimido pelo remorso, encontra alívio; quem está arrependido, encontra o perdão; e quem pensa nada merecer, obtém possibilidades novas. Espero que você também já tenha feito uma experiência semelhante. E se ainda não o fez, espero que possa fazê-la, e logo! Não tenha medo, com o amor de Deus poderá manter sempre a cabeça erguida.

30 de setembro

"Não temas, Paulo" (At 27,24).

No meio de um naufrágio, a caminho de Roma, São Paulo recebeu, através de um anjo, a certeza de que ele e seus companheiros superariam a dificuldade e não perderiam a vida. Paulo devia chegar a Roma, porque dali, no coração do Império, ele poderia pregar o Evangelho a todo o mundo conhecido à época. Se Deus nos confia uma missão importante, ainda que seja árdua, não nos deixa faltar a ajuda necessária para levá-la a bom termo. Por isso mesmo, não precisamos ter medo de perder-nos nos grandes empreendimentos, sobretudo quando temos consciência de estar agindo segundo a vontade de Deus. São Jerônimo, celebrado hoje pela Igreja, três séculos depois de São Paulo, decidiu deixar Roma, onde era secretário do Papa Dâmaso, para viver em Belém, na gruta onde Jesus nasceu. Permaneceu naquela gruta durante trinta e cinco anos, até sua morte, para também contribuir, como São Paulo, para a divulgação do Evangelho. Sabia que Deus estaria com ele na cansativa e maravilhosa missão de traduzir a Sagrada Escritura na língua mais conhecida à época, o latim. Jerônimo não teve medo de gastar a maior parte de sua vida a fim de dar a todos a possibilidade de ter acesso à Palavra de Deus. Ele dizia que "ignorar as Escrituras é ignorar Jesus Cristo". Você também tem uma grande missão a cumprir. Não tenha medo de descobri-la e vivê-la!

OUTUBRO

1º de outubro

"Não fiqueis apavorados com os seus insultos" (Is 51,7).

Hoje começa o mês missionário. É um tempo que a Igreja dedica à reflexão e à oração, para relembrar sua natureza missionária. Por vontade do seu Fundador, Jesus Cristo, ela recebeu o chamado de ir até os confins do mundo a fim de que, mediante seu exemplo, se possa levar uma palavra de esperança aos que se encontram mais distantes de Deus. O anúncio que a Igreja é chamada continuamente a fazer é que há possibilidade de salvação para todos. Todos podem ser felizes, porque Cristo deu a vida por todos. Esse impulso missionário deveria pertencer a todo batizado, de modo que sentisse a urgência de ir ao encontro das pessoas com a alegria da fé no Senhor Jesus. Isso quer dizer que todo batizado deve sair pregando pelo mundo? Não! As modalidades da missão são muitas e cada um é chamado a viver segundo a própria vocação. Santa Teresinha do Menino Jesus, padroeira das missões, jamais saiu do seu mosteiro, mas foi uma autêntica missionária mediante a oração. Há quem deixe tudo e parta para um país distante e há quem permaneça em sua própria cidade. Trezentos jovens partem de Roma hoje a fim de testemunhar a alegria de crer no Evangelho. Através da música, da oração e de testemunhos, eles irão encontrar quem os julgue loucos. Mas não há de que se admirar, eles vão semear o amor!

2 de outubro

"Em teu favor ele ordenou aos seus anjos que te guardem em teus caminhos todos" (Sl 91,11).

"Santo Anjo do Senhor, meu zeloso guardador, se a ti me confiou a piedade divina, sempre me rege, guarda e ilumina. Amém." Esta é uma das orações que eu, quando criança, ouvia com frequência minha mãe rezar. É a oração do Anjo da Guarda, a de que eu mais gostava, porque me fazia sentir perto da realidade celeste. Sobretudo antes de dormir, tais palavras me infundiam segurança e me enchiam de alegria. Depois fui crescendo e comecei a adquirir aquela mentalidade positivista, segundo a qual só existe aquilo que se pode ver. Isso me levou a não mais acreditar na existência dos anjos. Embora continuasse acreditando em Deus, eu pensava que os anjos fossem fruto da imaginação humana. Também a Igreja, nas pregações que eu ouvia, me parecia pouco inclinada a fazer crer na presença dos anjos. Mas não é verdade. Naquela época eu ignorava a doutrina da Igreja sobre o assunto e também conhecia pouca a Sagrada Escritura, que está cheia de passagens sobre os anjos. Graças a Deus, voltei a rezar ao meu Anjo da Guarda e percebo a importância deles e da missão que desenvolvem junto de nós. Sinto-me feliz por ter voltado a minha infância e de não ter medo de rezar como uma criança. Não se faz papel de bobo por confiar na proteção de um anjo.

3 de outubro

"Vai, e também tu, faze o mesmo" (Lc 10,37).

A frase destacada para o dia de hoje é usada por Jesus para nos indicar o modelo de amor ao próximo a imitar. Aqui se trata de um homem conhecido como o bom samaritano. Jesus conta uma excepcional parábola a fim de responder à pergunta feita por um doutor da lei: "Quem é o meu próximo?". Em outras palavras, poderíamos perguntar desta maneira: "A quem devemos amar, visto que não podemos amar a todos?". Jesus conta, então, a história de um homem que estava viajando de Jerusalém para Jericó e caiu nas mãos de ladrões. Enquanto jazia por terra, machucado, quase morto, passaram diante dele três personagens: um sacerdote, um levita e o nosso bom samaritano. Os dois primeiros foram em frente, sem prestar socorro, mas o terceiro se aproximou para ajudar o homem ferido e precisando de ajuda. Ao terminar a história, Jesus pergunta ao doutor da lei qual dos três foi próximo daquele homem. Assim, Jesus muda completamente os termos da questão. O próximo não é um outro a quem devo ajudar, sou eu. Sou que, por amor, devo estar próximo de quem precisa de mim. Jesus nos pede para superar o medo que impede o sacerdote e o levita de terem compaixão do homem agredido. Não tema sujar as mãos. Não tenha medo de se aproximar de quem precisa de sua ajuda. Faça-se o próximo desse alguém e viverá de fato.

4 de outubro

"Vinde a mim todos os que estais cansados sob o peso do vosso fardo e eu vos darei descanso" (Mt 11,28).

Quando você está cansado, o que faz? Imagino que procure dormir um pouco para recuperar as forças. Isso quando se trata de forças físicas. Mas, se não é seu corpo que está cansado, e sim sua psique ou sua alma, o que você faz? Nesse caso, acho que dormir não seja suficiente. Houve uma ocasião em que eu não conseguia dormir, por causa do estresse acumulado por uma série de problemas de saúde na minha família. Eu sentia dor no peito e temia ter um infarto. Foi a primeira vez na vida que a ideia de morrer me deu medo. Uma noite, já cansado dessa situação, ajoelhei-me ao pé da cama e pedi ajuda ao crucifixo. Notei que Jesus tinha a ferida do lado esquerdo do peito exatamente no ponto em que eu sentia dores, e entendi que somente ele poderia me entender de verdade. Após um momento de choro de alegria pela ternura com que me senti abraçado por Jesus, entrei debaixo das cobertas e adormeci imediatamente. Foi assim que superei aquele período difícil, ao encontrar recuperação em Jesus. É tão belo repousar em Deus, retirar-se na solidão com ele, tal como fazia São Francisco – cuja festa a Igreja celebra hoje –, quando esse santo ia rezar em lugares maravilhosos, que hoje se tornaram santuários. Ainda hoje se respira uma atmosfera de paz interior nesses lugares. Se em meio às dificuldades do dia você conseguir aproximar-se de Jesus como um recém-nascido o faz com sua mãe, com certeza encontrará conforto. Não tenha medo!

5 de outubro

"Não o temas!" (Dt 18,22).

Não se deve ter medo de quem, em nome de Deus, fala coisas que depois não se realizam. Tais palavras não provêm de Deus, mas de algum suposto profeta que as diz por presunção. Deus realiza aquilo que diz, portanto, se alguma promessa não se traduz em realidade, é sinal que foi feita por um ser humano. Existem seitas que se arrogam o direito de fazer proselitismo mediante uma pregação ameaçadora. A toda hora aparece alguém anunciando catástrofes ou o fim do mundo como se fossem vingança de Deus contra quem não adere à determinada seita. E fazem isso instrumentalizando e deturpando a Sagrada Escritura, da qual se proclamam autênticos intérpretes. Mas os fatos revelam que tais anúncios não passam de grandes mentiras. É melhor informar-se cuidadosamente quando alguém se aproximar de você com esse tipo de previsão. Não se deixe atemorizar por certas afirmações de alguns grupos religiosos e verifique sempre as previsões deles em busca de mentiras. É comum que certas afirmações se percam na memória. Crer é um ato de liberdade que não ofusca a razão e jamais pode ser uma resposta induzida pelo medo de Deus, que não é um patrão vingativo. Caso se apresente à porta de sua casa alguém que lhe fale de um Deus ameaçador, não dê atenção e não tenha medo, pois o Senhor é um pai misericordioso.

6 de outubro

> "Pedi e vos será dado; buscai e achareis; batei e vos será aberto" (Lc 11,9).

A primeira coisa que penso ao ler esta frase de Jesus é que precisamos ser um pouco insistentes com ele. O convite é para rezar não de vez em quando, nem quando sentimos necessidade, tampouco quando julgamos oportuno, mas sempre. Como Jesus, temos de aprender a fazer da oração o nosso pão de cada dia, dirigindo-nos ao Pai com a confiança de que seremos atendidos. Mas é assim tão simples? Basta rezar para que sejam resolvidos todos os nossos problemas? Pensando bem, não é assim tão fácil pedir, buscar e bater à porta. Em geral temos medo de concretizar o conteúdo dessas expressões. Se fosse assim tão simples, o mundo estaria cheio de pessoas felizes, mas não é o caso. A questão é mais complexa. Em geral, temos dificuldade de pedir, por causa do nosso orgulho, por medo da humilhação; não buscamos por preguiça ou pelo medo de nos desiludir, não encontrando aquilo que procuramos; não batemos à porta por medo de perturbar e, portanto, de deixar de sermos amados. Eis por que Jesus nos lança essa provocação: pedir, buscar, bater. Não tenha medo! Mas para não ser superficial, é justo que façamos outras perguntas: pedir o quê? Onde procurar? Bater onde? Peça sempre o bem para você e para os outros, a luz da verdade, a força do amor e o sustento da esperança. Não procure em qualquer lugar, para não se perder. Busque um caminho seguro, aquele que Jesus propõe a você. Finalmente, bata à porta de Deus. Não tenha medo de perturbá-lo. Ele é seu Pai!

7 de outubro

"Manso e humilde de coração" (Mt 11,29).

Pode-se ter medo de uma pessoa humilde e mansa de coração? É assim que Jesus se apresenta: como aquele que quer doar paz a nossas almas. Espero que ninguém lhe tenha dito, quando você era criança, uma frase deste tipo: "Não desobedeça, senão Jesus o castigará". No caso de lhe terem dito isso, lembre-se de que o próprio Jesus definiu a si mesmo como manso e humilde de coração. Lembre-se, sobretudo, de que Jesus nos amou a ponto de se deixar pregar na cruz. Nós o crucificamos, e ele, em vez de nos punir, nos perdoou. Por isso deveríamos ser-lhe reconhecidos. No entanto, frequentemente nos voltamos contra ele, com ingratidão, irreverência, indiferença e desprezo. E o que ele faz? Continua a nos amar. Assim, em vez de ter medo dele, deveríamos retribuir-lhe seu amor. Há cerca de trezentos e cinquenta anos, Jesus apareceu a Santa Margarida Maria Alacoque, exatamente para dizer aos homens e mulheres que espera de nós uma resposta de amor. Ele nos quer enamorados dele, e não atemorizados por ele. Hoje, enquanto escrevo, é a primeira sexta-feira do mês, dia em que há o costume de confessar e comungar, participando da missa exatamente segundo as indicações que ele deu a Santa Margarida Maria. Com tal devoção, a santa convida aqueles que se afeiçoam ao Sagrado Coração de Jesus a honrá-lo em todas as primeiras sextas-feiras do mês, como um gesto concreto de amor reparador para com ele. Se você vai à missa aos domingos, faça-o por amor. E se vai à missa na primeira sexta-feira do mês, faça-o também por amor. Nada há a temer.

8 de outubro

> "Ao caminhar, não serão torpes os teus passos, e ao correr, tu não tropeçarás" (Pr 4,12).

Certa vez, ao descer uma montanha, pus-me a correr no último trecho, para ser o primeiro do grupo a chegar. A poucos metros da chegada, tropecei e caí, o que resultou em uma ferida da qual ainda hoje tenho cicatriz. Foi uma bela lição! Eu não conhecia aquela trilha, mas queria conduzir o grupo. Fui arrogante e mereci cair. Eu tinha a presunção de correr sem que ninguém me mostrasse o caminho à frente. Uma estudante universitária veio certo dia falar comigo e disse-me que se sentia bloqueada pelo medo de não conseguir terminar seus estudos. Os exames finais tinham-se tornado para ela obstáculos insuperáveis. Estudava muito, mas no dia das provas não conseguia sequer ficar diante dos professores. O problema dessa jovem não era tanto o de não conseguir estudar, mas de não ser capaz de pedir ajuda para superar uma série de medos ligados a outros fatores pessoais e familiares. Os obstáculos de sua vida eram de outro gênero, e ela não conseguia detectá-los sozinha, sem alguém que a ajudasse a descobrir as raízes do seu bloqueio. Quanto mais ela insistia na solução do problema das provas, mais se afundava no medo de não conseguir fazê-las. Após uma boa conversa, ela entendeu que devia pedir ajuda a Deus acerca dos seus reais problemas e começou a observá-los. Na semana seguinte, conseguiu fazer duas provas. Não tenha medo. Se diante de você estiver Jesus, não somente você caminhará, mas correrá, e nada de ruim acontecerá.

9 de outubro

"Tranquiliza-te, irmã, não te preocupes" (Tb 10,6).

Que drama é o divórcio! Gostaria muito de que, não somente por exigências de meu estudo e trabalho, mas sobretudo para lançar mais luzes sobre este mal que tanto afeta a sociedade, fosse apresentada uma série de estatísticas sobre os efeitos das separações. Com frequência se fala das mágoas dos filhos por causa da separação dos pais, dando por certos os benefícios ao casal separado. Seria muito oportuno que se pesquisasse, sem condicionamentos ideológicos, se os solteiros, as famílias e a sociedade em geral ganham ou perdem com o divórcio. Quais são as verdadeiras vantagens para as mulheres, para os homens, para as crianças e para os avós? Quais as vantagens do ponto de vista econômico? E do ponto de vista psicológico? Em que termos é afirmada a liberdade? Qual a estabilidade conquistada no plano afetivo? E depois, quais são os prejuízos sobre todos os aspectos aqui enfocados? E que novos dramas se criam? Os problemas resolvidos, quando o divórcio aconteceu, autorizam-nos a dizer que valeu a pena, que outros não foram gerados, talvez até mais graves, tanto em quantidade quanto em qualidade? Eu gostaria muito de que se esclarecessem esses aspectos. Ontem à noite uma mulher divorciada há muitos anos me fez entender as várias consequências negativas devidas a sua separação, das quais ela não se irá libertar jamais. Estava aflita pelos seus filhos e pelo ex-marido, com o qual subsistem ainda muitos problemas que a separação não resolveu. Se confiássemos mais em Deus, não estaríamos muito melhor?

10 de outubro

"Destruiu a morte para sempre" (Is 25,8).

Entre os muitos encontros realizados durante a missão aos jovens em Roma, ficou-me impressa a conversa que tive com uma garota na escadaria da igreja. Suas perguntas, também provocativas, deram-me a entender que os jovens procuram respostas de grande alcance, sobretudo quando está em jogo sua vida. Para aquela jovem, não interessavam os matizes da fé cristã, mas o coração, a ressurreição. "Como se pode acreditar que exista alguma coisa depois da morte?" "Pode ser que Jesus tenha ressuscitado, mas ele era o maior!" "Existe um homem normal que tenha ressuscitado?" Com essas provocações, a jovem tinha entrado em diálogo com os jovens missionários que a interpelaram. Parece-me que hoje, mais que nunca, os jovens têm necessidade de uma Igreja que dialogue com eles, focando diretamente os pontos cruciais do cristianismo, os mais difíceis de compreender, mas que podem mudar completamente sua vida. Se é verdade que a morte foi vencida, então a vida muda de perspectiva também para os jovens que se excedem no álcool e nas drogas durante os finais de semana. Se aquela jovem fizer a experiência com o Ressuscitado, que lhe permitirá experimentar um pouquinho da eternidade, então encontrará novo sentido para sua vida. E você, que perguntas tem a fazer sobre a fé? Não tenha medo de enfrentar suas dúvidas!

11 de outubro

> "Se até as coisas mínimas ultrapassam o vosso poder, por que preocupar-vos com as outras? (Lc 12,26).

Nestes últimos tempos, tem-me acontecido de acolher muitos jovens que desabafam sua angústia sobre o futuro. Parece-me que esteja crescendo neles o medo de ficarem sozinhos na vida, de não conseguirem encontrar a pessoa certa com a qual compartilhar a vida e construir uma família. Vejo muitos jovens, sobretudo entre 25 e 30 anos, que sofrem por esse motivo, se deprimem, fazem terapia e se preocupam com o futuro. Quando tento buscar o entendimento no fundo do coração deles, surgem sempre questões não resolvidas no passado, que condicionam o presente e também o futuro. Frequentemente constato que trazem no coração muita presunção e insegurança. Parece um paradoxo, mas na verdade são duas faces da mesma moeda. Perante tais inquietudes, Jesus lhes diz: "Por que vos preocupais com o futuro? Se não podeis nem mesmo acrescentar um instante a vossa vida? Antes de pensar no futuro, por que não entregais a mim a vossa presunção e a insegurança que hoje sentis? Por que não me pedis a paz, agora?". Deus não lhe pede para não ter expectativas em relação ao futuro, mas para concentrar-se em viver bem o presente, em qualquer condição que se encontre. E sempre com a certeza de que ele estará sempre ao seu lado não somente hoje, mas amanhã e sempre. Não tenha medo!

12 de outubro

"Pela bondade corajosa de sua alma" (Eclo 45,23).

O livro do Eclesiástico afirma que a glória de um homem consiste, entre outras virtudes, na bondade corajosa de sua alma. Bondade e coragem podem estar juntas? Com frequência ouço dizer que uma pessoa bondosa é subserviente, condescendente e que não tem coragem de tomar posição por medo do conflito. Em termos simples, quem é bom não tem competência, é o que se diz. Mas, segundo a Palavra de Deus, não é bem assim. Quem é verdadeiramente bom, procura o bem antes de qualquer coisa e a todo custo. Sabemos que Jesus mostrou sua bondade no extremo sacrifício, o da sua vida, e teve coragem de doar-se pelo nosso bem. Quem é bom busca sempre a verdade e não teme consegui-la, ainda que lhe cause sofrimentos. Quem é bom busca o verdadeiro bem, pois somente assim cresce na bondade. Por isso, não admite quaisquer compromissos, nem aceita meias-verdades ou falsos bens. Quem é bom tem coragem de ser radical nas suas escolhas, pois sabe que permanecer "em cima do muro" não faz bem nem a ele nem aos outros. Quem é bom tem coragem de amar no maior grau possível aquele que lhe dá força para perdoar até seus inimigos. Treine sua alma para que seja boa e não tema ser considerado bobo. Lembre-se de que aquilo que é visto como insensatez perante os homens, é sabedoria diante de Deus.

13 de outubro

"Tornou-os mais ardorosos" (2Mc 15,9).

Quando eu era criança, tinha muito medo de ir a hospitais. Lembro que o cheiro que se sentia pelos corredores já me causava terror. Sobretudo, eu tinha medo de me aproximar dos doentes. Penso que quase todas as crianças sintam isso. O sofrimento assusta a todos, quanto mais aos pequenos. Quando cresci, graças a Deus, esse medo desapareceu, porque aos poucos fui aprendendo a enfrentar as doenças. A experiência de aproximar-me das pessoas doentes me tornou mais corajoso. Acredito que a maneira mais eficiente de superar o "medo dos doentes", que tantos jovens sentem, seja prestando serviço àqueles que sofrem. Acabei de voltar de Lourdes, onde fiz uma visita no intuito de preparar uma peregrinação de jovens para o ano que vem. Diante da gruta, o que mais impressiona é a fila de cadeiras de rodas guiadas por voluntários. É comovente ver a fé dos doentes que vão visitar a Virgem para pedir uma graça. Mas ainda mais comovente é observar o rosto sorridente dos voluntários que os acompanham. Acredito que esse tipo de serviço faça muito bem aos jovens. Espero que, em geral, o voluntariado juvenil aumente nos lugares de sofrimento. Nos hospitais pode-se ir não apenas por necessidade, para visitar um parente querido ou um amigo, mas também por livre escolha. Não tenha medo de fazer esse tipo de experiência, que o tornará mais corajoso!

14 de outubro

"Cuidado para não vos alarmardes" (Mt 24,6)

Cottolengo! Uma das mais belas experiências que fiz em meus tempos de seminarista. Lembro com gratidão daquela semana que passei em Alba, num dos centros de acolhimento nascidos no rastro da Pequena Casa da Divina Providência, fundada por São José Bento Cottolengo, em Turim. Antes de partir para lá, fiquei preocupado com as coisas que muita gente me dizia: "Imagino que você vai passar por uma experiência difícil, porque no Cottolengo os internos são deformados, com malformações de dar medo". Recordo-me de que nos primeiros dias, andando pelos corredores e quartos com a responsável da casa, eu sentia medo de aproximar-me dos leitos. Depois comecei a observar o amor com que as religiosas cumpriam suas tarefas. Vi que conversavam com os garotos "deficientes" com tranquilidade e extrema naturalidade. Dia após dia, compreendi que aqueles meninos possuíam uma grande dignidade, e que eu podia aprender alguma coisa com eles. Por exemplo, que não existe apenas uma linguagem para se comunicar. Estava com um deles na sala de ginástica com o intuito de ajudá-lo a realizar alguns exercícios. Enquanto o ajudava, ele tocou em meu ombro com o dedo. Eu nem percebi, mas a irmã fisioterapeuta me disse: "Olhe, ele está abraçando você". Naquele momento entendi que, se aprendesse sua linguagem, deixaria de temê-lo. Entendi que ele também tinha habilidades, diferentes das minhas. Se você nunca fez uma experiência dessas, não tenha medo de fazê-lo. Você aprenderá a dizer: "Graças a Deus!".

15 de outubro

"Ainda que um exército acampe contra mim, meu coração não temerá" (Sl 27,3).

Nestes dias estão acontecendo muitos protestos de jovens no mundo inteiro. Criou-se um movimento de "inconformados" que se rebelam não tanto contra o poder político, mas contra o poder econômico-financeiro. Muitos desses jovens perderam a confiança no futuro e atribuem a falta de realização, especialmente no campo do trabalho, ao poder excessivo do sistema financeiro, que permite o enriquecimento de poucos privilegiados à custa dos demais. Os jovens, assim como os adultos, não toleram mais os privilégios dos poderosos, enquanto o povo enfrenta crises econômicas. Eis que explodem então os protestos, em alguns casos até mesmo com violência. Tudo isso é compreensível. É justo lutar e manifestar a própria indignação, fazendo ouvir sua voz a fim de pôr fim a tantas injustiças. Contudo, a violência não serve para nada. A indignação destrutiva não leva a um confiante empenho construtivo em prol de um futuro melhor. Quando a confiança se quebra, a rebelião causa um problema ainda maior. E a confiança diminui quando não se tem mais fé em Deus. Existem muitíssimos jovens radicados em Cristo que estão empenhados na construção pacífica de um mundo novo, para torná-lo melhor. Eles compreenderam que para fazer essa construção precisam, antes de tudo, mudar a própria vida. Quando as coisas saírem do controle diante de você, não tenha medo. Continue a ter confiança em Deus, em você mesmo e naqueles que querem dar o melhor de si para o bem de todos.

16 de outubro

"Unidos e cheios de ardor, puseram-se em marcha" (2Mc 11,7).

Ontem participei de um encontro no Vaticano sobre a nova evangelização. Se evangelizar significa anunciar a Boa Notícia, o termo "nova" quer indicar que há uma nova boa notícia a comunicar? Não, o Evangelho é sempre o mesmo. Cristo é o mesmo ontem, hoje e sempre. E a notícia a comunicar ao mundo inteiro é a mesma: a morte foi vencida. Em que consiste, então, a novidade? Na modalidade e na linguagem. Quando João Paulo II falou de nova evangelização, ele convidou a Igreja a encontrar um caminho novo para comunicar o Evangelho, uma linguagem mais adaptada aos tempos, uma modalidade mais próxima do homem contemporâneo. A linguagem é importante, porque o amor foi feito para ser comunicado. A Igreja sabe que Deus é amor, que Cristo se sacrificou por amor pelas pessoas de todos os tempos. Mas essa belíssima verdade deve ser comunicada de maneira compreensível hoje, a fim de que possamos encontrar de fato o Amor. Foi agradável ver como as muitas realidades da Igreja se ocupam da nova evangelização com carismas diferentes, desde a música até a internet. Foi ainda muito mais agradável ver os novos evangelizadores partirem, todos juntos, depois do encontro com o Papa, para uma tarde de oração e de anúncio pelo centro histórico de Roma. Se você também encontrou o Amor, não tenha medo de comunicá-lo aos outros.

17 de outubro

"Exortou-os a que lutassem com bravura" (2Mc 8,16).

Quero partilhar com você uma ótima notícia. É sobre um pai de família que hoje, dia de seu aniversário, começou a trabalhar numa empresa, após um longo período de desemprego em meio à crise econômica. Finalmente, parece que se abriu a ele uma nova perspectiva de estabilidade e serenidade para o futuro. Durante o longo período de dificuldades, esse homem teve de enfrentar uma série de problemas, que teriam levado qualquer um a perder a confiança em si mesmo. Chegou à beira da depressão – o mal que leva a pessoa a um túnel sem saída, tirando toda esperança de poder reencontrar a luz. Hoje ele festeja a reconquista da luz, ao começar uma nova fase de sua vida, que certamente será muito rica de alegria e de paz. Sabe quando se deu a mudança decisiva na vida desse homem? No momento em que dolorosamente ele aceitou a sua falência e pediu ajuda, antes de tudo a Deus, e depois aos amigos mais próximos. A ajuda chegou na hora certa, não porque Deus tenha usado uma varinha mágica para que ele encontrasse trabalho, nem mesmo porque algum amigo seu lhe tenha dado uma boa recomendação. A ajuda veio por meio de uma contínua exortação a não perder as esperanças. Ele superou as dificuldades porque Deus e os seus amigos lhe deram confiança e o apoiaram no momento mais crítico. Você também não deve perder a coragem. Saiba que a ajuda, se você a pedir, chegará. Não tenha medo!

18 de outubro

"Não tiveram medo do decreto do rei" (Hb 11,23).

Há poucos dias, uma manifestação pacífica ocorrida em Roma transformou-se numa verdadeira guerrilha urbana, provocada por alguns jovens violentos. Os danos foram muitos e notáveis, houve feridos e o risco de mortes foi grande. Após esse grave incidente, o prefeito de Roma emitiu uma ordem proibindo todo tipo de passeata pelo centro histórico da cidade, durante um mês. Tudo isso aconteceu poucos dias antes da peregrinação de 22 de outubro, organizada pelos jovens em memória de João Paulo II. Após ter preparado tudo para esse grandioso dia, fomos forçados a renunciar à peregrinação, mas não ao evento que lembra o Papa. Faremos uma vigília na praça São João e depois celebraremos uma missa na basílica. Certamente essa decisão comporta uma mudança que cria vários problemas de organização.

Não nego que senti grande ansiedade e medo de não dar conta de preparar tudo a tempo. Deus, porém, com esta frase da Carta aos Hebreus, veio imediatamente em meu socorro para dizer-me que não tivesse medo. É uma palavra de conforto que me fez compreender que as coisas de Deus vão adiante de qualquer jeito, ainda que de modo diferente do planejado. Essa palavra me leva a acreditar que a iniciativa será melhor do que o previsto. Por isso eu lhe digo: não tenha medo dos imprevistos, porque, com a ajuda de Deus, se superam todos os obstáculos.

19 de outubro

"Coragem, todo o povo da terra" (Ag 2,4).

Neste livro até agora temos falado de muitos medos que atingem o coração de cada pessoa em particular. Mas existem também medos coletivos, que contagiam grupos, e até mesmo povos inteiros. Hoje, estimulado pelo texto do profeta Ageu, escrevo em referência a esse tipo de medo mais abrangente. Vivemos numa época em que corremos o risco de deixar-nos levar por vários tipos de crise, desde a econômica até a moral. A classe política tem dificuldade de encontrar uma unidade de intenções que permita empreender um caminho de crescimento do país. A questão moral parece tocar grande parte da classe dirigente em todos os níveis. As instituições perdem de vista o fato de estarem, por natureza, acima dos partidos políticos e se embrenham em batalhas infrutíferas. Não se vislumbra no horizonte uma alternativa a essa situação e o povo permanece sem pontos de referência confiáveis. Coragem! Deus nos convida a trabalhar com confiança e espírito construtivo. Procure reencontrar a coesão social e a unidade nos valores mais importantes. Redescubra a alegria de trabalhar para o bem de todos, em particular dos mais pobres. Devolva a esperança aos jovens que sentem dificuldade em construir um futuro sereno. Acolha as possibilidades que Cristo lhe oferece. Não tenha medo de perder as motivações civis ao redescobrir as raízes cristãs.

20 de outubro

"Mas coragem, meus filhos, e clamai a Deus" (Br 4,27).

Acontece-me frequentemente de encontrar pessoas que sentem necessidade de gritar, mas têm medo de fazê-lo, sobretudo com Deus. São pessoas que não estão bem interiormente, que guardam rancor de alguém, estão desiludidas e com raiva, julgam ter sido injustiçadas, sentem-se frustradas, amarguradas devido a seus erros, têm dificuldade de aceitar seus pecados, e assim por diante. Dizem-me que esse mal-estar tem a ver com o fato de Deus as ter abandonado e não pôr fim ao sofrimento delas. Muitas dizem isso com certa timidez, quase com medo de ofender a Deus, esquecendo-se de que o Senhor sabe tudo que elas sentem e pensam. Reprimir esse mal-estar é inútil e só piora a situação, porque ainda por cima se sentem culpadas em relação a Deus. Guardando tudo dentro de si mesmas, correm o risco de não conseguir fazer o mais importante: rezar. Em tal situação, gritar a Deus é o melhor modo de rezar. E não é preciso ter medo de fazer isso, porque a oração serve para colocar-nos em comunicação com Deus. Se há um grito no nosso coração, é absurdo tentar expressar-se com uma voz delicada, porém falsa, ao nos dirigir a ele. Sempre que houver necessidade, não tenha medo de gritar a Deus. Faça-o de viva voz ou com as lágrimas. Faça-o, sobretudo, no confessionário. Você descobrirá que Deus nunca o abandonou!

21 de outubro

"Animados de eficaz energia" (Cl 1,11).

Lembro-me do meu tempo de criança, quando brincava com um dos meus irmãos, o mais próximo pela idade. Nossa brincadeira preferida era a luta. Não se assuste, pois não nos machucávamos. Caíamos no chão para ver qual dos dois era mais forte. Nossa mãe gritava conosco, porque sujávamos a roupa. Coisa semelhante acontecia com meus sobrinhos. Quando eram pequenos, nos divertíamos muito fazendo cócegas um no outro. Eu fingia perder a luta, me rendia, mas depois voltava à "batalha". Lembro-me das risadas gostosas que dávamos, chorando de rir. Tudo isso para dizer que até nas brincadeiras inocentes das crianças há um desejo inato de ser forte. Mais forte que todas as forças! Esse poderia ser o *slogan* de um super-herói de desenho animado. Na Carta aos Colossenses, São Paulo afirma que todos podemos ter acesso a essa força extraordinária. Porém, ela não nos pertence, não a produzimos, mas podemos recebê-la como dom de Deus. Somente Deus pode nos tornar mais fortes que todas as forças. Crescendo no conhecimento de Deus, convivendo, ouvindo e encontrando-o na pessoa de Jesus, cresce em nós uma força especial, interior, que nos leva a receber bem os golpes duros da vida, a amar sempre, a sermos pacientes com todos e a não ter medo de nada. Ao crescer no conhecimento do Senhor, você verá que, junto dele, ninguém o vencerá.

22 de outubro

"Não deves ter medo delas!" (Dt 7,18).

O trecho do livro do Deuteronômio em que se insere este versículo convida o povo de Israel a não ter medo das nações vizinhas e a recordar-se de como, no passado, Deus o tinha libertado da escravidão do Egito. Esse convite parece estar endereçado a mim, não em referência ao medo das nações, mas ao medo da previsão do tempo. Deus me convida a não temê-la. Hoje celebraremos a memória do Papa João Paulo II, na praça de São João, num momento de festa, de reflexão e de oração. Os problemas de organização que mencionei em 18 de outubro foram todos superados e estamos prontos para viver essa jornada junto a muitos jovens. Segundo a previsão do tempo, hoje poderá cair uma chuva capaz de estragar a festa. Mas eu me lembro de que todas as vezes que no passado se verificou esse tipo de problema, por ocasião de algum encontro semelhante, os obstáculos foram sempre superados de modo brilhante. Lembro-me, por exemplo, da Jornada Mundial da Juventude de Toronto, em 2002. Assim que João Paulo II começou a falar, a chuva parou e saiu o sol. E me lembro também da vigília em preparação à sua beatificação. Às 18 horas chovia, mas às 21 horas, quando se iniciou a oração com centenas de milhares de pessoas, o céu se abriu e durante a noite inteira não caiu mais nem uma gota de chuva. Também hoje correrá tudo bem. Se você fizer alguma coisa pelo Senhor, não tenha medo nem mesmo da previsão meteorológica!

23 de outubro

"Eras escravo quando foste chamado? Não te preocupes com isto" (1Cor 7,21).

Hoje, estimulado por um retiro que fiz esta manhã com alguns jovens em avaliação vocacional, quero falar sobre o chamado e o medo que ele traz. Cada um de nós, conscientemente ou não, é chamado por Deus à vida, em determinada condição social, numa família, numa cidade, num contexto histórico, em determinado século, e assim por diante. Não tenha medo de viver esse chamado, não se preocupe com a condição em que você se encontrava quando veio ao mundo. Qualquer que tenha sido essa condição, isso não o impedirá de realizar o desígnio maravilhoso que Deus tem para você. Em que consiste sua vocação? No melhor para você. Entre as mil coisas que pode fazer de sua existência, há uma só, a melhor, que o realizará plenamente e que, portanto, tornará feliz quem vive a seu lado. Você veio ao mundo por alguém, para amar alguém, para trazer felicidade a alguém. E isso você poderá realizar em qualquer situação. Ainda que estivesse na terrível condição de escravo – que ainda persiste, infelizmente, neste mundo –, ninguém o impediria de doar-se livremente ao próximo, ainda que fosse seu carcereiro. Cristo chama você, siga-o! E não tenha medo da sua condição de partida.

24 de outubro

> "Alargas os meus passos e meus tornozelos não se torcem"
> (Sl 18,37).

Se pudesse dizer-lhe em poucas palavras como tem sido minha vida até o momento, diria que tem sido linda e serena. Porém, seria mentiroso se dissesse que não tive momentos difíceis. Algumas passagens delicadas em que vacilei e arrisquei perder-me fazem parte do meu currículo. Não foram muitas, mas estiveram presentes na minha vida. Lembro-me em particular de três momentos complicados, um na adolescência, outro na juventude e o último vivido no ano passado. Não vou entrar em pormenores, porém devo dizer que, se estes meus pés não vacilaram, foi somente pela graça de Deus, que foi sempre meu sustentáculo. Mas vamos por partes. Na situação que enfrentei quando adolescente, Deus esteve muito próximo de mim, concretamente, através da Igreja. Naquele período compreendi claramente o motivo pelo qual ele a concedeu, para sentirmos o calor de uma companhia confiável, de uma família que nos gera na fé e que nos faz experimentar a beleza da caridade fraterna. Quando eu era jovem, Deus aplainou o caminho para meus passos no momento dramático das decisões importantes da vida. Ele o fez através de seu Filho Jesus, que decidi seguir sempre mais de perto. Enfim, quando a morte bateu à porta da minha família, Deus me amparou através do cuidado maternal de Maria Santíssima. Se você ainda não percebeu, saiba que Deus é a maior força que existe. Não tenha medo!

25 de outubro

"Tudo posso naquele que me fortalece" (Fl 4,13).

Hoje é aniversário de minha ordenação diaconal. Lembro-me bem da belíssima semana de exercícios espirituais, transcorrida em silêncio, juntamente com meus companheiros de classe, como preparação ao nosso "sim" definitivo a Cristo e à Igreja. Durante a ordenação, recordo a leveza do abandono que senti quando me deitei por terra, a confiança com que coloquei minhas mãos nas do cardeal Camillo Ruini para expressar minha promessa de obediência, a alegria com que abracei meus companheiros no final da missa. No santinho que escolhemos como recordação do nosso diaconato, escrevemos a frase que hoje eu comento: "Tudo posso naquele que me fortalece". Com esta frase, queríamos exprimir nossa fé no Senhor Jesus, que nos havia chamado para servi-lo, lavando os pés de todos aqueles aos quais nos enviaria. Estávamos conscientes de que, sem sua força, não seríamos jamais capazes de nos tornar diáconos, ou seja, servos. Sabíamos também que, para poder servir aos outros, devíamos antes de tudo nos deixar ser servidos por Jesus. Deixar que outros nos lavem os pés é a coisa mais difícil, porque a nenhum de nós agrada permitir que outros vejam nossa sujeira. Deixar-se limpar, curar, medicar, enfim, ser ajudados por Jesus. Se ele lhe der a força da humildade, você aceitará até mesmo que seus entes queridos lhe lavem os pés. Isso fará com que você seja um bom servo. Não tenha medo, com a força de Deus você pode tudo, até mesmo tirar os sapatos e as meias diante dos outros.

26 de outubro

> "O homem toma em consideração a aparência, mas Iahweh olha o coração" (1Sm 16,7).

Você já experimentou o medo que se sente ao ver sofrer uma pessoa querida e não saber como ajudá-la? Estou me referindo ao medo da impotência, ou melhor, de não conseguir amar os outros como se desejaria. Quando uma pessoa que amamos sofre, gostaríamos de estar ao seu lado a fim de ajudá-la, mas às vezes isso não é possível, por vários motivos. Em alguns casos, é a própria pessoa em questão que não quer nosso auxílio. Nesse caso, é difícil saber o que fazer, com medo de sermos mal compreendidos. Temos medo de que a pessoa que amamos pense que não nos interessamos por seus problemas, que ela não perceba nossas boas intenções, que não perceba o quanto é importante para nós. Gostaríamos de abraçá-la com força e chorar com ela, a fim de partilhar de seus sofrimentos e mostrar os nossos. Gostaríamos de ser para ela um ponto de referência; porém, não tendo sido procurados, temos medo de jamais ser essa referência para ela. Pois bem, hoje quero partilhar com você esta belíssima frase do livro de Samuel: "O homem toma em consideração a aparência, mas Iahweh olha o coração". Mesmo no caso de a pessoa amada apegar-se à aparência, sem conseguir ver todo o amor que se tem por ela, Deus vê tudo, e sabe da intenção em nosso coração. Não tenha medo, não é verdade que somos impotentes, que não podemos ajudar quem amamos. Sempre podemos rezar!

27 de outubro

"Seu coração caminhou nas sendas de Iahweh" (2Cr 17,6).

Na Sagrada Escritura, o coração não é somente o órgão que bombeia o sangue para todo o corpo, ou a sede abstrata dos sentimentos. Na linguagem bíblica, o coração indica, em seu significado mais profundo, o "eu" escondido, o íntimo da pessoa, a alma, a consciência, aquele lugar secreto onde ninguém pode entrar, somente Deus. Portanto, o homem forte, nesta perspectiva, não é aquele que está na sua exuberância física, mas aquele que é robusto de coração. Portanto, não é a parte visível do ser humano, mas a parte invisível que conta para sua solidez. Sabemos que, para fortalecer os músculos, é preciso um treinamento pesado, com exercícios físicos diários. Pois bem, para fortalecer o coração também é preciso exercitar-se todos os dias. Para tornear os músculos da alma é preciso frequentar uma academia. Quem deseja adquirir uma consciência reta, sadia e bem estruturada, deve contar com um *personal trainer* que o guie nos exercícios. Evidente que nessa disciplina o único treinador possível é Deus. Porque, na intimidade do coração, somente Deus pode entrar. E o manual de exercícios? Chama-se Bíblia. Se você ainda não tem, compre-a. Leia com fé, mas comece do fim, pelos Evangelhos. Não tenha medo, seguindo o Senhor Jesus, você será sempre mais forte.

28 de outubro

> "Eu me comprazo nas fraquezas, nos opróbrios, nas necessidades, nas perseguições, nas angústias por causa de Cristo. Pois quando sou fraco, então é que sou forte" (2Cor 12,10).

Posso fazer-lhe uma pergunta? Você gosta quando alguém o critica? Por favor, não me responda como aqueles que dizem ficar felizes quando recebem crítica, pois assim podem crescer e melhorar! O normal é que as pessoas, quando fazem alguma coisa com empenho e amor, sintam-se mal quando criticadas. Ficam satisfeitas quando os frutos de seu trabalho são valorizados, e aborrecidas quando a crítica alheia nega tal valorização. É verdade que, quando as críticas são construtivas e feitas com amor, ajudam muito e fazem bem a quem as recebe. Mesmo que, é preciso admitir, de início machuquem. O orgulho nos impede de ver, de início, seu aspecto construtivo, e nos leva a tomá-las como um ataque pessoal do qual nos defender. Em certos casos, por outro lado, as críticas constituem verdadeiras perseguições, ultrajes, que ferem profundamente as pessoas a que se destinam. Quando se é atacado injustamente, depois de se ter prodigalizado tanto pelo bem dos outros, é normal que se sofra muito. Pois bem, pelas palavras de São Paulo, Deus nos sugere, hoje, que não devemos ter medo das dificuldades e angústias sofridas por causa dele. Sentir a fraqueza proveniente de uma ofensa recebida por causa de Cristo nos faz sofrer muito, mas é uma graça que nos fortalece de verdade. Portanto, não tenha medo das críticas! Ela pode aborrecê-lo, principalmente se for infundada, mas vai fortalecê-lo!

29 de outubro

"Não te abandonará" (Dt 4,31).

Dias atrás, um homem me manifestou um medo de que sofria e que acho que seja bastante comum: trata-se do medo da novidade. As coisas novas provocam entusiasmo e interesse em alguns, porém em outros causam instabilidade e incerteza. O indivíduo em questão já havia conseguido estabilidade no trabalho, apoiava-se em bases sólidas, tinha um bom desempenho e sentia-se apreciado. Mas a mudança que lhe fora proposta o fez perder a segurança e o domínio que sua experiência amadurecera nele. O medo de não conseguir enfrentar a novidade, de não estar à altura do novo desafio, talvez fosse consequência de outro medo – o do desapego. Quando uma pessoa se liga àquilo que conquistou na vida, em termos de bens, de certezas e de afetos, sentirá muita dificuldade em desapegar-se. Nas mudanças, o medo de perder, em geral, prevalece sobre a esperança de encontrar. Em última análise, acredito que na raiz desses medos esteja o medo de ser abandonado. Esse homem compreendeu que seu problema não era tanto em relação ao trabalho, mas à sua fé. Naquele momento, foi sua fé que vacilou. Para chegar a essa conclusão, bastou perguntar-lhe se acaso Deus já o havia abandonado antes. Se você não acredita em Deus, posso entender que o novo possa assustá-lo. Mas, se acredita no Senhor Jesus, que fez novas todas as coisas, então não há de que ter medo. Ele jamais o abandonará!

30 de outubro

> "Animando com ardor viril seu raciocínio de mulher" (2Mc 7,21).

A mãe dos sete irmãos macabeus sustentou a fé dos seus filhos de modo admirável, durante o martírio deles. Ver morrer seus filhos, um depois do outro, é certamente uma dor imensa. No entanto, cheia de nobres sentimentos, exortava-os a esperar em Deus. Ela conseguiu fazer uma coisa que desejo a todas as mulheres: contrabalançar a ternura feminina com a coragem viril. As mulheres de hoje são muito mais fortes que as do passado, e estão conseguindo conquistar espaços na sociedade. Têm a mesma dignidade que os homens, e é justo que se expressem com força, quando essa paridade ainda não lhes é reconhecida. O mundo precisa de mulheres corajosas. Tenho, porém, a impressão de que, muitas das que conseguem se destacar pela coragem, estejam perdendo uma importante qualidade feminina: a ternura. Ao mesmo tempo, parece-me que os homens estão perdendo sua virilidade, aquela força tipicamente masculina que eles deveriam exprimir, nunca de modo violento, mas com determinação. Muitas jovens me dizem que é difícil encontrar um homem de verdade. Em contrapartida, muitos rapazes lamentam o fato de não conseguirem achar uma mulher de verdade. O mundo precisa acabar com essa confusão de identidade de gênero. Se você é homem, não tenha medo de sê-lo, mas não deixe de exprimir-se com um toque de ternura feminina. Se é mulher, não tenha medo de ser terna, porque não se pode ser forte com rigidez.

31 de outubro

"Eis a tua mãe!" (Jo 19,27).

Imagino que você conheça a dor, as lágrimas e as preocupações de uma mãe com os próprios filhos. Com frequência, consideramos tais sofrimentos de forma negativa. Como filhos, os vemos como uma invasão sufocante da qual temos de nos livrar. De fato, há mães – é preciso dizê-lo – exageradamente preocupadas e atormentadas, que acabam gerando medo nos próprios filhos. Contudo, pensando bem, conseguimos entender o que leva uma mãe a chorar por um filho. É o amor! Imagine Maria Santíssima ao pé da cruz de Jesus. Imagine a dor atroz ao assistir impotente à morte de seu filho. Imagine-se também ao pé daquela cruz e deixe que o Senhor lhe diga o mesmo que disse a João, o discípulo amado: "Eis a sua mãe!". Ao morrer na cruz, Jesus deixou a você também, como herança, uma mãe especial, a dele. Ela se preocupa e sofre por você também, quando você fica mal. Ela deseja seu bem e pede-lhe agora, discretamente, sem intromissão inútil, que retorne ao caminho da felicidade verdadeira, caso se tenha afastado. Hoje gostaria de dar-lhe dois pequenos conselhos: o primeiro refere-se a sua mãe terrena, viva ou falecida. Acolha seus defeitos e eventuais excessos de preocupação como manifestação de um ato de amor. Procure compreendê-la e reconciliar-se com ela! O segundo conselho: contemple Nossa Senhora, que é sua mãe especial. Ela cuidará de você sempre! Não tenha medo!

NOVEMBRO

1º de novembro

"Alegrai-vos e regozijai-vos" (Mt 5,12).

Alegre-se e exulte! Hoje é sua festa! A festa de todos os santos. Sim, é sua festa também, porque você também foi chamado a desfrutar da recompensa que Jesus promete a todos que o seguem. A solenidade que a Igreja celebra hoje não homenageia apenas quem já vive na glória de Deus, mas todos nós, homens e mulheres, que vivemos neste nosso tempo, para nos reforçar a convicção de que é possível sermos santos. E que sermos santos não é apenas uma coisa boa, mas também linda. A festa de hoje nos mostra que não existe uma maneira única de viver a santidade. Se você pudesse ler a vida de todos os santos, logo se daria conta da diversidade de caráter deles, do seu perfil pessoal, de sua missão, e assim por diante. Mas também se daria conta de que todos eles têm um ponto em comum: a decisão de seguir seriamente a Cristo. Todos se enamoraram de Cristo e procuraram amá-lo do seu jeito e na realidade da vida, mediante escolhas cotidianas, iluminadas pelo Evangelho. Na lista dos santos reconhecidos pela Igreja figuram papas, bispos, sacerdotes, mães, pais, médicos, irmãos, leigos consagrados, religiosas, políticos, monges e outros mais. Todos eles são pessoas que, mediante escolhas radicais, mostraram ao mundo como se faz para ser livre e feliz. Você não sente no fundo do coração o desejo de ser como eles? É verdade que somos pobres pecadores, mas podemos aproximar-nos deles para imitá-los. Não tenha medo!

2 de novembro

"Verei a Deus" (Jó 19,26).

Esta afirmação de Jó não é somente um desejo de quem, encontrando-se em situação de extremo sofrimento, busca agarrar-se a uma ilusão a fim de vencer o medo da morte. Trata-se de uma certeza, de um ato de fé no Deus vivente, a quem Jó evidentemente conhece. Hoje a Igreja celebra todos os fiéis defuntos e nos convida a participarmos da missa, a visitarmos os cemitérios, a rezarmos pelos nossos falecidos. Deveria ser um dia especial para todas as pessoas, porque a lembrança dos entes queridos nos faz reviver momentos de sadia reflexão, de abertura do coração, de disponibilidade para buscar o essencial, de forte partilha familiar e de bem-aventurada fraqueza, vivida nos momentos que seguem a despedida. É um dia no qual somos chamados de modo especial, e mais do que nunca, a fazer um ato de fé. Sim, todos, inclusive aqueles que se dizem ateus. Perante a morte, não há rotas alternativas. Ou se acredita na vida eterna ou não se acredita em nada. Aquele que, à semelhança de Jó, tem certeza de que irá desfrutar da visão de Deus, sabe que poderá também rever seus entes queridos e reza por eles. Os ateus, ao contrário, pensam que seus entes queridos foram engolidos pelo nada e, por isso, julgam não ter ninguém a quem rezar. Eu nunca vi o que existe depois da morte, mas sei que aquele que crê na vida eterna é porque já "viu" Deus nesta vida. Não tenha medo! Você também pode vê-lo.

3 de novembro

"Haverá mais alegria no céu por um só pecador que se arrependa" (Lc 15,7).

Faz algum tempo, durante a bênção que se dá nas casas, geralmente antes da Páscoa, encontrei uma idosa maravilhosa, de quem ainda recordo com alegria. Ela me acolheu na sua casa, rezamos juntos e dei-lhe a bênção. Quando eu estava indo embora, notei que ela queria ainda me dizer alguma coisa. Perguntou-me sobre os horários de missa na paróquia. Na realidade, sentia necessidade de confessar-se, mas tinha medo de me pedir isso. Perguntou-me quando poderia passar na igreja a fim de confessar-se. Eu lhe dei todas as informações e depois lhe recomendei não esperar muito tempo para se confessar. Ela levou a sério e confessou-se logo. O medo do julgamento e da condenação a tinham bloqueado durante sessenta anos. Naquele dia, a senhora compreendeu que Deus faz festa com todos os anjos do céu quando um pecador decide converter-se. Depois da absolvição, ela sentiu uma alegria imensa. De vez em quando me acontece de confessar pessoas nessas condições, todas com o mesmo medo. E por causa desse medo, ficam presas na dor de seus pecados. Espero que você não caia nunca nessa armadilha. Por isso, eu o convido a crer sempre mais na infinita misericórdia de Deus. Ele não quer outra coisa senão fazê-lo feliz e dar-lhe alegria. Não tenha medo!

4 de novembro

"Nada tendes a temer dos caldeus" (2Rs 25,24).

Foi no ano 587 a.C. que o exército dos caldeus, por vontade do rei Nabucodonosor, destruiu Jerusalém. Nessa ocasião, ele deportou muitíssimos hebreus para a Babilônia. Cerca de 2.500 anos mais tarde, outro exército, o nazista, guiado por oficiais sem escrúpulos, deportou milhões de pessoas para terríveis e desumanos campos de concentração. Os sobreviventes deixaram-nos preciosos testemunhos que mantêm viva a memória do extermínio de homens, mulheres e crianças inocentes, por parte dos nazistas. Se você ainda não visitou algum desses campos de concentração, eu o convido a fazê-lo, se possível. Ao entrar num deles, sente-se calafrios, porque se intui de imediato o clima de medo, de terror a que eram submetidos os deportados. Giuseppe

Lazzati, intelectual italiano que serviu ao exército durante a Segunda Guerra Mundial, mas se recusou a prestar juramento ao governo fascista e por isso passou dois anos preso em campos de concentração, exprimiu nestes termos a sua experiência: "Figurou-se rapidamente a mim sua natureza trágica [...]. Não é de admirar que, após as primeiras semanas de uma experiência desumana, [...] os psicologicamente menos sadios tendessem a perder o controle da própria dignidade, a vontade coerente, a clareza de consciência" (G. Lazzati, La cultura religiosa come scelta di libertà [A cultura religiosa como escolha da liberdade], em *Cristiani per la libertá* [Cristãos pela liberdade], editado por Gianfranco Bianch. Milano, Vita e Pensiero, 1987, pp. 68-69). Lazzati não se deixou levar pelo medo e, com a força da sua fé, conseguiu manter viva a sua dignidade e a de seus companheiros.

5 de novembro

> "Não vos preocupeis com a vida, quanto ao que haveis de comer" (Lc 12,22).

É sempre muito triste e nos emocionam profundamente as imagens de tragédias decorrentes de enchentes e outros desastres naturais. Os telejornais mostram cidades devastadas, contam centenas, às vezes milhares de mortos e feridos. Pelos testemunhos se pode intuir a dor de quem perdeu tudo, ainda que só quem tenha passado por situações semelhantes possa entender a fundo o que se experimenta em tais ocasiões. Nas tragédias, porém, é muito bonito ver como se pratica a solidariedade. As pessoas se mobilizam para conseguir abrigo e comida para os desabrigados e desalojados, e estes agradecem imensamente. Aos poucos, vão recuperando a dignidade e a determinação para começar com esperança as obras de reconstrução, confiantes não só na ajuda das pessoas de boa vontade, mas, sobretudo, de Deus. Toda vez que alguém se vê envolvido num acontecimento dramático, experimenta na dor a sua extrema fragilidade, mas ao mesmo tempo descobre o valor da fraternidade e da paternidade de Deus. Desaparece nele a vergonha que em geral o impede de pedir ajuda. Desaparece num átimo a presunção do egoísmo e nasce o desejo de partilhar, de rezar, de trabalhar junto pelo bem da comunidade. Não tenha medo, há momentos na vida em que é preciso passar do temor do desastre à confiança na Providência.

6 de novembro

"Para que o homem terreno já não infunda terror" (Sl 10,18).

Este versículo do Salmo 10 contém uma súplica ao Senhor para que seja acolhido o desejo de justiça dos pobres, e não haja mais indivíduos que infundam terror no mundo. Entretanto, parece que essa oração não foi atendida por Deus. O ser humano continua a espalhar o medo a si mesmo e aos outros. Não me refiro apenas àqueles que se deleitam em praticar crimes, aos terroristas, aos assassinos, aos ditadores, aos estupradores, aos pedófilos, aos que usam a violência e cometem injustiças contra os mais fracos. Refiro-me também a muitas pessoas distintas e pacatas que, sentadas em seus escritórios, perseguem o lucro e interesses particulares, sem ter em conta as consequências de suas decisões na vida de todos. Explico-me: espalham terror também aqueles empreendedores que, às escondidas, poluem os rios; os empresários que especulam, sob a tutela do Estado, contribuindo para criar crises que todos conhecemos; o político que não se preocupa em cuidar com atenção do território que administra, prevenindo desastres previsíveis; o simples cidadão que usa canais de escoamento de água como descarga a céu aberto, provocando enchentes, e assim por diante. Quero dizer que, quando pedimos a Deus que cerceie os homens que espalham terror, devemos pedir-lhe que cerceie a nós mesmos primeiramente. Devemos converter-nos todos! Coragem, não tenha medo de espalhar o bem!

7 de novembro

> "Eu, contudo, estou cheio de força (do espírito de Iahweh)" (Mq 3,8).

Hoje, dois amigos me disseram ter um problema de saúde, um deles, na coluna, o outro, nos olhos. Notei o mesmo medo nos dois, ou seja, de que se trate do pior, de não conseguirem ter uma vida normal. O profeta Miqueias, de quem tomo o tema para meditação, nos deixa esta frase carregada de esperança, exatamente ele, que escreve a um povo num contexto de catástrofe. Quem possui o espírito de Deus sempre é capaz de partilhar, de renascer, de esperar. Quem está cheio da força que provém de Deus, consegue adaptar-se a qualquer situação de sofrimento, sempre com serenidade. Em primeiro lugar, de nada adianta esquentar a cabeça com antecedência. Foi o que eu disse aos meus dois amigos, mas também o digo a mim mesmo, porque sou consciente dos meus medos, quando não me sinto muito bem. Em segundo lugar, também no caso de que possa acontecer o pior, quem está cheio do espírito de Deus sabe que pode ser feliz também com uma doença incapacitante. Ter o espírito do Senhor equivale a conceber a vida do mesmo modo como Deus a concebe. Para Deus, a vida de uma pessoa é anormal não por estar acometida por uma doença ou deficiência física, mas por estar privada de amor, ou seja, sem ele. A grandeza de uma pessoa se mede pela sua capacidade de dar valor à própria vida, em qualquer situação. Experimente pensar em Deus e verá que estará sempre pleno de força.

8 de novembro

> "Ele os esmagará à nossa frente. Quanto a vós, não os temais!" (1Mc 3,22).

Sempre tive dificuldade de entender certas expressões violentas na Sagrada Escritura. No Antigo Testamento, fala-

-se com frequência de um Deus que intervém em favor do seu povo nas guerras contra os povos pagãos. O versículo de hoje se refere aos judeus, num momento em que se preparam para a batalha, confiantes de que seria o próprio Deus quem exterminaria seus inimigos. O rosto de Deus que eu conheço é aquele que Jesus Cristo nos mostrou na cruz. À luz do Evangelho e da própria vida de Jesus, podemos dizer que Deus não esmaga ninguém. Quando muito, esmaga nossos temores, inclusive o dos inimigos. E sabemos muito bem que a arma que ele usa para esmagar os medos é o amor. Quando você se aproximar dos textos bíblicos do Antigo Testamento, lembre-se sempre de fazê-lo à luz do Novo Testamento. Deus se revelou ao homem aos poucos, até chegar à plena e definitiva revelação em Jesus Cristo. Portanto, o convite que lhe faço hoje é o de não ter medo de confrontar-se com aquele trecho da Sagrada Escritura que você tem dificuldade de entender por causa da violência nele contida. A Palavra de Deus se encarnou na história humana, marcada também por acontecimentos dramáticos. Essa história chegou até nós por meio dos escritores sagrados, pessoas inspiradas por Deus, mas sempre limitadas e inseridas num determinado contexto histórico e cultural. Coragem! Enfrente esses trechos da Escritura, mas faça-o com a ajuda de Jesus. Ele não é somente um homem inspirado. Ele é a própria Palavra de Deus. Ele é Deus!

9 de novembro

"Não percamos a coragem" (2Cor 4,1).

Hoje estou de cama com febre. Estou um pouco atordoado pela gripe, mas também pelas notícias dos telejornais. Crises econômicas aprofundadas por crises políticas, especulação financeira, aumento das taxas de juros e da inadimplência. Em suma: um cenário catastrófico, especialmente para os mais pobres, que são sempre os que mais sofrem. Nesta situação dramática, os políticos continuam a brigar e novos casos de corrupção continuam irrompendo. O verdadeiro problema é a falta de confiança nas instituições e na classe política. Mas quem se lembra de cobrar seus representantes, as pessoas em quem votou, para que se empenhem em fazer sua parte, renunciando aos próprios interesses em vista do bem revertido ao País? Não podemos perder o ânimo. Há políticos dignos, abnegados, que prezam seu nome e dão bons exemplos, renunciando aos privilégios de que poderiam desfrutar, que pensam em estratégias novas para gerar empregos, que demonstram seriedade no exercício de sua função. Mas nem tudo deve depender deles. Nós também podemos fazer a nossa parte, contribuindo para o bem de todos. Não tema, não hesite em fazer a sua!

10 de novembro

> "Eu, eu mesmo sou aquele que te consola; quem te julgas tu para teres medo do homem" (Is 51,12).

O texto de hoje me conforta de modo especial. Ajuda-me a superar o nervosismo com que me pus a rezar esta manhã. Estou inquieto porque preciso repousar para me recuperar da gripe que contraí esta semana; porque há uma goteira no teto do meu quarto; porque o colaborador que trabalha comigo no meu escritório está doente e as coisas que devia fazer nestes dias estão todas paradas. Hoje à noite eu deveria realizar um encontro na minha paróquia, já protelado algumas vezes devido a outros compromissos, e que novamente não poderei realizar por causa da febre que me pegou. A verdade é que tenho receio de criar dissabores aos outros, de que eles interpretem isso como indisponibilidade de minha parte e que eu não leve em conta seus problemas. Em geral, dizer "não" sempre me custa muito, sobretudo quando se trata de um compromisso já assumido. Temo que as pessoas possam não reagir bem e, sobretudo, pensar mal de mim. Deus me vem ao encontro hoje mediante esta palavra, dizendo-me para não ter medo das pessoas nem de contrariá-las e para não ser severo demais comigo mesmo. Se você também sofre desse mesmo medo, saiba que o mais importante é fazer o máximo que puder. E se os outros se queixarem, paciência! Não tenha medo, o importante é que Deus lhe queira bem.

11 de novembro

"Não permitirá que sejais tentados acima das vossas forças"
(1Cor 10,13).

Antes da minha ordenação, lembro-me de que um sacerdote me disse para não confiar na minha fidelidade, mas na fidelidade de Deus. De fato, se confiarmos unicamente na nossa capacidade de sermos fiéis perante as tentações que a vida nos oferece, arriscamo-nos a cair nelas, mais cedo ou mais tarde. Isso não significa que não devamos esforçar-nos para ser coerentes e responsáveis em levar a termo nossas escolhas. Simplesmente, não nos devemos deixar levar pelo medo de não sermos fiéis. A sociedade em que vivemos já teoriza a impossibilidade de permanecer firmes na provação; por isso nem mesmo nos arriscamos a tentar superá-las. Por exemplo, em algumas partes do mundo fala-se em fazer leis que validem os matrimônios a cada dois anos, com a possibilidade de renovação. Se nos afastamos de Deus, é óbvio que perante nossos insucessos não possamos fazer mais do que assumir a incapacidade de superar quaisquer tentações. Mas Deus não pretende que façamos coisas superiores a nossas forças. Ele permite as tentações, mas oferece força para superá-las e também nos indica a saída. É lindo constatar que junto dele nossas forças crescem, inclusive a de sermos fiéis. Quanto mais permanecermos próximos dele, mais descobriremos maneiras de enfrentar as tentações, o jeito certo de superá-las, as estratégias para evitá-las. E assim, ele nos é fiel. Não tenha medo. Aposte na fidelidade de Deus e verá que sua fidelidade também crescerá.

12 de novembro

"Não vos perturbeis: a sua alma está nele!" (At 20,10).

Ontem fui informado da morte de um coirmão, de apenas 37 anos. A forte comoção entre os seus paroquianos, os seus amigos e os seus parentes é muito compreensível neste momento. Em todos os funerais, o sacerdote que preside à cerimônia procura consolar os presentes, falando da ressurreição do Senhor e da vida eterna. Mas eu asseguro que não e fácil fazer isso. Como se pode dizer a um pai ou mãe que não se perturbe, porque esse filho que morreu na realidade está vivo? São Paulo afirmou isso àqueles que o ouviam em Trôade, durante a missa dominical. Um rapazinho o ouvia sentado na soleira de uma janela do terceiro andar, mas acabou cochilando, caiu lá de cima e morreu. Então Paulo foi até ele, o abraçou e restituiu-lhe a vida. Perante um milagre visível e grandioso como esse, todos os presentes se sentiram muito consolados. Mas e quando o morto não retorna à vida? Quando permanece sem vida? Como se pode dizer a seus entes queridos para não se perturbarem? Não seria uma brincadeira de mau gosto? Com que coragem se pode dizer que ele está vivo? Realmente, tudo isso pode parecer uma farsa. Mas, quando sintonizamos na frequência da fé e do amor, as coisas mudam de figura. Com os olhos da fé se colhe a eternidade do amor, e abrindo o coração ao amor de Deus se percebe a racionalidade da fé. Em cada funeral está presente não somente São Paulo, mas o próprio Cristo. É ele mesmo quem nos diz: "Não tenha medo. Ele está vivo!".

13 de novembro

"Amedrontado, fui enterrar o teu talento no chão (Mt 25,25).

Várias vezes percebi que certas pessoas têm talentos voluntariamente escondidos. Mas como? Não é bom mostrar ao mundo um dom natural? Não é conveniente utilizar uma graça recebida de Deus? Sim, é belo, é conveniente por um lado, mas, de outro, pode também causar medo, porque todo dom implica um dever. E quanto maior for o dom, maior será o empenho necessário para acolhê-lo e gerenciá-lo. Certa vez descobri que um jovem sabia tocar muito bem mais de um instrumento. Ele vinha à missa aos domingos e, quando soube de seu talento musical, compreendi que ele o mantinha escondido por medo de ser chamado para acompanhar o coro durante as celebrações. Quando você recebe algo precioso, tem obrigação de protegê-lo e utilizá-lo da melhor maneira possível. Pois bem, essa responsabilidade, às vezes, causa medo. Por isso, aquilo que deveria ser fonte de alegria, pode-se tornar um peso. Quando um jovem diz com sinceridade a uma moça: "Eu amo você", ela, em geral, fica feliz. Mas há quem fuja, temendo que o relacionamento se torne muito sério. Para dizer a verdade, é mais comum que os rapazes fujam. Se o amor por um ser humano pode provocar medo, pense o quanto pode amedrontar o amor de Deus. Muitos se mantêm distantes de Deus porque têm medo de que ele os aprisione. Mas se você mantém Deus escondido, jamais poderá desfrutá-lo em plenitude. Acolha-o, não tenha medo!

14 de novembro

> "Do seio do Xeol pedi ajuda, e tu ouviste a minha voz" (Jn 2,3).

O Xeol – local de purificação espiritual para os mortos, o mais distante possível do céu, segundo o Judaísmo – representa a condição de ausência de Deus, na qual se encontra tudo aquilo que se decidiu fazer sem ele. Certa vez estive diante de um jovem que, do fundo do inferno, teve forças para gritar: "Salvai-me, Senhor!". Como ele, todos nós podemos experimentar esse grito sincero, diante do qual o Senhor nunca permanece indiferente. Deus ouve quem deseja sair do inferno do ódio familiar, que respira cotidianamente desde o dia em que veio ao mundo; da violência, que vê ou sofre; da droga, que lhe tira a liberdade; da sexualidade desordenada, que o faz parecer um animal; da vida sem limites, que o deixa cada vez mais desorientado; da tristeza crônica, que lhe torna incapaz de um sorriso autêntico; do desespero, que o leva a pensar em suicídio como solução para fugir da vida; do mal, que o seduz a todo custo. No exato momento em que o grito jorra do coração, o Senhor começa a libertá-lo. Naturalmente, o grito representa apenas o início de um percurso, às vezes muito longo e cansativo, ao qual devem confluir diversos componentes. A oração apenas não é suficiente. É necessária a Igreja, a comunidade de fiéis reunida em torno do Salvador, para conseguir compreender a Palavra de Deus, celebrar os sacramentos e receber uma ajuda concreta. A Igreja é a resposta de Cristo ao grito do homem. Não a tema!

15 de novembro

> "Os judeus resolveram não continuar acampados, mas tomar bravamente a ofensiva" (2Mc 15,17).

Hoje se celebra a Proclamação da República. Com uma série de celebrações solenes, justamente recordamos que a *República* (que quer dizer "coisa pública") pertence a todos os cidadãos, nos quais se procura despertar o sentido de pertença e responsabilidade. Se a casa é de todos, de alguma forma todos devem sentir-se no direito e no dever de cuidar dela, a fim de protegê-la do melhor modo possível e dar-lhe condições de cumprir melhor suas funções. Se acaso na sua cidade houvesse um perigo, você deveria se sentir na obrigação de intervir com coragem para defendê-la. Quando um bem público está em risco, você tem o direito de levantar a voz para protegê-lo, porque pertence a você também. Pois bem, se você é cristão, quando entra numa igreja, deveria sentir-se igualmente responsável, porque esse lugar sagrado pertence ao povo de Deus, do qual você também faz parte. Logo, dado que a finalidade principal de uma igreja é a de prestar culto a Deus e permitir que os fiéis possam rezar, você deve ter uma atitude respeitosa quando entra numa delas. Certa vez, numa paróquia onde atuei, no início da missa em que as crianças receberiam a primeira comunhão, tive de gritar ao microfone para que todos os participantes ficassem quietos, pois davam a impressão de estar num estádio de futebol, não numa igreja. Duvido que se comportariam assim se estivessem numa mesquita. Cristão ou não, respeite sempre essa casa, que é sua, como também dos outros.

16 de novembro

> "Nada há de encoberto que não venha a ser descoberto, nem de oculto que não venha a ser revelado" (Mt 10,26).

Falem abertamente das coisas de Deus, porque elas são para todos e dizem respeito a todos. Este é o convite que Jesus faz a seus discípulos neste trecho do Evangelho de Mateus. Alguns cristãos do século XXI se escondem no assim chamado respeito pelos outros, segundo o qual a realidade da fé deve ser mantida na esfera privada. Ai de quem evangelizar em lugares públicos, infringindo os sagrados princípios da laicidade do Estado! A escola, a universidade, o hospital, o local de trabalho, a praça pertencem a todos e, portanto, por respeito à pluralidade das ideias e das religiões, não se pode falar de Cristo, muito menos da experiência salvífica que procede do encontro com ele. Sobre tais assuntos só se pode falar dentro da igreja. Ora, se falar de Cristo significa fazer proselitismo, é melhor calar a própria experiência de fé e tudo aquilo que procede da fé, em termos de estilo de vida, de visão de mundo e de sociedade; nesse caso, calar significaria privar os outros de uma riqueza cultural a que todos livremente podem ou não ter acesso. A proposta cristã sempre tem uma dimensão pública, porque diz respeito à pessoa como ser relacional. O amor ao próximo, o perdão, o empenho pela paz e a justiça, a defesa dos mais fracos, a fraternidade, a igualdade, a emancipação da mulher, e assim por diante, como podem permanecer escondidos na sacristia? Ah, sobre esses temas podemos conversar, desde que não se fale de ressurreição. Mas a história pode calar o fato sobre o qual se tem falado há mais de 2 mil anos?

17 de novembro

"Iahweh esteja contigo, valente guerreiro" (Jz 6,12).

Deus está do lado dos pobres e dos mais fracos. Mas às vezes parece que não. Um homem desempregado por causa da crise econômica faz de tudo para conseguir algum dinheiro e manter a família, busca um trabalho, ainda que modesto, e, quando finalmente o encontra, não recebe o pagamento. Como fazer para dar de comer a seus filhos? Os políticos brigam pelo poder, enquanto famílias pobres se veem obrigadas a pedir ajuda a órgãos de assistência social. Que grande humilhação ter de pedir ajuda para sobreviver! Significa admitir não ter condições de manter a si mesmo e à sua família. Pessoas fortes e de grande valor veem-se de repente reduzidas a uma nulidade. Quem está perto de tais pessoas? Quem lhes apoia? Quem lhes dá oportunidade de reerguer-se? Às vezes, a ajuda econômica é indispensável não somente para satisfazer as necessidades materiais, mas também para dar um sopro de esperança a quem se sente sufocado pelo medo de não conseguir superar tais dificuldades. Mas quem abre a carteira? Como se pode gastar uma fortuna em um par de sapatos e não sentir o coração despedaçado ao pensar que outros precisam lutar para conseguir alguma coisa para comer? Àqueles que passam por necessidades extremas, Deus assegura-lhes que está com eles, e é verdade. Se quisermos que Deus esteja também do nosso lado, vamos procurar as pessoas que se encontram em dificuldade e ajudá-las. Abra seu coração e dê o quanto puder.

18 de novembro

> "Não te abandonarei enquanto não tiver realizado o que te prometi" (Gn 28,15).

Sabe aquelas frases românticas que os namorados dizem um ao outro, como: "Você é a minha vida. Não o deixarei jamais!"? No entanto, constatamos que na realidade de hoje, tais frases quase sempre acabam sendo esquecidas.

Quem prometeu solenemente diante do altar estar sempre ao lado do esposo ou da esposa, na alegria e na tristeza, na saúde e na doença, muitas vezes acaba por renegar tudo que foi dito no dia do casamento. Os maiores sofrimentos que eu, como sacerdote, tenho constatado estão sempre ligados ao abandono. Muitas pessoas se sentem abandonadas: filhos abandonados pelos pais, maridos abandonados pelas esposas, mulheres abandonadas pelos maridos. Eis por que o maior e mais frequente medo entre os jovens é o de serem abandonados. Mas Deus jamais nos abandona! Ainda que você abandonasse suas responsabilidades, ele permaneceria a seu lado, até que cumprir o que lhe prometeu: a salvação. Se você o abandonar, saiba que ele não o abandonará. Ele não deixa você em perigo de perder-se para sempre. Mesmo que você se encontre em situação de abandono, acha que Deus não o acompanhará? Sim, ele o seguirá bem de perto, fazendo-o sentir o calor da sua presença. Ele está à porta do seu coração e bate delicadamente. Não tenha medo de abrir-lhe a porta, porque ele jamais entrará sem que você lhe dê permissão.

19 de novembro

"Espera em Iahweh, sê firme!" (Sl 27,14).

A esperança não é, como em geral se pensa, o último lugar em que se pode encontrar salvação. Também não é colete salva-vidas ao qual se agarrar para não afundar em depressão. Não é um refil de confiança que serve para manter alto o nível de autoestima. Não é um remédio de faz de conta, que usamos para produzir um efeito placebo. Não é uma ilusão que nos permite desviar a vista de uma realidade difícil. A esperança é uma virtude teologal. É a disposição permanente que orienta nossa existência para Deus, porque o consideramos digno de fé. Significa ir ao encontro do futuro com a pessoa mais confiável que existe, e em cuja companhia se aprende a reconhecê-la como tal. Não se pode resumir a esperança em um simples ato que se faz quando a razão não encontra outra solução. Ao contrário, é uma virtude que se aprende dia após dia e que nos dá razão para estarmos no seguimento de Jesus Cristo. Se aqueles que o seguiram há mais de dois mil anos deram a vida para testemunhar que o viram ressuscitado após sua morte, a sua razão não pode permanecer indiferente. Se ao viver seus ensinamentos você fortalece a sua personalidade, se ao se colocar à escuta, na oração, se abrem novos e inesperados caminhos que o conduzem para a felicidade e se ao experimentar sua presença você se sente mais forte, você não pode ter medo de que esperar nele seja apenas uma ilusão.

20 de novembro

"Levanta-te! Pois a ti compete agir" (Esd 10,4).

Esdras, entendido na lei de Moisés, nesta passagem da Escritura que traz seu nome, foi convidado a ter coragem de fazer seu povo voltar a respeitar a lei de Deus, que havia tempo vinha sendo transgredida. Não é fácil dizer a um líder aquilo que é certo e que deve ser feito. Teme-se não possuir autoridade suficiente para isso. Teme-se não ser ouvido, fazer feio diante dos outros ou, pior ainda, comprometer-se. Dias atrás, veio a meu conhecimento uma verdadeira falta de respeito à dignidade de algumas pessoas, que gritavam por justiça diante de Deus. Elas precisavam de ajuda, e eu senti a urgência de ajudá-las. Mas o medo de piorar a situação me impedia. Depois, com a ajuda de Deus, encorajei-me e, vencendo o medo de expor-me, liguei para cobrar uma ação de quem tinha o dever de fazer valer o direito daquelas pessoas. Sei que agora as coisas estão se esclarecendo e tudo parece estar chegando a um bom resultado. Em alguns casos, erguer a voz não adianta nada, mas em outros é preciso fazê-lo, sobretudo quando se trata de defender os mais fracos contra aqueles que querem explorá-los. Não se pode permanecer em silêncio ante a exploração dos trabalhadores que não recebem seus pagamentos com regularidade ou, de maneira geral, diante daqueles que, por interesse ou negligência, não respeitam os mais necessitados. Sempre que puder, ponha mãos à obra! Não tenha medo!

21 de novembro

"Vossa fadiga não é vã no Senhor" (1Cor 15,58).

Há alguns anos, num final de tarde, encontrei-me com uma pessoa para uma conversa. Eu estava cansadíssimo, após um dia fatigante de trabalho. "Que aconteceu com você? Não se sente bem?", perguntou-me aquela pessoa. "É o cansaço do amor", respondi-lhe sorrindo. Esta resposta surgiu-me espontaneamente, mesmo porque, embora cansadíssimo, me sentia feliz. Naquele dia eu tinha gastado todas minhas energias, graças ao amor que me impelia a realizar cada coisa. Mas nem sempre é assim. Há dias em que percebo certo cansaço do qual não emerge amor, apenas uma lamentação estéril. Imagino que você também já tenha sentido a diferença entre o cansaço que o enche de alegria e aquele que o deixa com uma sensação de vazio. Ao contemplar Jesus na cruz, você vê um homem morto de cansaço por amar. Vale a pena morrer de cansaço? Jesus ressuscitou, venceu o cansaço, destruiu a morte e fez-nos compreender que nosso cansaço não é inútil quando o vivemos com amor e pelo amor. Se no final de um dia você se sente moído de cansaço, pergunte-se apenas isto: "Hoje eu me doei? Eu amei?". Se a resposta for positiva, pode dormir em paz, na certeza de que seu cansaço não foi em vão. Eis por que é importante que você coloque Deus no centro de seu dia. Se Deus está presente, você aprende com ele a amar, a cansar-se para cuidar de quem precisa de sua ajuda. Não tenha medo do cansaço: se for vivido em Deus, trará resultados positivos.

22 de novembro

"Seu amor por nós é forte" (Sl 117,2).

O Salmo 117 é um convite a todos os povos para louvar o Senhor Deus, porque seu amor é forte e é para todos. Se Deus amasse somente algumas pessoas, aquelas que o buscam e o seguem, seu amor seria limitado e frágil, como é o nosso. O amor humano é frágil exatamente porque não consegue estender-se a todos. Jesus advertiu que é fácil amar a quem nos ama, nos retribui e nos acolhe. A força do amor se manifesta quando ele alcança também os inimigos, aqueles que não nos amam, nos recusam ou nos agridem. Conhecemos essa força porque o próprio Jesus a mostrou a nós. Ele nos revelou em que consiste um amor forte, ao morrer por todos nós, pelos seus discípulos, mas também pelos seus algozes de ontem, de hoje e de sempre. Esse amor, o Amor, é forte porque capaz de derrubar todas as barreiras. Vai em busca de todo coração humano, mesmo dos mais distantes. É tenaz e não se rende perante nossas rejeições, nossa indiferença e nosso ceticismo. É forte porque é capaz de permanecer firme, respeitosa e humildemente diante de nossos "não", sem nos abandonar. Ele nos deixa caminhar, mas permanece à espera de nosso retorno, sem se cansar jamais. Se fosse frágil, seria vingativo, ciumento e interesseiro. Mas, ao contrário, possui a força da gratuidade. O amor de Deus é forte porque busca insistentemente nosso bem, e nos ilumina com a luz da verdade. É forte porque vence os medos que todos temos.

23 de novembro

"Não tornará a passar por ti Beliel" (Na 2,1).

Conheço pessoas que parecem ter a "síndrome da rejeição" – um modo simpático de indicar a incapacidade de relacionar-se com os outros de igual para igual, deixando que prevaleçam sobre elas. Há pessoas que se deixam pisar como se fossem um tapete. Isso acontece também nas relações afetivas, na família, na roda de amigos e entre aqueles que se amam, como quando um marido não respeita a dignidade de sua mulher, quando um pai se impõe a um filho com violência, quando uma mãe trata um filho adulto como criança, quando um filho trata seus pais como escravos, quando um amigo usa da amizade para tirar proveitos pessoais, quando uma moça trata seu namorado como se fosse seu cachorrinho. Em tais casos, quem sofre esse tipo de tratamento não reage por medo de perder a relação em questão e, em última análise, por falta de autoestima. E se isso acontece entre pessoas que se "querem bem", imagine entre estranhos! Penso, por exemplo, no motorista arrogante que fecha os outros carros ao ultrapassar, no valentão que ameaça um rapaz mais fraco, no corrupto que extorque uma importância enorme de um negociante, no sem-vergonha que violenta uma mulher indefesa, no pedófilo que fere repetidamente a inocência de uma criança. Diante de tudo isso, é o caso de reagir e erguer a cabeça. Você é filho de Deus, tem uma

dignidade enorme! Não permita que ninguém pise em você!
Não tenha medo!

24 de novembro

> "Quando estas coisas começarem a acontecer, levantai-vos
> e erguei a cabeça, porque a vossa libertação está próxima"
> (Lc 21,28).

Já lhe aconteceu de vivenciar um acontecimento trágico
e mais tarde considerá-lo uma libertação? Com frequência,
dizemos, diante de uma catástrofe: "É o fim!". Neste trecho
do Evangelho de Lucas, Jesus nos fala que não devemos ter
medo do fim do mundo, porque, na realidade, mais do que
uma catástrofe, será uma libertação; mais do que um fim,
será um novo e maravilhoso início. Por vezes somos chamados a vivenciar um doloroso sofrimento em nossa vida, mas
que se tornará um bem maior. É claro que, em meio a uma
catástrofe, só vemos destruição, e temos então dificuldade
de antever que isso nos levará a construir o novo edifício de
nossa existência. Mas, para não ficar preso às ruínas, é preciso acreditar naquele que nos pode libertar, deixar que ele
nos reerga. Com Deus, podemos sempre manter a cabeça
erguida e reencontrar a dignidade perdida. A mim já aconteceu de reconsiderar certos eventos dolorosos da minha vida
como uma graça sem a qual eu não teria crescido, não me
teria livrado daquilo que me impedia de abrir-me a um projeto de bem. Por exemplo: este livro, eu não o teria jamais

escrito se não tivesse sido constrangido a deixar – com sofrimento – um compromisso anterior que eu levava adiante com grande alegria. Hoje sei que o desapego foi o toque da graça com o qual Deus me libertou. Por isso, quando você pensar que tudo vai mal, não tenha medo, porque a libertação está próxima.

25 de novembro

> "Elas habitarão tranquilas, sem que ninguém as amedronte" (Ez 34,28).

Pode-se por acaso tolerar que uma pessoa seja extorquida sem nenhum direito e sem proteção alguma? Entretanto, alguns, para poder sobreviver, são constrangidos a aceitar péssimas condições que até lembram outros tempos. O Papa Leão XXIII escreveu uma encíclica, a *Rerum novarum*, para abordar os problemas relacionados à exploração dos trabalhadores. Problemas sobre os quais nos vemos obrigados a falar ainda hoje, depois de mais de cento e vinte anos. Conheço pessoas que não receberam pagamento algum após meses de trabalho. É o caso de perguntar se, nesta sociedade, que se diz civil, quem deve receber proteção são as pessoas de bem ou os espertalhões. Tenho a impressão de que nenhum daqueles que agridem e ferem a dignidade das pessoas em dificuldade se espantam diante das atuais instituições políticas. Parece que as pessoas injustamente maltratadas estão se resignando a essa realidade cruel. São elas que estão assustadas. Têm medo de não conseguir enfrentar as injustiças recebidas e não se sentem seguras. Quantos jovens estão à procura de um emprego estável! Mas também pessoas de meia-idade que perderam o emprego e se tornaram presas fáceis de um sistema econômico impiedoso. Estarei exagerando? Sei que nem todos se encontram nessas condições. Porém, se ninguém intervir, dentro de alguns anos iremos todos para o buraco. Deus protege os mais fracos, não quer que se assustem e lhes diz que não tenham medo. Coragem, então! Faça aquilo que puder: dê uma mãozinha a nosso Deus.

26 de novembro

> "Não tenhais medo deles, porque não podem fazer o mal nem o bem tampouco" (Jr 10,5).

Eu tinha vinte e sete anos quando comprei meu primeiro carro novo. Eu trabalhava em Milão havia dois anos, e um dia parei numa concessionária. Assinei um contrato, providenciei a transferência bancária e tornei-me proprietário de um belo carro esporte. Que satisfação! Após tantos anos de sacrifício e de dependência econômica de minha família, eu me senti finalmente autônomo, em condições de realizar-me. Nos primeiros dias eu não conseguia tirar os olhos do carro. Verificava sempre se havia algum risco na lataria e o contemplava muito satisfeito. Jamais fui apegado às coisas materiais, mas aquele carro foi meu primeiro triunfo, e por isso o conservava com ciúme. Quando notei que numa das portas havia um amassadinho, você nem imagina como fiquei bravo! Alguns anos depois, quando já estava no seminário, lembro-me de ter ido almoçar com um casal de amigos que tinha acabado de se casar. Estacionei meu carro à frente da casa deles. Estava ainda novinho, bem conservado. Quando voltei, vi que alguém me havia deixado uma bela recordação da sua passagem: a lateral estava toda amassada. Por uns instantes, fiquei perplexo, mas depois, com um sorriso inesperado, disse em voz alta: "Não é nada demais, o importante é que funcione". Naquele instante, compreendi que me tinha libertado de um ídolo. Os bens materiais são apenas instrumentos. Em si mesmos, não fazem mal nem bem. Não tenha medo deles!

27 de novembro

"Com tuas palavras levantava o trôpego" (Jó 4,4).

No momento em que Jó vacila, devido ao sofrimento, seu amigo Elifaz o convida a ter confiança em Deus. Elifaz lembra-lhe que, assim como havia confortado os outros tantas vezes, ele também seria sustentado pela Palavra de Deus. Elifaz erra ao procurar convencer Jó de que suas desgraças eram consequências de uma punição divina pelos seus pecados, e o próprio Deus irá desfazer esse erro. Contudo, Elifaz tem razão ao afirmar que Deus socorre aquele que vacila. De fato, Jó superará a provação ao apoiar-se em Deus e na sua Palavra de verdade e de amor. Existem pessoas muito generosas que, por seu próprio caráter, são levadas a encorajar os outros, mas têm dificuldade de receber apoio quando elas mesmas precisam. Outras, ao contrário, buscam sempre o apoio dos outros e são incapazes até mesmo de pensar em oferecer ajuda. A que categoria você pertence? Espero que tenha encontrado um justo equilíbrio entre esses dois extremos. Independentemente de sua predisposição de caráter, desejo que esteja continuamente à escuta da Palavra de Deus, na qual sempre encontrará o que precisa: correção, carícia, encorajamento, luz, conforto, esperança, confiança, e assim por diante. A Palavra de Deus é um alimento que não podemos dispensar, se quisermos manter-nos em forma. Não tenha medo, sustentado por essa Palavra, procure encorajar quem precisa de sua ajuda.

28 de novembro

"Eu os fortalecerei em Iahweh" (Zc 10,12).

O mais belo fruto que um educador pode obter de sua obra de acompanhamento aos jovens é o de haver contribuído para tornar mais fortes aqueles que lhe foram confiados. Também meu coração se enche de alegria quando vejo jovens que seguem minha direção espiritual aprender a caminhar com as próprias pernas. É muito bonito ver uma jovem se tornar mulher. É lindo ajudar um jovem a se tornar homem. Muitos jovens deste nosso período histórico, ainda que pareçam fortes, vivem numa condição de extrema fragilidade. Confusos, inseguros, desencorajados, com frequência não conseguem tomar nas mãos a própria existência para edificarem seu futuro. Precisam ser ajudados a ter confiança em si mesmos. Sobretudo, precisam de apoio na batalha contra os medos que os tornam incapazes de decisões corajosas e os constrangem a permanecer no limbo de uma eterna adolescência. Por isso, quando tenho a possibilidade de ver que um deles, após tanto esforço e hesitação, consegue assumir a responsabilidade de suas escolhas de vida, encaminhando-se com determinação e autonomia rumo ao futuro, a alegria toma conta de mim. Essa alegria torna-se de fato grande em casos como o de um jovem que, depois de muito esforço para se formar, com a ajuda de Deus, conseguiu em pouco tempo ir para o exterior a fim de aprender uma língua nova e tornar-se um profissional de prestígio. Portanto, não tenha medo! Se você crescer em Deus, será forte!

29 de novembro

> "É preciso passar por muitas tribulações para entrarmos no Reino de Deus" (At 14,22).

Hoje um jovem veio falar comigo sobre um mal-estar que não sabia explicar. É infeliz e não sabe o porquê. Não sabe o que fazer da sua vida, que ele considera inútil, e sente uma grande confusão. Uma coisa, ao menos, ele tem bem claro na mente: sabe que deve pedir ajuda a Deus. Compreendeu que na escuta da Palavra de Deus poderá encontrar aquela luz que o ajudará a esclarecer sua busca de felicidade. No final do nosso encontro, ele compreendeu que existem problemas que julgava ter resolvido, mas que, ao contrário, tinha deixado de lado por medo de sofrer. Se quisermos entrar na felicidade do Reino de Deus, é preciso enfrentar muitas tribulações, que são aquelas situações sofridas que a vida apresenta e que precisam ser encaradas, mais cedo ou mais tarde, com amor e segundo a verdade. Não é fácil deixar de usar aqueles mecanismos de autodefesa que frequentemente criamos em nós e ao nosso redor, mas é indispensável fazê-lo, se quisermos abrir-nos confiantes para o futuro. Aquele jovem, enfim, compreendeu que hoje, na base do seu mal-estar, existe uma verdade que ele deve enfrentar com a ajuda amorosa de Deus. Sabe que deve reconciliar-se com algumas pessoas queridas, com as quais teve medo de confrontar-se de verdade no passado. Estou certo de que sua fé no Senhor ressuscitado o ajudará a encontrar o quanto antes a paz e a alegria que ele merece. Não coloque em jogo sua felicidade, não tenha medo de tribulação alguma.

30 de novembro

"Deus viu minhas canseiras e o trabalho de meus braços"
(Gn 31,42).

Imagino que já lhe aconteceu de ter-se desdobrado para ajudar alguém próximo por amá-lo de verdade. Talvez tenha experimentado alguma aflição proveniente desse fato, quando esse alguém não se deu conta do esforço feito ou, pior ainda, achou que você não fez nada por ele. A rejeição da pessoa amada é muito dolorosa, mas é preciso aprender a aceitá-la e a conviver com ela. Como proceder diante de uma rejeição? Insistir é inútil e até pode piorar a situação. O importante é fazer todo o possível, procurar demonstrar o afeto e esforçar-se para recuperar o relacionamento com o outro. Contudo, em determinado momento, é preciso parar a fim de respeitar a vontade alheia. Se já fez o possível, não tenha medo da cegueira daquele que você ama. Deus vê seu esforço, aprecia seu desejo de doar-se, alegra-se com suas tentativas de reconciliação e consola-o em suas aflições. Não tenha medo de deixar ir embora aquele que o recusa, ainda que seja sangue do seu sangue. Não tenha medo do pensamento negativo e injusto que ele tem em relação a você. Permita que o tempo o ajude a rever sua posição e a retornar para você, com novos olhos. Acima de tudo, reze por essa pessoa, reze muito, reze sempre, reze todos os dias, e prepare-se para acolhê-la. E se não voltar? Paciência! O importante é que você se colocou todo na árdua tarefa de amar. E não tenha medo, mantenha a esperança na reconciliação, ainda que seja no último dia.

DEZEMBRO

1º de dezembro

"Por que tendes medo, homens fracos na fé?" (Mt 8,26).

Chegamos ao último mês do ano. Nestes dias as pessoas começam a pensar no Natal, nas festividades que serão vividas em clima familiar, no presépio, nas luzes das vitrines, nos presentes e nas alegres refeições com os parentes. Esse lindo clima de festa, porém, pode também desencadear um grande medo no coração de muitas pessoas. Medo de quê? Dizia-me outro dia uma jovem que está vivendo em meio a uma tempestade familiar. "Este ano, fico desesperada só de pensar nas festas de fim de ano!" Para uma filha que acabou de ter a amarga experiência da separação dos pais, esse medo é até normal. A frase que guia a meditação de hoje faz referência ao medo dos discípulos de Jesus, ao se encontrarem num barco durante o perigo de uma tempestade. A essa jovem e a todos os filhos de pais separados, Jesus, neste mês em que se festeja sua vinda ao mundo, responde com um convite para ter mais fé nele. Para alguns, durante as festas do Natal as feridas se abrem ainda mais, é verdade. Onde existem relacionamentos rompidos, a nostalgia do passado perdido, a raiva, o rancor, a solidão e a tristeza se intensificam nos dias em que se deveria desfrutar a paz e a harmonia familiar. Por outro lado, se a feridas se abrem demais, significa que o Senhor pode adentrá-las e curá-las com mais facilidade. Não tenha medo!

2 de dezembro

> "Iahweh combaterá por vós e vós ficareis tranquilos" (Ez 14,14).

Hoje uma jovem me disse que está para começar a escrever sua tese de doutorado. Passaram-se apenas dois anos de sua matrícula na pós-graduação e já está vislumbrando o futuro. Fico muito contente com a tenacidade com que essa jovem encara os estudos. Quando os iniciou, estava amedrontada, porque a obtenção do doutorado lhe parecia impossível. Inscrever-se novamente na universidade para uma pós-graduação, aos trinta e três anos, ao mesmo tempo em que já trabalha em período integral, causa de fato certa indecisão. Entretanto, se na graduação se empenhou durante cinco anos, com tempo de sobra para os estudos, agora precisou de apenas dois anos para cumprir os créditos necessários, estudando intensamente no pouco tempo livre de que dispunha. Onde está a diferença? Em relação ao passado, ela tem mais força de vontade? A pós-graduação é mais fácil? Tornou-se acaso um gênio? A diferença consiste no fato de que essa jovem antes batalhava sozinha. Agora, ela combate junto com Deus. O sério caminho de fé que ela iniciou há alguns anos a tem levado a confiar sempre mais em Deus. A escuta da sua Palavra, a oração íntima do terço em companhia de Nossa Senhora, a direção espiritual, a força dos sacramentos e da vida eclesial têm sido os instrumentos que a ajudaram em sua vocação, pela qual decidiu recomeçar a estudar. Não tenha medo, portanto! Se fizer a vontade de Deus, também as empreitadas que parecem impossíveis tornam-se fáceis, porque ele combate a seu lado.

3 de dezembro

"Tu não tornarás a chorar" (Is 30,19).

Já escrevi anteriormente sobre a importância de buscar ajuda, de demonstrar a própria fraqueza, até mesmo de chorar quando for o caso. Às vezes, o choro é um momento não só de desabafo e de libertação, mas também de verdadeira graça mediante a qual Deus intervém para fazer-nos tomar consciência de nossos limites, para apoiar-nos e curar nossas feridas. Em outros casos, porém, chorar não é nada saudável, de modo que o Senhor nos adverte que deixemos de fazê-lo. Quer saber quando não é bom chorar? Quando você começa a sentir que isso lhe dá prazer. Você deve se preocupar no momento em que começa a sentir-se bem em lamentar-se e vitimar-se. Tenho a impressão de que muitos só buscam compaixão nos outros. Ser consolado é, sem dúvida, algo legítimo, sobretudo quando se sofre muito. Mas, a certo ponto, também é necessário ser reprovado, contradizer tal comportamento e, por fim, ao chorar. Quem deseja realmente ser ajudado precisa que lhe façam notar com amor, mas também com firmeza, que não é o único a sofrer nesta vida nem pode ter a pretensão de ter todo mundo ajoelhado a seu lado. Quem chora no seu ombro precisa erguer o olhar confiante para o futuro, para as necessidades dos outros e, ainda, para as coisas bonitas e boas que Deus ainda tem a lhe oferecer. Quem o ama de verdade vai chorar com você somente por um motivo: quer vê-lo sorrir o quanto antes. Coragem, Deus não deixará de amá-lo se você sorrir.

4 de dezembro

"Sede forte e sede homens" (1Sm 4,9).

Estamos vivendo o período do Advento, à espera de festejar o Natal de Jesus. Nestes dias, a Igreja nos propõe um modelo, João Batista, homem capaz de aguardar Jesus de modo corajoso e ativo, preparando-lhe o caminho. Ele se expôs publicamente para denunciar a distância que havia entre o povo e Deus, convidou a todos que se convertessem e indicou-lhes Jesus como o único que poderia salvar-nos. João Batista vivia de modo sóbrio, sem conforto algum, e, no entanto, atraía multidões de todo o país. Falava em nome de Deus de modo credível, porque não buscava os próprios interesses. Era um homem forte e livre. Você não acha que hoje precisaríamos de homens e mulheres assim? O mundo precisa de pessoas que não tenham medo de erguer a voz para falar de Deus, para dizer a todos que não podemos viver sem Deus, que precisamos questionar nosso estilo de vida e que não podemos salvar-nos sozinhos. O mundo necessita de pessoas corajosas, dispostas a comprometer os próprios interesses para anunciar o Evangelho, a verdadeira Boa Notícia. Existem muitos cristãos com medo de pronunciar o nome de Jesus em público, de preparar-lhe o caminho, de indicá--lo como aquele que salva. Evidentemente, tais pessoas ainda não experimentaram de fato o que significa ter Jesus como companheiro de vida. Se Jesus torna sua vida melhor, por que não dizê-lo? De que você tem medo? Seja forte e fale de Jesus!

5 de dezembro

"Exorto-vos a que tenhais ânimo" (At 27,22).

Conheço um homem que, depois de uma crise pessoal e familiar, encheu-se de coragem para recomeçar do zero. Sem trabalho, já em idade adulta, recomeçou a estudar, aprendeu a usar o computador e, com tenacidade e paixão, conseguiu reconquistar um bom emprego. E não só isso. Depois de ter reencontrado a si mesmo, conseguiu também reconstruir seus relacionamentos afetivos e salvar a família. Nossa sociedade, hoje mais do que nunca, precisa de pessoas desse tipo, de homens e mulheres que não se deixem levar pelas sempre mais frequentes crises da meia-idade; de pessoas que enfrentem corajosamente as próprias falhas, sem que permaneçam bloqueadas pelo medo de não conseguir reerguer-se. Os filhos precisam de pais responsáveis, não perfeitos, mas que não fujam diante dos problemas. Os jovens precisam de exemplos. Infelizmente, constatamos que muitos "quarentões" e "cinquentões" se desencorajam nas crises. Será que isso acontece por não terem sido educados a fazer sacrifícios na vida? Quem não foi habituado a lutar, por certo não se esforçará para enfrentar as dificuldades da vida adulta. Aquele homem a que me referi foi capaz de superar suas crises por três motivos: porque se sacrificou, porque sua esposa se sacrificou por ele, e porque Cristo se sacrificou por ambos. Não tenha medo, porque não existem somente sacrifícios na vida. Há também a glória da ressurreição.

6 de dezembro

"Ânimo, minha filha, a tua fé te salvou" (Mt 9,22)

Uma mulher, que perdia sangue havia doze anos, aproximou-se por trás de Jesus, com a intenção de tocar ao menos na barra de sua túnica. Jesus se voltou, viu a sinceridade da fé daquela mulher e curou-a de sua doença. Para nos salvar, Deus se fez carne, a fim de que pudéssemos vê-lo e tocá-lo. Nós, criaturas humanas, somos todos um pouco como São Tomé. Temos necessidade de verificar a salvação de Deus na concretude da nossa existência. Aquela mulher que perdia sangue teve a oportunidade de ver passar diante dela o Senhor Jesus, de tocar no próprio Deus. Ela dizia consigo mesma: "Se eu conseguir tocar ao menos na barra de sua veste, poderei salvar-me!". Você poderia objetar que essa mulher desejava tocar não num Deus, mas num mago. Veja bem, essa mulher buscava não somente a simples cura de sua doença física, mas a salvação que só Deus pode dar. De fato, o texto de Mateus, do qual parte a reflexão de hoje, fala-nos de um pedido e de uma oferta de salvação de tipo integral. Interessa a Deus salvar nossa vida, mas não somente em dimensões físicas, e sim em dimensões espirituais e morais. Deus quer que não nos percamos, que nossa vida não seja sugada nem arruinada pelo mal da mediocridade. Muitas pessoas, em virtude da fé, mudaram de vida. O olhar cheio de amor com que elas se sentiram observadas por Jesus permitiram-lhes recomeçar. Não tenha medo, portanto, de buscar o Senhor. Ele se deixa encontrar e até mesmo tocar. Mas é preciso ter fé!

7 de dezembro

"Pus as minhas palavras na tua boca" (Is 51,16).

Esta manhã fui a um escritório para tratar de assuntos burocráticos. Sentei-me diante de um funcionário e comecei a preencher alguns formulários. Enquanto escrevia meus dados pessoais, o funcionário perguntou-me em qual paróquia eu celebrava a missa, ao que lhe respondi de boa vontade. Nesse momento, o funcionário mostrou-se muito surpreso. "Vizinho da sua paróquia mora meu ex melhor amigo", disse-me ele, e acrescentou algo acerca da belíssima amizade que se havia interrompido fazia alguns anos, por causa de certas incompreensões. Em poucos minutos, exatamente o tempo necessário para que inserisse meus dados pessoais no computador, ele exprimiu sua grande dor por aquela amizade perdida. Então lhe perguntei: "E por que não o procura?". "Tenho medo", respondeu-me. Fiquei pensando em quantos relacionamentos deixam de ser recuperados por medo de dar esse primeiro passo. Em alguns casos, não se trata tanto de ter ou não razão, ou de orgulho, algo que também impede de reconstruir uma relação, mas de medo de ser rejeitado. E assim se passam os anos, as décadas, a vida inteira. Eu disse àquele funcionário que, se queria abraçar novamente seu antigo amigo, deveria fazê-lo, e logo. "Mas o que vou dizer a ele?", objetou-me. Respondi-lhe: "Abra seu coração, diga-lhe a verdade, isso que está dizendo a mim, aquilo que Deus colocar na sua boca". Não permita que o medo destrua seus afetos. Não tenha medo de dar o primeiro passo, pois Deus não deixará faltar-lhe as palavras certas.

8 de dezembro

"Para Deus, com efeito, nada é impossível" (Lc 1,37).

Hoje a Igreja celebra a solenidade da festa da Imaculada Conceição de Nossa Senhora. É dia santo de guarda. Mas, no Brasil, ela é sempre transferida para o domingo mais próximo da festa. É uma medida prática que os bispos do Brasil aventaram, a fim de não multiplicar demais os feriados. Nesta festa comemora-se o privilégio de Nossa Senhora em ser preservada do pecado original, do mal escondido no profundo da nossa alma. Todos nós, devido a uma misteriosa herança de nossos primeiros pais – Adão e Eva –, nascemos contagiados por esse mal. Viemos ao mundo com uma tendência à rebeldia que nos incita a recusar o amor de Deus e a romper a harmonia na qual Deus nos criou. Mas ele não nos deixou no domínio desse mal. Ele mesmo veio para restaurar o diálogo de amor do qual temos tanta necessidade. Deus o fez através de seu Filho Jesus, nascido da Virgem Maria, o qual, desde o primeiro instante de sua existência, foi pleno de graça e de santidade. Entendo que é difícil compreender completamente este dogma de fé. Mas todos podemos constatar, no ser humano, uma tendência ao mal, do qual surgem lutas, divisões, invejas, guerras, e assim por diante. Até mesmo nas crianças, que todos consideramos criaturas inocentes, podemos notar uma tendência ao egoísmo. Essa espécie de vírus nos impede de viver plenamente o bem que nossa alma tanto almeja. Cristo é nosso Salvador, nosso antivírus. Não tenhamos medo! Maria o colocou no mundo. Festejemos!

9 de dezembro

"Não fiqueis na indigência" (Gn 45,11).

Por inveja, José foi vendido como escravo por seus irmãos e obrigado a ir para o Egito. Mas ali fez fortuna e, graças às suas habilidades, tornou-se governador do faraó. Durante o período de carestia que atingiu a região, os irmãos de José foram ao Egito para comprar trigo e se encontraram com aquele que haviam vendido sem o conhecimento do pai. Eles não o reconheceram, mas José percebeu logo que eram seus irmãos, a quem, apesar de tudo, nunca havia deixado de amar. O sentimento que teve por eles não foi de vingança, mas de compaixão. Disse a eles que não cairiam na indigência. Conseguiu compreender que o Senhor lhe havia concedido a graça de fazer fortuna no Egito para que pudesse ajudar a sua família e o seu povo no momento da necessidade. Não é maravilhoso? Nos períodos de recessão econômica, quando somos obrigados a fazer sacrifícios para evitar que falte o essencial, seria bom que as pessoas que fizeram ou guardam fortunas no exterior, ajudassem o povo de seu país de origem. Em âmbito familiar, seria bom que aqueles que pudessem ajudassem seus pais aposentados, que costumam passar por maiores dificuldades, seus irmãos, caso estejam desempregados. Esses são momentos de seguir ao pé da letra o mandamento de amar ao próximo. Quem há de mais próximo que seus familiares? Não tenha medo de perder aquilo que possui. Se você puder, ajude quem precisa e, assim, todos ficaremos melhor.

10 de dezembro

"Tão somente, sê firme e corajoso" (Js 1,18).

Ontem me encontrei com um homem robusto, tão grande que dava medo. Conversando com ele, aos poucos foi se abrindo e revelando um temperamento doce e terno. Como já escrevi anteriormente, a força não é sinônimo de poder físico, de arrogância ou de opressão. A verdadeira força é a interior, a espiritual, que diz respeito à inteligência e à vontade. Somente com uma inteligência ardente e um querer inteligente podemos enfrentar os problemas mais difíceis da vida, que sempre estão relacionados com o mundo interior. Esse homem que encontrei, com a imponência do seu físico, dava a impressão de poder enfrentar o mundo inteiro. Entretanto, não conseguia desfazer os nós de sua alma havia muito tempo. Para ele, abrir-se com Deus e com as pessoas mais queridas era sinal de grande fraqueza. "A vida é dura e tem que ser enfrentada com dureza", disse-me ele no início de nossa conversa. Graças a Deus, com um pouco de força de vontade, ele conseguiu inteligentemente (inteligência significa *ler dentro*) descer na profundidade de sua alma e desfazer o maior nó. Depois de ter recebido o abraço paterno e reconciliador do Pai, vi em seus olhos a transparência e a alegria de um menino. Duas imagens dele permaneceram em mim: a primeira é a de um homem que entra arrogantemente numa igreja; a segunda, a de um homem de joelhos. Em qual dessas imagens ele foi mais forte e corajoso?

11 de dezembro

"Não venha eu a cair nas mãos dos homens" (2Sm 24,14).

Pergunto-me como podem existir pessoas, sobretudo jovens, que, embora se confessem ateus, acabam caindo nas armadilhas das seitas. Não querem confiar em Deus, mas caem em mãos humanas. Recusam a Palavra do Senhor, por medo de serem condicionados, mas se deixam levar por quem lhes propõe caminhos perigosos de espiritualidade. Repelem os mandamentos de Deus, mas aceitam ser comandados por indivíduos sem escrúpulos. Afastam-se da Igreja por não aceitarem as instituições, e depois praticam ritos instituídos por outros. Todos precisamos de espiritualidade, de alimentar a alma, mas alguns preferem uma nutrição mais agradável e atraente, e não aquela que salva, o verdadeiro alimento, que não vem dos seres humanos, mas do próprio Deus. É certo que esse alimento oferece verdades às vezes incômodas e não agradáveis, mas faz bem. Há jovens que, para serem livres, recusam a Deus, mas tornam-se escravos dessas seitas. Há outros que, ao contrário, para seguir uma religião de tipo "personalizada", vão em busca de sugestões de vários "peritos" de técnicas espirituais, e assim acabam caindo na confusão da alma. Certa vez um jovem me disse que não podia contentar-se em conhecer a fé cristã e que devia procurar outras coisas. Respondi que ele estava no seu direito, mas perguntei-lhe se conhecia Cristo. Ele não me deu resposta. Não é uma ideia, uma lei ou uma técnica que nos salva, mas uma pessoa. A Igreja nos foi deixada por Cristo para que o encontrássemos. Não tenha medo dela!

12 de dezembro

"Não choreis aquele que está morto, e não o lamenteis! Chorai, antes, aquele que partiu" (Jr 22,10).

Hoje li uma notícia triste no jornal: a morte absurda de um jovem que estava com amigos num shopping. Uma brincadeira, um desentendimento, uma discussão, um soco e a morte. A pergunta que nasce espontaneamente é: "Por que, num grupo de amigos que desejam estar juntos, se chega ao uso da violência?". Agora, todos choram, com razão, o jovem assassinado. Mas precisamos começar a chorar seriamente por todos os jovens que fogem dos ambientes educativos. A violência domina onde não existe educação para a vida comunitária e fraterna. As assim chamadas instituições educativas deveriam chorar pelos insucessos na tarefa de acompanhamento das jovens gerações. Também a Igreja precisa ser advertida. Por que tantos adolescentes preferem ir em grupo a um shopping e não a uma paróquia? Por que a pastoral dos jovens, os oratórios e as associações eclesiais sempre enfrentam tanta dificuldade em reuni-los? As causas podem ser encontradas, em geral, nas mudanças sociais, é verdade, mas a Igreja não pode esperar que a sociedade volte a ser como antes. Deve ter a coragem de repensar seu modo de propor-se às crianças, a começar pela catequese de iniciação cristã. Muitos cresceram nos grupos de jovens paroquiais e agradecem a Deus por isso! A cada um deles quero dizer: "Não tenha medo e ajude a Igreja a dar aos jovens aquilo que você recebeu dela!".

13 de dezembro

"Não me amedrontes com teu terror" (Jó 13,21).

Nesta manhã encontrei-me com um jovem que há pouco tempo começou a caminhar seriamente na fé. Após muitos anos de afastamento da Igreja, reencontrou Cristo e decidiu segui-lo com entusiasmo. Como costuma acontecer àqueles que vivem uma forte conversão, também ele começou a exigir de si uma perfeição que não é deste mundo. Portanto, quando se descobriu fraco e pecador, veio-lhe o medo de ser condenado por Deus. Essa atitude traz em si o risco de levar a um desequilíbrio de comportamento, já que basta apenas cometer um pecado para se descobrir imperfeito e se deixar levar de novo a uma vida sem Deus. Quem encara a espiritualidade nesses termos, precisa encontrar um equilíbrio nas relações com Deus. Em primeiro lugar, deve compreender que Deus não nos deve aterrorizar, porque acima de tudo ele é amor. Cristo mostrou-nos a todos o verdadeiro rosto de Deus, que é capaz de dar a vida do seu único Filho, a fim de livrar-nos do pecado. A conversão, a mudança do estilo de vida, não podem, portanto, ser consequência do medo de Deus, mas do seu amor. Aquele jovem hoje veio dizer-me que finalmente entendeu tudo isso. Agora ele quer enfrentar, sem envergonhar-se de seus limites e dificuldades. Antes, por medo de não ser perfeito, ele simplesmente os havia deixado de lado. É preciso lembrar-se sempre de que Deus não quer assustar-nos. Ele quer ajudar-nos!

14 de dezembro

"Eu te louvo, ó Pai, Senhor do céu e da terra" (Mt 11,25-26).

Neste trecho do Evangelho, vemos Jesus rezar a seu Pai. E reza durante a noite, pois boa parte do seu dia é despendida em favor do povo. Ele o passa em longas e contínuas caminhadas em busca do povo a quem fala sobre o Reino de Deus. E você, quanto se dedica à oração? Sabemos que o que conta não é o tempo gasto, mas a qualidade da oração com a qual nos dirigimos ao Pai. Precisamos rezar. Temos absoluta necessidade de rezar. A oração não é somente para os padres e os consagrados. É para todo mundo! É para todos os cristãos. Afinal, rezar é dirigir-se ao Pai de todos, a fim de pedir-lhe as graças e as luzes necessárias para caminhar na vida. Sem a oração, não podemos nada! Sem a oração, nossa vida se assemelha a uma planta seca, sem água, que certamente tende a morrer. Sim, a oração é o respiro da alma, é a vida de Deus que nos é comunicada de modo misericordioso. Quem pode viver sem Deus? Ninguém! Nem mesmo os mais empedernidos ateus, mesmo que não o saibam. Nestes dias que precedem o Natal, procuremos rezar um pouco mais, com maior fervor, com mais fé, esperando que a misericórdia de Deus nos ajude a prosseguir na paz, na alegria e com tudo aquilo de que precisamos para sermos felizes. Se você não tem fé, peça-a a Deus. Ele quer conceder-lhe a fé, a alegria de crer e de viver. Lembre-se: Natal é festa de fé, da verdadeira alegria de viver apoiados em Deus. Para isso foi que Jesus nasceu. E nasceu para todos. Para você também!

15 de dezembro

"Marcha, minh'alma, ousadamente!" (Jz 5,21).

Certa ocasião, alguém me disse: "Eu me esforço ao máximo para querer bem aos outros, mas será que vale a pena?". Essa pessoa se esforçava de verdade, com todos os seus limites, para amar e doar-se em favor do próximo. Mas havia alguém que recusava seu amor, que sentia rancor para com ela, talvez ódio. E ela se inquietava por causa disso. O ódio de outra pessoa, perceber que se tem um inimigo, prejudica sobretudo quem desejaria estar em paz com todos. Infelizmente, o pecado ameaça continuamente as relações humanas, até mesmo as mais lindas, insinuando-se nelas e criando feridas cada vez mais profundas. O Senhor nos diz para amar os inimigos, e quem procura praticar esse ensinamento não somente sente dificuldade, mas com frequência se pergunta se vale a pena, sobretudo quando vê que são recusados seus esforços para amar. Àquela pessoa tão amargurada, eu lembrei que Jesus não nos disse para amar os inimigos quando eles decidem tornar-se nossos amigos, mas para amá-los apenas, sem esperar nada em troca. Por isso, quando alguém o maldiz ou o prejudica, responda abençoando-o e retribua o mal com o bem. Diga a si mesmo: "Ó minh'alma, não se deixe abater. Siga em frente com coragem!". Sim, continue nessa marcha determinante do amor: o esforço ser-lhe-á recompensado, a dor se transformará em alegria e o ódio será extirpado. E se isso não comover o seu inimigo, não desanime, porque ao menos trará paz a você.

16 de dezembro

"Aquele que nela puser a sua confiança não será abalado" (Is 28,16).

Nos jovens que tenho encontrado ultimamente, notei uma perturbação comum, resultante, principalmente, do medo da solidão. Quando um jovem se sente só, ele tem muita dificuldade para tomar uma decisão, por medo de que uma eventual escolha errada recaia inteiramente sobre si. Alguns têm plena consciência da vocação ao matrimônio, mas têm medo de escolher a pessoa errada. Após algumas experiências negativas, desiludidos e machucados, não conseguem mais confiar em ninguém e permanecem sozinhos. O medo de confiar, unido ao da solidão, cria uma grande perturbação que os leva a uma série de relações superficiais e instáveis, ou a um fechamento à relação conjugal. Outros jovens sentem vocação para a vida religiosa ou sacerdotal, mas têm medo de segui-la, porque pensam que vão ficar sozinhos. Tais perturbações indicam um problema relacionado à fé. Quem crê em Deus sabe que nunca estará sozinho, sobretudo em se tratando de escolhas definitivas. Quem já fez a experiência do encontro com Cristo, quem já experimentou seu amor e sua salvação, sabe que pode confiar nele e, por isso, sente-se em paz, tranquilo e em condições de fazer as próprias escolhas. Mas quem vacila na fé evidentemente ainda não confia plenamente em Deus. Na companhia de Jesus desaparece toda perturbação. Não tenha medo.

17 de dezembro

> "Se as praticar, será capaz de tudo, porque o temor de Deus é o seu caminho" (Eclo 50,31).

Esta é a conclusão do livro do Eclesiástico. O autor diz que será "bem-aventurado aquele que for versado nestas palavras: quem as fixar no coração será sempre sábio. Se as praticar, será capaz de tudo". Enfim, quem põe em prática a Palavra de Deus torna-se forte em tudo, porque tem possibilidade de viver qualquer situação, com a luz que vem de Deus. É fácil ser forte quando tudo vai bem, quando a vida transcorre em linha reta, sem obstáculo algum. O problema surge quando nos deparamos com nossas limitações e com os percalços que inevitavelmente golpeiam nossa existência. A luz da Palavra com que Deus nos ilumina em tais situações é fundamental, porque nos faz enxergar na sua perspectiva, que geralmente é oposta a nosso modo de ver. Se, por exemplo, experimentamos uma derrota, a Palavra de Deus nos faz compreender quanto bem pode surgir disso, se deixarmos morrer nosso orgulho e nossa presunção. Contudo, não é suficiente compreender. É preciso pôr em prática. Se deixarmos morrer nosso orgulho, aceitando nossos limites, as críticas dos outros e as ajudas também, então vamos experimentar o quanto de verdade tem aquilo que diz Jesus, a propósito da semente que dá frutos somente se cai na terra e morre. A humilhação da derrota pode transformar-se numa oportunidade de algo melhor. Portanto, não tenha medo! A luz de Deus o tornará forte e sábio.

18 de dezembro

"Mostraram-se valentes na guerra" (Hb 11,34).

Ontem à tarde participei de uma bela iniciativa: um encontro com os capitães de algumas equipes desportivas jovens. Durante a tarde, ouvimos os testemunhos de alguns campeões do esporte. Um deles contou-nos sobre suas experiências, suas dificuldades e algumas adversidades, e como sempre enfrentou tudo com determinação. Por fim, convidou os rapazes a não temerem os revezes, porque campeão é aquele que, em circunstâncias adversas, se torna mais forte. Outro belo testemunho nesse sentido é o de meus pais, que, desde que eu era criança, sempre me contavam sobre a Segunda Guerra Mundial, que teve início quando eram ainda pequenos e terminou quando já eram adolescentes. É possível imaginar como foi difícil a juventude deles, marcada pela guerra e pela pobreza! Minha mãe me falava dos esforços que fazia quando ia buscar água na fonte; do trabalho pesado que realizava no tear; do pão que preparava em casa, com sua mãe e irmãs, para depois vender e só comer uma pequena parte; da carne que sonhavam ter no prato; da dor pelo irmão que estava na guerra e pela alegria imensa quando do seu retorno inesperado, ao terminar a guerra. Meu pai, ao contrário, me conta ainda hoje sobre o tifo que contraiu quando criança, pondo sua vida em sério perigo. Meus pais tornaram-se fortes durante a guerra. Não temos por que ter medo, enquanto estivermos vivo, poderemos enfrentar tudo!

19 de dezembro

"Tende confiança. Sou eu. Não tenhais medo!" (Mc 6,50).

O verão oferece sempre uma bela ocasião para tirar férias, viajar para as montanhas ou ir à praia. Para mim, não é verão se não vou à praia. É que nasci bem perto do mar. Lembro-me de meu tempo de criança, dos lindos momentos que passei com minha família à beira-mar sob os enormes guarda-sóis, dos mergulhos e dos passeios na areia molhada com meus amigos. Recordo-me também de uma cena bem semelhante àquela que Marcos conta no trecho do Evangelho que meditamos. Eu estava num caiaque e remava contra o vento para chegar à praia. O vento era tão forte que, ao invés de me aproximar, eu me afastava mais. Senti muito medo, mas felizmente um salva-vidas veio até mim e me levou à praia. O Evangelho narra que Jesus se aproximou dos seus discípulos, já cansados de remar, caminhando sobre as águas. Eles se assustaram, e com razão. Se eu tivesse visto um salva-vidas caminhar sobre as águas do mar, que susto eu teria sentido! O medo, ao invés de passar, teria aumentado muito! Contudo, tento imaginar a paz que sentiria ao ouvir a voz de Jesus. Quando, na vida, você se encontrar remando contra a corrente, quando as coisas não fluírem como desejaria e tiver medo de não conseguir superar os problemas, entre numa igreja, ajoelhe-se, leia o Evangelho e experimente ouvir a voz de Jesus que lhe diz ao coração: "Coragem! Sou eu! Não tenha medo!".

20 de dezembro

"Tornando-o mais forte que seus opressores" (Sl 105,24).

Quem acredita em Deus, sabe que ninguém é mais forte do que ele. Ao menos por conveniência, seria uma boa escolha ficar do lado dele. Geralmente, o instinto nos leva a ficar sempre do lado mais forte, seja por interesse pessoal, seja simplesmente por medo. Você, leitor amigo, o que preferiria: estar com o opressor ou acabar sendo oprimido? Dentro de poucos dias, celebraremos o Natal. Os cristãos festejam a vinda ao mundo do Filho de Deus e o contemplam no presépio, pequenino, frágil, uma criança indefesa, no frio de uma gruta, rodeada de pastores. A mim não parece tratar-se de um Deus opressor, muito menos com desejo de sê-lo. Sua vida terrena começa com uma escolha preferencial pelos mais frágeis e terminará sobre a cruz, quando opressores o matarão. Certamente, é um Deus um tanto estranho! Onde está sua força? E seu poder? Entretanto, se pararmos para pensar, ele é o mais forte de todos, exatamente por esta sua escolha de partilhar da sorte dos oprimidos. Ele não tem necessidade de colocar-se do lado dos mais fortes, e certamente não tem medo deles. Em vez disso, escolhe partilhar da vida dos oprimidos, a fim de ajudá-los, mediante seu amor, a tornarem-se mais fortes que seus opressores. A força dos que crucificaram Jesus manifestou-se apenas num instante, mas a do Crucificado continua a manifestar-se após dois mil anos. Não é uma coisa extraordinária? Essa é a prova de que vencedor é quem ama mais. Não tenha medo, portanto, daquele que o oprime: você pode sempre vencê-lo com a força do amor, força essa que somente Deus pode lhe dar.

21 de dezembro

> "Abre a tua boca em favor do mudo, e pela causa de todos os que estão perecendo; abre a tua boca, julga com justiça, defende o indigente e o pobre" (Pr 30,8-9).

O verão chegou e, com ele, a temporada de chuvas em diversas regiões do país. Os alagamentos costumeiros nas grandes cidades, as inundações que levam tudo consigo, de bens materiais a vidas humanas. Quem vive em casas seguras reclama do trânsito, do incômodo de ter de fazer compras nessa época, mas não faz ideia do que significa temer perder tudo quando as águas caem do céu e fazem subir os leitos dos rios. Água é vida e é certo que ela faz falta durante os longos períodos de estiagem, mas quando se vive em locais improvisados ou sem infraestrutura, ela traz o caos. Aproveitemos a atmosfera festiva do Natal, que convida à partilha, para revermos nossas prioridades e, quem sabe, dividir um pouco de nossa ceia com alguém que talvez não tenha nada para dar a seus filhos na noite santa. Esta também pode ser uma boa oportunidade para pensar nas condições de vida das pessoas que vivem nas periferias, empurradas para cada vez mais longe do centro da cidade e de nosso olhar. Diante do presépio, vamos nos lembrar das condições em que Jesus nasceu, porque não havia lugar para sua família nas hospedarias. Sejamos mais solidários e, na medida do possível, cobremos atitudes mais democráticas e melhor de nossos governantes. Não tenhamos medo de defender e ajudar quem precisa. Deus está do nosso lado!

22 de dezembro

> "Vigiai, permanecei firmes na fé, sede corajosos, sede fortes!
> (1Cor 16,13)

Acabei de conversar com um jovem. Fazia tempo que não o via. Desiludido e amargurado por alguns acontecimentos dolorosos em sua caminhada de fé, depois de um longo tempo de afastamento do grupo com o qual havia partilhado sua vivência espiritual, manifestou-me o desejo de voltar àquele amor fraternal que tinha vivido na Igreja e que, por causa de mágoas sofridas, havia perdido de vista. Felizmente, não tinha perdido de vista o amor por Jesus, graças ao qual tinha conseguido permanecer firme na fé, mesmo em meio a dificuldades e dúvidas. Mas agora tem necessidade de dar um salto de qualidade na fé, que lhe permitirá sentir uma vez mais a beleza do amor fraterno, não obstante os sofrimentos. Chegou para ele o momento de permanecer firme na concretude da fé, vivida na relação com aqueles que escolheram partilhar dessa mesma fé. Ele precisa, então, parar de "chorar sobre leite o derramado", deixar para trás a tristeza e as lamentações por um passado perdido. Precisa abrir-se para o futuro, para viver a experiência eclesial de modo equilibrado e maduro. As desilusões sofridas por causa das incoerências de pessoas da Igreja resultam da ilusão de pensar que os discípulos de Cristo são perfeitos. Quando a Igreja o desiludir, não tenha medo! Permaneça firme e forte, porque esse será o momento de começar a amar de fato, com seriedade, como Cristo nos ensinou!

23 de dezembro

"Vos peço que não vos deixei abater" (Ef 3,13).

Por toda parte reina um clima de festa! Esta manhã, enquanto eu caminhava pelas ruas, deparei-me com uma cena de quem se prepara para partir. Um pai de família colocava as malas no bagageiro, enquanto a família inteira já o aguardava do lado de dentro do carro, pronta para a viagem. Muita gente já está procurando reunir-se com os familiares para festejarem juntos o Natal. Outros ficarão em casa, não irão a parte alguma, ou porque passam por dificuldades econômicas ou porque são idosos. Neste momento, penso em todos aqueles que não se podem dar ao luxo de uma viagem, naqueles que estão em um leito de hospital, nos doentes e naqueles que passarão o Natal sozinhos, como todos os dias do ano. A estes, o Senhor convida a não perderem o ânimo: Jesus nasce para eles também. Àqueles que têm oportunidade de viajar, que passarão as festas com os familiares, que terão a mesa repleta de iguarias, ele pede que não se esqueçam do sentido mais importante do Natal: Jesus nasceu para eles também. Seria tão bom se todos vivessem esses dias na simples e humilde espiritualidade do Natal, que todos abrissem o coração numa oração de acolhida a Deus, que se fez criança. Foi desse modo que ele se aproximou de todos nós com sua ternura, para que todos recebessem sua paz. Infelizmente, sei que não será exatamente assim. Muita gente não viverá de fato o Natal. Mas Jesus não desanima. Continua a nascer para todos, e para você também!

24 de dezembro

"Sem temor, nós o sirvamos" (Lc 1,74).

A partir de sua experiência pessoal, Zacarias bendiz o Senhor, pelo fato de poder servi-lo sem medo, não como se serve a um patrão, mas, sim, como a um pai. Uma jovem senhora disse-me que não consegue suportar o fato de ver seu pai nas precárias condições de saúde nas quais ele se encontra atualmente. Acostumada a vê-lo sempre forte e seguro, ela tem medo de enfrentar a situação dele, de extrema fraqueza. Não e fácil, para uma filha que sempre viu no pai um forte ponto de referência, de repente ter de mudar de lado e tornar-se para ele apoio e sustentação. Servir a um pai, de fato, não é tão simples como se pode imaginar. Sob certos aspectos, é mais simples servir a um patrão. Ao servir aquele que se ama e do qual se recebeu tanto amor, tem-se medo de não estar à altura das suas necessidades. Em uma palavra, trata-se do medo de tornar-se adulto. Há nos filhos uma espécie de egoísmo latente que induz a conceber os pais como aqueles dos quais se recebe continuamente, esquecendo-se de que também eles são criaturas frágeis. Mais cedo ou mais tarde, teremos de encarar não apenas nossa fragilidade, mas também a daqueles que nos geraram, protegeram e nos deram à luz. Não tenha medo de cuidar da fragilidade de seus pais, de servi-los com todo o seu amor. Você será capaz, pois tem um referencial forte e eterno, o Pai celeste.

25 de dezembro

"Nasceu-nos hoje um Salvador" (Lc 2,11).

Não tenha medo! Jesus, o Cristo, o Messias esperado pelo povo, o Filho de Deus, o Salvador do mundo, o Caminho, a Verdade e a Vida, nasceu por você, pela sua família, por todos os homens e mulheres do mundo. Nossa oração de hoje é a seguinte:

> Querido Jesus, vem, nasce mais uma vez, nasce na nossa família, no meio dos problemas e das preocupações do nosso hoje, nas desavenças e na falta de diálogo, nas separações e divisões. Nasce, precisamos de ti para permanecer unidos.
> Querido Jesus, vem, nasce mais uma vez, nasce na nossa família, na falta de trabalho e nas dificuldades econômicas, nas instabilidades dos nossos filhos e no medo do futuro, na doença e na morte, quando elas se aproximam de nós. Nasce, precisamos de ti para continuarmos a ter esperança.
> Querido Jesus, vem, nasce mais uma vez, nasce na nossa família, na mente e no coração de cada integrante, na concretude e na fadiga do amor, nos sonhos e nos projetos de bem que desejamos realizar. Nasce, precisamos de ti para sermos felizes.

26 de dezembro

"Deus não lhe permitiu que me fizesse mal" (Gn 31,7).

Hoje a Igreja comemora o primeiro mártir cristão: Santo Estêvão. Ele, cheio de graça, no instante supremo da morte, enquanto estava sendo apedrejado pelo povo, pois se declarara discípulo de Jesus, teve a força de seguir o Mestre Jesus até o fim. Tinha-o imitado em vida, mas agora o imitou na morte. Entregou-se confiante nas mãos do Pai celeste, invocando o perdão para seus assassinos, não a vingança.

Estêvão não teve medo naquele momento dramático, porque sentiu a presença de Jesus a seu lado. Ele sabia que o Senhor não permitiria que seus inimigos lhe fizessem mal. Era certo que perderia a vida terrena, mas ninguém poderia tirar-lhe a vida eterna. Ninguém poderia tirar-lhe a liberdade que Cristo lhe dera. Ódio algum poderia separá-lo do amor que Deus lhe infundira no coração. Imagine como seria lindo encontrar-se na situação de Estêvão, situação essa em que ele podia dizer diante de qualquer um: "Não temo mal algum, porque pertenço a Cristo. Podeis tirar-me tudo, mas não podereis tirar-me a vida verdadeira. Podeis ferir-me de todas as maneiras, mas não podereis nunca diminuir a minha felicidade". Se eu e você conseguirmos imitar Estêvão, certamente mudaremos para melhor muitas coisas ao nosso redor. Ser cristãos, e sê-lo com inteireza, até o fim, é o mais belo voto que faço a você e a mim neste tempo de Natal.

27 de dezembro

> "Reanimai-vos, amigos! Confio em Deus que as coisas ocorrerão segundo me foi dito" (At 27,25).

Estes dias após o Natal foram muito belos e tocantes. Mais uma vez pudemos não somente recordar e refletir, mas reviver o nascimento de Jesus em nossa vida. Foi muito agradável encontrar tanta gente na igreja para a missa da noite de Natal. Foi maravilhoso podermos desejar e receber os votos de "Feliz Natal" para todos os presentes. Foi também muito bonito receber tantas mensagens de pessoas que nos querem bem, também daqueles que não foram à missa, e que para dizer a verdade nunca vão. Tudo isso foi muito lindo e comovedor. Entretanto, não escondo certa tristeza que tomou meu coração nestes dias. A ausência de minha mãe se faz sentir de maneira mais forte nos momentos importantes. A lembrança de quando festejávamos juntos o Natal volta poderosa na mente e no coração. E a saudade, como é normal, bate intensamente. Na tarde de 25 de dezembro tocaram a campainha da casa paroquial. Tratava-se de um casal de esposos que pedia informações a respeito de funerais. "Hoje faleceu minha mãe!", disse com ternura uma voz masculina. "Ela era para mim uma verdadeira mãe", disse a esposa. Acertamos o funeral e eles se despediram com votos de "Feliz Natal". Que poderia responder-lhes? Recomendei-lhes que não perdessem a coragem. São Paulo nos assegura, com a frase de hoje, que se cumprirá o que é dito na liturgia do Natal, ou seja: que existe salvação e que na eternidade reencontraremos todos os nossos entes queridos. Jamais perca a coragem, porque Deus, nosso Senhor, nos prometeu o melhor!

28 de dezembro

"Conosco está Iahweh, nosso Deus, que nos socorre e combate nossas batalhas" (2Cr 32,8).

Ao longo deste ano, que percorremos juntos, procurei fazê-lo entender que Deus quer que você compreenda o quanto podemos confiar nele. Em cada página deste livro busquei oferecer-lhe uma palavra de encorajamento, de sustento da parte de Deus. Como já lhe disse muitas vezes, você sabe que com Deus pode tudo, sobretudo livrar-se do medo. Jamais disse que Deus nos livra dos problemas num piscar de olhos. Ele não nos priva do cansaço de viver, mas fica ao nosso lado para ajudar-nos a combater todo tipo de luta que a vida apresente. É ele quem combate, sofre, espera, perde, vence e alegra-se conosco. Ele nasceu por nós, caminhou conosco ao longo do curso da história, por nós morreu e ressuscitou. Tudo isso ele fez para combater os nossos combates, os combates de sempre, a começar por aqueles inúmeros medos que carregamos, desde que o primeiro ser humano pecou pela primeira vez. Ele não nos abandonou após o pecado original, que decidimos cometer por nossa própria conta. Ainda hoje ele não nos abandona quando queremos voltar-lhe as costas com a nossa decisão de prescindir dele. Ele está presente, e continuará sempre, junto de nós e conosco, para ajudar-nos a vencer todo medo. Deus está presente porque nasceu, morreu, ressuscitou e continua a viver no meio de nós. Cristo vive, não tema, vive por você, para ajudar a combater as suas batalhas.

29 de dezembro

"Exortaram e fortaleceram os irmãos" (At 15,32).

Chegamos, finalmente, ao final desta nossa grande viagem ao mundo dos medos. E encontramos sempre uma resposta de encorajamento graças à Palavra de Deus. Espero ter-lhe transmitido, através destes breves escritos cotidianos, o encorajamento de que todos precisamos para sermos mais fortes. Saiba, contudo, que aquilo que procurei oferecer-lhe através destas páginas, eu o recebi primeiramente como dom. A oração diária com a Sagrada Escritura iluminou meu viver, bem como o de tantas pessoas que encontrei até hoje. Descobri mais uma vez, e com admiração, como Deus tem sempre uma palavra de conforto, de encorajamento e de esperança para cada situação que vivemos. Compreendi que não existe um único medo que não possa ser curado com o medicamento da Palavra de Deus. O Senhor já respondeu ao medo de todas as pessoas de todos os tempos. Espero ter conseguido oferecer-lhe tudo isso cada dia deste ano. Também espero que este livro tenha-lhe servido para adentrar no mundo dos seus medos e que tenha encontrado as respostas necessárias. Espero ainda que tenha compreendido que o encontro diário com a Palavra de Deus pode realmente ajudá-lo a viver seus dias com um espírito melhor, diferente. Espero, por fim, que continue a encontrar-se com Deus no silêncio da oração e que, encorajado por ele, possa também encorajar e fortalecer aqueles que vivem a seu lado. Agora é sua vez de dizer aos outros: não tenham medo!

30 de dezembro

"Gostaria de exortar que não se desconcertem diante de tais calamidades" (2Mc 6,12).

Ao longo das páginas deste livro enfrentamos muitas questões sérias, vivências problemáticas, medos de todo tipo, preocupações, ansiedades, depressões, tristezas, angústias. Espero não ter sido pesado nem repetitivo. Se encaramos nossos temores, não foi para ficarmos nos lamentando, chorando por eles, mas para compreendê-los melhor e assim nos livrar deles. Espero que este livro lhe tenha infundido uma perspectiva positiva para lidar com os problemas. Tenho certeza de que o mais importante, após ter lido estas páginas carregadas de esperança, é olhar confiante para a vida, em qualquer condição que se apresente. Tenho certeza disso, porque Deus, quando nos fala, quando nos toma pela mão e nos conduz pelos seus caminhos, o faz com um sorriso, para que sua alegria seja também nossa, e a nossa alegria seja completa. Se acaso se sentiu confuso em algum momento, é porque era necessário se conscientizar de alguma ferida que estava carregando por dentro e, quiçá, ainda sangrava. Espero que tenha sido uma confusão passageira e que tenha dado lugar à paz, aquela que Deus sempre procura oferecer a todos: a paz interior. Se no futuro sentir alguma necessidade, talvez possa voltar a ler algumas páginas e encontrar nelas a esperança almejada. Por certo, você não é obrigado a nada. Só não tenha medo!

31 de dezembro

"Não temas! Eu sou o Primeiro e o Último" (Ap 1,17).

Chegamos ao último dia do ano e ao fim do livro. Hoje é o dia em que costumamos fazer um balanço do que vivemos. Na televisão faz-se memória dos principais acontecimentos na área da política, da economia, do esporte, da crônica e até das fofocas. Esta noite, ao fragor do fogos de artifício para festejar o Ano-Novo que chega, muitas pessoas descartarão as coisas velhas e vestirão algo novo como auspício para uma mudança positiva. O augúrio que lhe faço, do fundo do coração, é que consiga livrar-se, definitivamente, de pelo menos um medo dentre aqueles que admite ter. Espero ter-lhe fornecido 365 bons motivos para isso. Espero também que não coloque a Palavra de Deus entre as possíveis velharias que devam ser descartadas, mas que possa apreciá-la devidamente, na sua perene novidade. Almejo-lhe, sobretudo, que não se desfaça de Jesus, que nunca o considere inútil nem prejudicial, mas que o sinta sempre a seu lado como o Primeiro e o Último, a fonte e o cume, o início e o fim de sua vida. Se você leu este livro como alguém que não crê, eu lhe desejo que o novo ano lhe traga a novidade da fé, de modo que Cristo, que torna novas todas as coisas, possa revolucionar sua vida. Que Deus possa torná-lo o primeiro na caridade e o último no egoísmo. Não tenha medo de crer! Você veio de Deus e a Deus voltará. Isso não é maravilhoso?

Paulinas

Rua Dona Inácia Uchoa, 62
04110-020 – São Paulo – SP (Brasil)
Tel.: (11) 2125-3500
paulinas.com.br – editora@paulinas.com.br
Telemarketing e SAC: 0800-7010081